西方英语系大国杰出公司企业文化研究系列

4S企业文化与 7P绩效管理及其 互动影响研究

李文明 孙炯光 赵悦 著

科 学 出 版 社

北 京

内 容 简 介

　　本书的重点在于研究企业文化与绩效管理的理论性与实用性内容以及两者之间的互动关系。针对企业文化本书建构了一个全新的理论框架和应用体系，借助这一 4S 体系，本书深度解析企业精神文化、表象文化、亚文化与在生成文化的内容及其相互之间的逻辑。针对绩效管理，本书建构了一个全新的 7P 绩效管理体系及其各个影响因素之间的辩证发展格局。此外，本书还在全面解析西方学者观点、剖析中国企业管理者认识的基础上有针对性地研究企业文化与绩效管理之间的互动影响机理及其相互之间的促进关系。本书在全面引用近百位西方学者观点的基础上建构理论与应用双分析框架，同时又借助近百家中西企业案例全面论证可以为大多数中国企业借鉴的针对企业文化与绩效管理的双向应用内容。

　　本书既适合研究中外企业的企业文化学者、从事具体企业运营的企业家及其中高层管理者阅读，还适合工商管理专业的硕士研究生和博士研究生阅读。

图书在版编目（CIP）数据

　　4S 企业文化与 7P 绩效管理及其互动影响研究/李文明，孙炯光，赵悦著. —北京：科学出版社，2018.7
　　（西方英语系大国杰出公司企业文化研究系列）
　　ISBN 978-7-03-057261-5

　　Ⅰ. ①4… Ⅱ. ①李… ②孙… ③赵… Ⅲ. ①企业文化-关系-企业绩效-企业管理-研究-西方国家 Ⅳ. ①F279.1 ②F272.5

　　中国版本图书馆 CIP 数据核字（2018）第 084379 号

责任编辑：陶　璇 / 责任校对：樊雅琼
责任印制：吴兆东 / 封面设计：无极书装

科 学 出 版 社 出版
北京东黄城根北街 16 号
邮政编码：100717
http://www.sciencep.com

北京虎彩文化传播有限公司印刷
科学出版社发行　　各地新华书店经销

*

2018 年 7 月第　一　版　　开本：720×1000　B5
2018 年 7 月第一次印刷　　印张：15 1/2
字数：300 000

定价：108.00 元
（如有印装质量问题，我社负责调换）

前　　言

为什么要写作《4S 企业文化与 7P 绩效管理及其互动影响研究》这本书呢？它缘于"西方英语系大国杰出公司企业文化研究系列"，是这个研究系列所规划的九本书当中的第一本，也是最为重要的一本。

为什么要做"西方英语系大国杰出公司企业文化研究系列"呢？这是因为以下原因。

中外企业几百年的发展实践证明，企业文化对于企业管理非常重要，其重要性已经得到了中外学者的充分肯定。

西方大国的杰出公司对企业文化管理非常重视，为此设计了众多的企业文化内容，并让它们发挥支持和支撑企业发展的重要作用，即便在"互联网+"、智能制造、商业模式不断变革的今天，这些内容也依然适用。

中国的企业对企业文化也很重视，多数成功的企业都有自己系统的企业文化设计，并且总结了很多成熟的企业文化管理经验。这些经验经过中国学者的提升，已经被他们建构成具有中国特点的企业文化管理模式。

但是也有一些中国企业，或不重视企业文化的作用，或不知道应该如何设计企业文化的内容，或不知道应该如何顺应时代的变迁而为自己的企业文化注入新的要素和理解。为了帮助这些企业认识企业文化的重要性，并在设计自己的企业文化时有更多的选择，有必要将西方英语系大国杰出公司的企业文化管理经验做一个系统化的介绍以供它们参考，同时也可以成为中国学界研究企业文化丰富成果的一个补充。

因为美国、英国、加拿大和澳大利亚都是以英语为母语的西方主要大国，它们的国家文化和企业文化有很多相通的地方。所以，笔者在美国做访问学者的时候确立了"西方英语系大国杰出公司企业文化研究系列"的课题，并收集到大量的相关学术文献和以上四个国家诸多杰出公司的企业文化资料，而且调研了多家美国公司，访谈了众多的学者和企业家。

基于这些文献、资料及调研与访谈所得，"西方英语系大国杰出公司企业文化研究系列"将建构一个系统的企业文化分析框架，并在此基础上深入研究美国、英国、加拿大、澳大利亚 4 个国家 34 家杰出公司以及 28 家优秀中小企业的企业文化。根据这种构想，该研究系列从总体上可以分成两个部分，第一部分是企业文化的基础框架研究，第二部分是企业文化的实际应用研究。其中第二部分又可以分为两个方面：第一个方面研究西方英语系大国杰出公司也就是大型和超大型企业的企业文化；第二个方面研究西方英语系大国杰出公司中小企业的企业文化与商业模式。

　　"西方英语系大国杰出公司企业文化研究系列"的理论价值体现在第一部分也就是本书当中，本书梳理了中外近百位学者关于企业文化与绩效管理的研究文献，并基于企业文化和绩效管理的工作联动而建构了"4S 企业文化分析框架"。这个框架将企业文化的整体内容分成四个相互关联的部分，即表象文化（surface culture）或叫直感文化；精神文化（spiritual culture）或叫直验文化；亚文化（sub-culture）或叫直接文化；在生成文化（shaping culture）或叫直生文化。

　　梳理中美两国学者关于企业文化的前沿研究成果，然后基于企业应用的视角建构"4S 企业文化分析框架"，并且梳理四部分企业文化之间的关系，以及探究各个层次企业文化的细分内容是本书研究的学术创新之一；梳理中外学者相关绩效管理的研究成果，结合中国企业界提炼的应用性观点以建构"7P 绩效管理框架"，并且设计其运行原则和细节程序是本书研究的学术创新之二；把"4S 企业文化分析框架"置于和"7P 绩效管理框架"的对接当中，并且探索两者之间相互影响的机理、相互促进的方法及对应的内容设计是本书研究的学术创新之三。

　　这个研究系列的应用价值在于全面解读和深度剖析美国、英国、加拿大、澳大利亚 62 个杰出大公司和优秀中小企业的企业使命（mission）、企业宗旨（principle）、企业愿景（vision）、企业战略（strategy）、企业价值观（value）、企业理念（idea）、企业行为文化、企业家的经营管理思想，并从中梳理出企业文化各个要素的设计思路以及最具实战价值的企业文化内容，为"学界研究"和"企业应用"提供参考。作为此研究系列的一部分，本书当中也体现了这样的应用价值。

　　解构"西方英语系大国杰出公司企业文化研究系列"的具体目标，可以将其分为三个部分。

　　第一，建构企业文化管理的系统分析框架，并写作《4S 企业文化与 7P 绩效管理及其互动影响研究》。

　　第二，全面解析西方英语系大国之杰出公司的企业文化管理经验，并据此写作《美国杰出公司企业文化研究》、《英国杰出公司企业文化研究》、《加拿大杰出公司企业文化研究——基于加美英企业的比较》和《澳大利亚杰出公司企业文化研究——基于澳美英加企业的比较》。

　　第三，系统解读西方英语系大国优秀中小企业的企业文化与商业模式，并写作《企业文化与商业模式研究——对话美国中小企业家》、《英国中小企业企业文化与商业模式研究》、《加拿大中小企业企业文化与商业模式研究》和《澳大利亚中小企业企业文化与商业模式研究》。

汇集这三个目标就是前面所说九本书的由来。在这九本书当中，《美国杰出公司企业文化研究》《英国杰出公司企业文化研究》《企业文化与商业模式研究——对话美国中小企业家》《加拿大杰出公司企业文化研究——基于加美英企业的比较》已经完成并已由科学出版社出版。

此外，写作本书还有一个原因。

笔者在2015年出版的《企业一体化管理系统》一书中建构了一个企业一体化管理的"系统"，该系统是以"企业定位"和"企业使命"为发展导向，以"战略谋划"与"战略运行"为发展支撑，以打造企业"核心能力"为运行主线，以"绩效管理"、"企业文化管理"、"人才管理"和"团队管理"为工作基础，结合传统文化价值观及先贤思想和现代企业管理理念与方法，通过以上多种管理形式的综合作用，不断消除企业发展短板，不断学习和超越对手，借助创新不断为企业发展提供永续动力，从而实现企业大发展、大成功的系统化管理运作方案。

为了更好地解读如何将"中国传统文化"有机地融入现代企业"一体化管理系统"，以及如何借助中国传统文化的思想管理好现代企业人才，笔者和高明作于2016年6月又出版了《六韬三略论管理》一书，以此书作为示范来分析中国传统文化在现代企业管理过程当中，尤其是在领导力培养和高层次人才管理方面的应用理念与使用方法，这是针对"人才管理子系统"的深化研究。在这之前，针对"战略谋划"、"战略运行"和"团队管理"三个子系统，笔者也分别于2008年和2015年出版了《战略评价》和《我国大型民营企业高层团队和谐整合研究》两本书。

为了进一步揭示"企业文化管理"与"绩效管理"这两个主要子系统对企业战略管理和企业整体管理的促进，以及揭示"企业文化管理"与"绩效管理"两者之间的关系，笔者在美访学期间首先确立了"4S企业文化与7P绩效管理及其互动影响研究"这个题目，然后在此基础上提出了"西方英语系大国杰出公司企业文化研究系列"的构想。

如前所述，"企业文化管理"与"绩效管理"是"企业一体化管理系统"的两个重要构成部分，它们是以"战略管理"为导向的企业管理战车上的两个轮子。因为它们的成熟水平在某种意义上可以反映一个企业管理的水平，所以对于任何企业而言这两项工作都是非常重要的。除此之外，"企业文化管理"与"绩效管理"之间还存在着相互影响和相互支持的关系，它们的有效互动不仅可以分别强化各自的管理功能，而且还会形成"1+1>2"的合力，在帮助彼此实现落地任务的基础上成为企业战略目标实现的两大主要推动力。

可是，"企业文化"到底应该包括哪些方面的主要内容，"绩效管理"具体应该包括哪些方面的工作程序，"企业文化管理"如何与"绩效管理"相互影响，"绩效管理"与"企业文化管理"如何相互促进，这些都是学者和企业家们非常关心的问题，它们同时也是本书的研究重点。为了深入解读这些问题，笔者首先对企业文化的相关内容进行了深入的研究并建构了"4S"企业文化框架，然后又全面分析了绩效管理的过程并构建了"7P"绩效管理体系，之后以"4S"企业文化体系与"7P"绩效管理框架的互动为基础，分别研究了"企业文化管理"对"绩效管理"的影响和支持，以及"绩效管理"对"企业文化管理"的支持和影响。

基于以上研究体系的安排，本书共设计了四章，具体内容如下。

第1章，企业文化的4S结构与管理路径。在这一章里，笔者通过对比分析中美学者观点和中国企业界的看法，首先梳理出了关于企业文化的"内涵界定"与"理论基础"；分析了企业文化对"企业管理"的一般性影响及其对"战略管理"和"绩效管理"的特殊作用；评述了美国学者对于企业文化内容的"分层研究"、"分类研究"、"具体研究"和"影响因素研究"的成果，并在此基础上提出了对于这些内容的观点和看法。其次在以上研究的支持下建构了"4S"企业文化体系，并借助收集到的41个西方杰出企业的企业文化资料以及笔者帮助建构的几个中国企业的企业文化信息，深入地解读了以下几点：①企业文化之"表象文化"及其三个具体的分类即物质表象文化、制度表象文化和行为表象文化的主要内容；②企业文化之"精神文化"及其所包括的六大要素，即企业使命、企业宗旨、企业愿景、核心价值观、企业精神和企业理念及其相互之间的区别；③企业文化之"亚文化"及其更加明确的细分标准；④企业文化之"在生成文化"及其三个内容来源，并在此基础上深入分析了它们之间的互动关系。最后，在以上研究的基础上，该章提出了在具体开展企业文化管理工作时应该遵循的主动管理原则、高层主导原则、专门管理原则、系统管理原则、应用性原则和特异性原则，并设计了企业文化管理工作的十步推进程序：①提炼已有亚文化；②分析影响企业发展的外部因素；③在企业家的主导下系统提出精神文化；④对亚文化进行再设计；⑤基于精神文化的需要设计物质表象文化；⑥设计制度表象文化；⑦催生行为表象文化；⑧关联绩效管理；⑨时刻关注在生成文化；⑩定期审视和调整企业文化。

第2章，绩效管理及其7P框架。该章首先介绍了西方学者对绩效管理提出的"11个看法"，并对这些看法分别做出了解读；之后介绍了中国学者的观点和中国企业界对于绩效管理的"四种认识"，并对这些认识进行了深入的解析；继而在这两者的基础上提出了本书对于"绩效管理"的独特界定方法。其次经过系统分析西方学者的观点和中国企业界的认识以后，全面地提炼了绩效管理的六个作用：①绩效管理可以帮助员工个人实现"绩效目标"和"发展目标"；②绩效管理可以帮助不同类型的团队组织实现"绩效目标"和"成长目标"；③绩效管理可以帮助企业组织有序且高效地运转；④绩效管理工作是企业战略得以实现的基础；⑤绩效管理是企业竞争优势的来源和保证；⑥绩效管理是企业文化管理工作得以顺利开展的强力支撑。再次研究了组织绩效的内容以及企业绩效管理的过程，并在此基础上全面地建构了"7P"绩效管理框架，具体如下：①P1：绩效领导体系与管理架构的设计；②P2：绩效协商与运行方案的确定；③P3：绩效支持与绩效实施；④P4：绩效评估与绩效改进；⑤P5：绩效考核与绩效评价；⑥P6：绩效反馈与绩效申诉；⑦P7：绩效应用与绩效反思，并在此基础上深入地分析了每个"P"之下更加细分的二级指标，即"Pxx"的内容。最后提出了高效地开展绩效管理工作应该坚持的全面参与原则、系统性原则、开放沟通原则、公开性与客观性原则、差别性与统一性相结合的原则；设计了如何高效地开展绩效管理工作的方法，也就是要按照"7P"框架的设计有序地推进工作，并在这个工作的推进过程中不断地完善细节；以及提出了为更好地开展绩效管理工作应该制定的 15 个方面的辅助性政策：①人才培养计划；②人员培训计划；③人员晋升计划；④人才分类计划；⑤人员奖励和激励计划；⑥人员分类岗位说明；⑦福利浮动管理计划；⑧人员内部流动与调整计划；⑨人员沟通管理规范；⑩人员申诉制度；⑪人员管理体系与权限分配计划；⑫全员参与创意创新的体系设计及管理方案；⑬人员的信息化管理规定；⑭团队绩效管理计划；⑮企业内部创业计划。

第 3 章，4S 企业文化对绩效管理的影响。该章首先分析了企业文化对于绩效管理的影响作用，其次基于西方学者的研究成果分析了企业文化影响绩效管理的三个内在机理：①不同的企业文化类型会带给企业绩效管理不同的影响；②企业文化通过影响个人的绩效能力从而影响其绩效水平；③企业文化通过影响个人的绩效表现从而影响整个组织的绩效产出。之后，进一步界定了企业文化与绩效管理的双向互动关系，并在此基础上，深入地研究了"4S"企业文化体系各个层次对绩效管理各个环节的不同影响表现，借助"概念剖析"、"场景再现"、"情景模拟"和"案例分析"等方法，分别研究了如下内容：①"物质表象文化"对于绩效管理的影响；②"制度表象文化"对于绩效管理的影响；③"行为表象文化"对于绩效管理的影响；④"精神文化"六大要素对于绩效管理的不同影响；⑤"亚文化"及其更加明确的基础性理念体系对于绩效管理工作的促进；⑥"在生成文化"及其三个不同的类别对于绩效管理的不同影响机理和具体的影响机制。

第 4 章，7P 绩效管理对企业文化的促进。该章首先分析了绩效管理在以下两个方面对企业文化的影响和促进的工作机制：第一个机制是绩效管理的各个工作环节，也就是"7P"绩效管理的 24 个工作细节可以催生众多的企业文化内容；第二个机制是企业绩效管理的具体工作内容可以帮助企业文化实现落地的目标。针对第一个机制进行的研究是重点，为此笔者详细地分析了如下内容：①绩效领导与管理体系的设计以及绩效管理方案的设计可以催生的企业文化内容，它们主要是集体领导、团队协同、大局优先、组织统一、谋划意识、强调合作、注重品质、善于分析、迅速决策、规则导向、团队合作、注重高水平的和建设性的冲突、共享信息自由等。②绩效协商、绩效目标的确定、绩效计划的制订和绩效指标的设计可以催生的企业文化内容，它们分别是与员工平等沟通、注重公平参与、强调多方合作、全面公正、群策群力、务实坦诚、注重执行、看重细节、目标导向、成就导向和行动导向等。③绩效支持、绩效实施、绩效沟通、绩效培训、绩效训练、绩效教练可以催生的企业文化内容，它们分别是高效地执行、精准地执行、强调创新、强调敬业、强调共赢、顾客导向、相互关心、雷厉风行、公平、公正、配合、协同、严谨、尊重、做事认真、目标坚定和积极进取等。④绩效评估和绩效改进可以催生的企业文化内容，它们分别是过程管理、追求卓越、不断进取、追求进步、力争更好、知不足而改、知耻而后勇、允许犯错和宽容等。⑤个人绩效考核、团队组织绩效考核、企业整体绩效评价可以催生的企业文化内容，它们分别是认真做事、敬业爱岗、踏实肯干、团队管理和包容等。⑥绩效反馈、绩效讨论和绩效申诉可以催生的企业文化内容，它们分别是平等交流、及时互动、坦诚相待、面向未来、气正、气顺和及时解决问题等。⑦绩效奖罚、绩效应用、绩效反思和绩效提升可以催生的企业文化内容，它们分别是客观奖励、公正处罚、重视学习、关注细节、有的放矢、能者上、庸者让，以及"布非式"员工文化（BUFFET：beneficial、useful、feeling、facilitate、energetic、team），即有利于员工、有用于组织、充满感情、使更容易、充满活力和团队优先。

本书的研究内容从总体上可以分成两个部分，第一部分包括第 1 章和第 2 章，研究的重点在于其"理论价值"的体现，其主要目标就是深入地分析"企业文化管理"与"绩效管理"的内涵界定、作用机理、内容构成、影响因素、坚持原则、发展路径等。这一部分的研究力争在理论上有所创新，希望借助这种创新可以帮助学界和企业界对"企业文化管理"和"绩效管理"有一个比较全面的，也比较新颖的解读。

第二部分包括第 3 章和第 4 章，研究的重点在于其"应用价值"的体现，其主要目标就是帮助企业探讨实际运作的方法和路径，也就是要帮助企业实现两个管理任务：①企业文化如何帮助绩效管理工作高效地实施；②绩效管理工作如何确保企业文化管理工作顺利地推进。

第二部分的研究以第一部分的研究为基础，也就是要在"4S"企业文化体系与"7P"绩效管理框架的基础上，深入探讨这两者之间互动影响的机理和机制。

本书的特点具体体现在以下七个方面。

（1）笔者在美国查阅了大量关于企业文化管理与绩效管理的最新学术文献，并与美国多位研究这个领域的专家进行了广泛的交流，借由这些文献的研究结果以及与专家交流所获得的认识系统地建构了本书的理论研究基础。

（2）笔者在互联网上广泛地参考了众多中国职业经理人针对企业文化和绩效管理提出的比较前沿和实用的看法，同时吸收了在美国访谈的多位杰出企业家针对这个问题提出的观点，借助这些中国职业经理人的看法和美国企业家们提出的观点推导了本书的应用研究框架。

（3）本书深度分析了美国世界排名前 100 当中 10 家大公司的企业文化，并用来佐证"4S"企业文化体系及其所包含的内容。这 10 家企业分别是埃克森美孚石油公司（Exxon Mobil Corporation）、雪佛龙公司（Chveron Corporation）、威瑞森电信（Verizon）、摩根大通（JP Morgan Chase & Co）、波音公司（The Boeing Company）、美国银行（Bank of America）、马拉松原油公司（Marathon Oil Company）、花旗集团（Citi Group）、富国银行（Wells Fargo）和宝洁公司（Procter & Gamble，简称P&G）（这些公司的英语名称及其中文译法取自福布斯世界五百强企业排行榜的榜单，下面几个国家的企业也是如此）。

（4）本书研究了世界五百强当中 10 家英国杰出公司，以此来拓展企业文化的延伸性内容，这 10 家公司分别是英国石油公司（BP）、乐购（Tesco）、汇丰银行控股公司（HSBC Holdings Plc）、联合利华（Unilever）、南苏格兰电力公司（Scottish & Southern Energy）、英国森特理克集团（Centrica PLC）、力拓集团（Rio Tinto Group）、苏格兰皇家银行集团（The Royal Bank of Scotland Group PLC）、金巴斯集团（Compass Group）和 BAE 系统公司（BAE Systems Plc）。此外，笔者还分别研究了澳大利亚进入世界五百强的 7 家公司以及加拿大进入世界五百强的 7 家公司，这些公司分别是必和必拓（BHP Billiton Ltd）、西农集团（Wesfarmers Limited）、伍尔沃斯公司（Wool Worths）、澳洲联邦银行（Commonwealth Bank of Australia）、西太平洋银行（WestPac Banking Corporation）、澳新银行集团（ANZ Bank）和澳大利亚电信（Telstra），以及加拿大乔治威斯顿公司（George Weston）、加拿大鲍尔集团（Power Corporation of Canada）、加拿大皇家银行（Royal Bank of Canada）、Couche-Tard 公司（Alimentation Couche-Tard）、森科能源公司（Suncor Energy Inc）、麦格纳国际（Magna Internatioal Inc）和 Enbridge 公司（Enbridge Inc）。对这些世界级杰出公司的研究，丰富了本书对于企业文化内涵的界定以及对于绩效管理体系建设的理解。

（5）本书非常重视在理论基础上建构企业文化与绩效管理的应用体系，而不是一般性地为了工作而提出工作的方法，但同时本书的研究重点又不是着意去建构一个理论框架，而是要为中国企业的企业文化管理与绩效管理工作提出可操作的对策和建议。事实上，本书的联合作者之一孙炯光先生自身就是一位深谙此道的企业家。

（6）本书融入很多中国传统文化的内容以及诸子百家经典著作当中的论述，重点选用和分析了兵家、法家、儒家和道家的诸多思想。这样做的目的是帮助中国的企业家更加容易地理解和更加方便地接受本书当中提出的许多观点，而不是认为这又是一个向西方学习的产物。事实上，写作本书的目的绝对不是学习西方，而是要在中国与以美国为代表的西方大国的企业文化融合当中，寻找可以全面帮助中国企业建构有益于中国企业发展的企业文化管理与绩效管理的体系和路径。

（7）本书综合使用了"专家学者访谈""企业家访谈""理论分析""文献分析""案例分析""故事推导分析""概念剖析""场景再现""情景模拟""对比分析"等研究方法。之所以这样做，就是要使看似很学术的著作具备更多的可读性。

在本书的研究过程当中得到了众多美国朋友的帮助，在此要对他们表示真心的感谢。

目　　录

第1章 企业文化的4S结构 与管理路径

　　企业文化对于企业管理是十分重要的，美国知名大公司富国银行的总裁约翰·斯坦普夫（John Stumpf）曾经说过，"我一直相信企业文化是企业成功的最为重要的部分，在富国银行我们强调企业文化已经有160年的历史了，在它的引导下我们可以共同工作并努力为顾客服务。企业文化就是对我们企业使命和企业价值观的正确理解，它天然地可以帮助你深刻地认知你需要做什么，它可以帮助你每天面对工作时会保有一个清楚的认识和清晰的方向"。

　　根据约翰·斯坦普夫的言论可知，企业文化对于企业管理确实重要，可是其中的原因是什么？企业文化的主要内容是"企业使命"和"企业价值观"，但是除此之外还有什么其他方面的界定和要求？再者，企业文化会受到哪些因素的影响？又会对企业管理过程当中的哪些因素产生影响？企业文化的结构包括哪些方面的层次？它们的建构路径如何？诸如此类的问题，不仅引起了学者们的研究兴趣，而且还普遍受到了企业家们的重视和关切。

　　首先，本章梳理了中美学者和中国企业界对这些问题的各种看法，并在此基础上分别进行了评述和解读。其次，基于这种中美学界和企业界对接的分析，本章又进一步拓展了对企业文化内涵的理解，并深入分析了企业文化在企业管理过程中应该发挥的作用。再次，基于理论与实务相结合的推导过程，本章提出了一个全新的企业文化建构方法，即"4S企业文化构成法"（或叫"四直构成法"），并在全面分析中国与美国、英国和加拿大等国企业相关企业文化案例的基础上深入解析了企业文化各个层次应该包括的内容、关键要点及四个层次企业文化之间的互动关系。最后，本章在前面研究的基础上，有针对性地提出了企业文化管理的主要原则，并设计了企业文化管理的一种发展路径。

　　在本章的研究过程当中，笔者除参考了近百位中外学者的观点以外，还分析了美国、英国、加拿大和澳大利亚4个国家34家位列福布斯世界500强排行榜上的杰出公司，并在美国当地调研了7家中小企业。

其中，作为分析案例的美国杰出公司有 10 家，它们分别是埃克森美孚石油公司、雪佛龙公司、威瑞森电信、摩根大通、波音公司、美国银行、马拉松原油公司、花旗集团、富国银行和宝洁公司。

所选择的英国杰出公司也是 10 家，即英国石油公司、乐购、汇丰银行控股公司、联合利华、南苏格兰电力、英国森特理克集团、力拓集团、苏格兰皇家银行集团、金巴斯集团、BAE 系统公司。

所选择的澳大利亚杰出公司有 7 家，即必和必拓、西农、澳大利亚伍尔沃斯公司、澳洲联邦银行、西太平洋银行、澳新银行集团、澳大利亚电信。

所选择的加拿大杰出公司有 7 家，它们分别是加拿大乔治威斯顿公司、加拿大鲍尔集团、加拿大皇家银行、Couche-Tard 公司、森科能源公司、麦格纳国际和 Enbridge 公司。

进行实地调研的 7 家美国中小企业分别是 Othot 公司、美食公园餐饮公司（Eat'n park）、JJ GUMBERG 公司、Campos 公司、路桥资本公司（Bridgeway Capital Company）、国际维度发展公司（DDI）和双 H 房地产服务公司（HowardHanna）。

1.1　中美两国的企业文化观

"只要有企业存在的地方就一定会有企业文化产生"，也就是说，作为组织文化的一种类型，企业文化是与企业组织相伴而生的，它们一刻也未曾脱离。

如果沿着历史的视角往前追溯的话，中国几千年来的店铺经营虽然不是严格意义上的企业管理，但是每家店铺也都有它自己的经营理念和持续发展的指导思想，它们所秉持的"童叟无欺""货真价实""诚信经营"等经营原则，也可以看作企业文化的雏形，并且是建构百年老字号品牌的关键和基础。

回头再看现代企业管理，几乎没有一家成功的企业会少了企业文化的支撑。在本书所研究的数十家美国、英国、加拿大和澳大利亚的知名企业当中，在其网站的主页上都能找到大量的关于企业文化描述的内容，而且企业文化还是各个企业区别于其他企业的重要标志。

事实上，在中国古代就有针对企业文化的研究，只不过那时的研究重点不是如何谋利，而是如何管理一个团队以成就组织的事业。而真正意义上的企业文化研究是近四十年的事情，其理论的源头大多出自美国。美国学者对企业文化的研究由来已久，研究的领域十分广泛，研究的成果也十分丰富。

1.1.1　美国学者对企业文化的看法

虽然企业文化在美国企业的发展过程当中已经存在了两百年以上的历史，但是如果具体到特定研究的时间点上，则是始于 20 世纪 80 年代。从那时起，学者们对于"什么是企业文化""为什么需要企业文化""企业文化与企业组织是一种什么样的关系"等一系列的问题展开了全面和深入的探讨，并提出了很多富有价值的看法。

以下是其中最具代表性的一些观点。

（1）Hall（1993）和 Peteraf（1993）认为，"企业文化的内容主要涉及企业组织的信仰、理念、价值观及组织成员的态度和行为，它们是企业竞争优势的有价值的来源"。

（2）Deshpandé 和 Webster（1989）认为，"企业文化是组织成员共享的价值观和信仰，这些价值观和信仰不仅为组织的功能提供洞察力，而且还为组织的行为提供规范和准则"。

（3）Martins 和 Terblanche（2003）认为，"企业文化是本组织的雇员所采用的主要理念的总和。这些理念在组织的过去运作良好，在人们之间通过人的相互作用传播，在整个组织中被采纳并认为是有效的"。

（4）Daniel 认为，"企业文化是一个组织内的共同价值观、规范和信仰的两个层次的集合。在表面上它是明确的文化，体现为正式的组织结构和沟通。在表面之下，管理层和员工认为真正重要的是隐性文化"。

（5）Smircich（1983）定义企业文化，认为"它是把企业成员聚集到企业组织当中的黏合剂。它表达了一个组织成员的社会理想、价值观和信仰。这些价值观、信仰模式表现在象征性的活动如神话、仪式、故事、传说和专业的语言等方面"。

（6）Schein（1986）认为，"企业文化是广泛被组织成员所学习和接受的共享的理念模式，它被用来解决企业的外部适应和内部整合问题，这已经被认为是相当有效的，正因为它们被认为是相当有效的，因此，也会被新的成员以正确的方式来看待、认同和感受"。

1.1.2　对美国学者企业文化观的评价与思考

Hall（1993）和 Peteraf（1993）所论述的关于企业文化的观点虽然不长，但是却说出了企业文化的两个重要方面，一方面介绍了企业文化的主要内容；另一方面指出了企业文化的重要作用。从企业文化内容的角度看，按照中国学者的视角分析后，企业文化的主要内容又包括了两个方面：一方面是企业文化之"精神文化"，即信仰、理念和价值观，这是企业文化的主体构成；另一方面是企业文化之"行为文化"，即组织成员的态度和行为，这是精神文化外化生成的表现形式。而他们所强调的企业文化的作用可以概括为一个方面，即"企业文化是企业竞争优势的有价值的来源"。

Deshpandé 和 Webster（1989）对企业文化内容的看法与 Hall 和 Peteraf 的观点是一致的，他们代表着绝大多数美国学者对企业文化内容的相同认知，即组织成员共享的价值观和信仰是企业文化的主要内容。此外他们认为，以价值观和信仰为代表的企业文化不仅可以为组织的功能提供洞察力，而且还可以为组织的行为提供规范和准则。这一句话如果从哲学的角度理解，前面所说的洞察力应该是一种认识论，或者说是一种高明的认识方法，看清世界，然后才能改造世界；后面所说的规范和准则其实是真正的方法论，它在精神上引领企业员工行动的同时，在实践上也会帮助企业系统化地规范员工的行为，如果这种规范与企业管理过程当中的绩效管理相结合就具有了强制性的力量。

综合以上四位学者的观点可以强化一个重要的结论，即大多数美国学者认为企业文化的主要内容包括两个方面：一个方面是以理念、信仰、价值观为代表的企业精神文化；另外一个方面是以员工的行为准则和行为规范为代表的企业行为文化。这种看法不但与西方英语系大国杰出公司的现实企业管理相一致，而且也与中国企业管理过程当中多数企业的企业文化的表现形式基本相吻合。

分析 Martins 和 Terblanche（2003）的观点可知，他们十分精炼地概括了企业文化的定义及其特点。

首先，从企业文化定义的角度看，他们认为"企业文化是本组织的雇员所采用的主要理念的总和"。这一定义内容虽然简短，但内涵却很丰富，结合其中的四个关键词，可以延展性地去解读企业文化到底是什么：第一个关键词是"本组织"，它说明企业文化是一个企业组织内生的思想和理念，满足该企业组织的特定要求，具备企业组织的专属特点，并且这种内生的思想和理念只适用于"本组织"而不适用于"它组织"。第二个关键词是"雇员"，这个"雇员"指的是企业全体成员，也就是说，企业文化在一个企业组织当中具有普适性的指导作用，它不是为某一个人设定的，也不是为某一个群体设定的，它是为整个企业组织的所有成员设定的。第三个关键词是"主要理念"，对于这个关键词可以从两个方面进行理解：第一，它是企业组织的主体思想和重要理念，而不是个别人的思想，也不是那些不重要的理念；第二，它是思想和理念，而不是其他的刚性规定。第四个关键词是"总和"，也就是说，企业文化是一个企业组织主要理念的综合体，即如果把指导各个方面工作的主要理念汇总到一起，那就是企业文化。

其次，从企业文化特点的角度看，他们认为符合如下三个特点的思想和理念才能算做真正的企业文化：第一个特点——"这些理念在组织的过去运作良好"，也就是说，企业文化的生成有一个过程，在这个过程当中，那些可用的理念、有用的理念和能用的理念经过验证对企业组织的发展有着积极的促进作用。第二个特点——"在人们之间通过人的相互作用传播"，也就是说，企业文化的最大作用在于影响人的行为，而这种影响力的发挥通过人与人之间的相互作用而实现，这种相互作用是双向的，是潜移默化的。第三个特点，也是最为重要的一个特点——"在整个组织中被采纳并认为是有效的"，这句话又表达了两层意思：第一层意思是企业文化必须被企业全体成员所采纳；第二层意思是被采纳的企业文化必须是有效的，因为它有效，或者说是因为组织认定它有效，所以整个组织的成员都将采纳并应用它。

基于以上所论企业文化的三个特点，可以再次强化三个结论，即管用的企业文化才是真正的企业文化；企业文化的主要作用对象是员工，员工不接受的企业文化就是不管用的企业文化；企业文化发挥作用的主要路径是企业内部人与人之间的相互影响，为了确保这种相互影响能够充满正能量就必须在企业领导的亲自参与下有规划地和分层次地进行引导。

从表面上看，Daniel 认为企业文化应该分成两个层次，一个层次是显性文化，一个层次是隐性文化。其中，显性文化表现为正式的组织结构和沟通；隐性文化是隐于显性文化之下的企业文化，它更多地表现为企业组织的共同价值观和集体信仰。比较两者而言，隐性文化更重要，它是真正意义上的企业文化。如果没有了隐性文化的支撑，显性文化就不可能发挥作用。从本质上看，Daniel 这种对于企业文化的划分方法与前面几位学者并没有什么不同，他所说的隐性文化其实就是前文提及且后文将着力分析的精神文化，而他所说的显性文化就是行为文化。无论变换什么样的语言，关于这两个层次的描述无疑是企业文化的主要内容，其他方面的内容或者说法即便存在也必须以它们为基础。

分析 Smircich（1983）的观点，它的研究结论与前面几位学者也没有什么大的不同，只是在表述方式和细节上略有差异。首先在企业文化的内容界定上，他也是将企业文化分成了两个层次：第一个层次是组织成员的社会理想、价值观和信仰，这就类同于隐性文化或者精神文化；第二个层次是表现组织成员社会理想、价值观和信仰的形式和活动，包括神话、仪式、故事、传说和专业的语言等方面，这就类同于显性文化，或者后文所说的表象文化和行为文化。

Schein（1986）无疑是美国学界甚至是国际学术界中研究企业文化的领袖人物，他的研究观点被众多的学者认可并引用。在这里，他对于企业文化的界定可以看作一个经典的概念模式，分析他的这个界定，可以看出其中包含着多层意思。第一，他认为企业文化是一种理念模式，这种理念模式包括了众多的理念内容，这类同于前面 Martins 和 Terblanche（2003）所说的企业文化应该是企业"主要理念的总和"。第二，Schein（1986）认为作为理念模式的企业文化应该被组织成员所共享，这类同于前面 Martins 和 Terblanche（2003）所说的企业文化应该"在整个组织中被采纳"。第三，组织成员能够共享的企业文化一定是可以被组织成员所接受和愿意学习并能够运用的理念，员工不接受的企业文化是没有作用的，员工无法学习领会不了的企业文化也是没用的，当然，员工不肯运用的企业文化则更是不可能发挥任何影响和指导员工行动的作用。第四，企业文化的作用包括对内和对外两个方面，在对内的方面，企业文化的作用是要解决"整合"的问题，整合而后统一，统一而后协同，协同而后才能形成合力，形成合力的企业组织才能得到快速的发展；在对外的方面，企业文化的作用是要解决"适应"的问题，包括适应环境、适应变化、适应竞争。有了企业文化的支持，企业对内可以整合，对外可以适应，各项事业才有可能取得成功。第五，与 Martins 和 Terblanche（2003）的观点一样，Schein 也认为，只有被验证是有效的理念才能成为企业文化的内容，比 Martins 和 Terblanche（2003）的观点更进一步的是，他认为，这种理念的有效不是"一般"的有效，而应该是"相当"的有效，只有那些相当有效的理念才可以被采纳到正式的企业文化的理念体系当中。第六，这些被认为是相当有效的理念会被新的成员以正确的方式来看待、认同和感受，也就是可以影响新的成员并在新的成员当中传承。

以上是一些美国学者对企业文化的内涵及其相关内容的认知，以及在分析过程中笔者所加入的一些延展性的思考。

当然，本书只是选择了部分学者的观点进行分析而不是全部，这样做的原因包括两个：一个是美国研究企业文化的学者不可胜数，无法对其一一进行分析；另一个是本书所选择的这些学者观点可以代表大多数美国学者在这个问题上的看法。

下面结合以上分析与思考的内容，再做如下几点整理。

（1）正如每一个正常的人都会有思想一样，作为企业组织的思想，企业文化或正式，或不正式，或优秀，或不优秀，都必然会存在于任何一个企业组织当中，而且会全面体现在组织成员身上，无论员工们是否意识到它，也不管企业组织是否曾经界定过它。

（2）企业文化的形成一般会经历一个比较长的时间，因为这种长时间的积累持续性地影响企业成员的行为，所以往往会被企业成员广泛地接受，并且可以通过组织氛围和老成员的示范向新进入组织的成员进行传递，然后再由他们向下一直传承。如果没有了这样一个延续和传承的特点，那么就说明这个企业组织的企业文化并不成熟。

（3）企业文化是企业组织的活动哲学，它的主要内容应该包括企业组织的价值观、信仰和组织成员的理念，以及由这些理念外化生成的组织成员的态度和行为规范，这是企业文化的两个主要层次，也是企业文化的主要内容。不同的企业在表述自己的企业文化时可以选择不一样的语言，但是在建构企业文化的主要框架时都不能忽略这两个层次，否则就会失去真正理解和把握企业文化的机会。

（4）任何一个企业都会拥有它自己独特的企业文化，这是由企业独特的发展历史和特定的发展要求决定的，它可以影响组织成员的行为，并通过组织成员的行为最终影响组织的绩效，从而成为企业组织竞争优势的力量源泉之一。

（5）企业文化一定要被组织所有成员接受，至少应该为企业所有成员熟知，并被他们认可；或即使有少部分人不认可，但他们也必须遵守。如果企业文化的内容得不到大多数成员的认可，那说明企业文化还没有被充分验证，或是已经被验证但却不可行。而一旦企业文化经过验证被确定下来，如果有人不愿意遵守它们，那么，这样的人要么"走路"，要么在企业当中永远也不会有大的作为。

（6）企业文化具有协调的功能，它可以将组织程序与组织能力统一成一个整体，并为企业组织的各类管理活动提供精神动力和行为规范。企业文化的这种协调功能的最大特点在于它的可持续性，因为企业文化一经确立，就不会轻易改变，也不能轻易改变。如果是可以轻易改变的理念或规范，那说明它还不能成为确定的企业文化内容。

（7）企业文化的功能重点体现在两个方面，一方面是可以帮助企业解决外部适应问题；另一方面是可以帮助企业组织整合内部资源，而这两个问题是任何一个企业都必须重视的，它们决定着企业的兴衰成败。

（8）企业文化可以分为表象文化和隐性文化，它是企业文化内容的主体构成。顾名思义，表象文化容易被人们感知，隐性文化不容易被人感知但比表象文化更为重要，它是表象文化的根源。为了方便人们感知隐性文化，更好地促进表象文化和隐性文化的互动，就要加大表象文化的对内和对外宣传工作，为此要强化员工的行为，规正员工的态度，经常性地开展系列的活动和仪式，全面借助标语题字、制度文件、故事引导、楼体与墙面装饰、办公环境、庆典、年会等方式进行推广。

1.1.3 中国学者对企业文化的看法及评述

中国国内关于企业文化的研究，其中理论的根源多数来自西方，在这个不断学习的过程当中，中国学者也慢慢形成了一些特有的看法。

其中，魏杰和赵俊超（2001）认为，"企业文化是企业在其长期经营活动中确立的，为企业全体成员普遍接受并共同遵循的价值观念和行为规范"。

罗长海和林坚（2003）认为，"对企业文化内涵的理解有广义和狭义之分。广义的企业文化是指企业在生产经营过程中所创造的具有本企业特色的物质财富和精神财富的总和；狭义的企业文化是指企业在发展过程中形成的具有本企业特色的思想意识、价值观和行为习惯，其核心是企业的价值观"。

王艳和阚铄（2014）认为，"企业文化由组织层面的愿景、价值观和使命，内部构建层面的行为规范以及社会关系层面的企业形象构成"。

贾建锋等（2016）认为，"企业文化是企业在长期实践中形成并被广泛认同的，包括价值观、行为准则、经营战略与品质形象等在内的核心经营理念"。

林坚和章志平（2005）认为，"企业文化是企业在长期的经营管理实践中形成的企业理念、企业制度、企业形象等的聚合，它具有自己的行为规范和独特的风格模式。企业文化是企业发展的深层推动力，是决定企业核心竞争力的关键要素，是企业核心竞争力的立足点"。

张一青（2005）认为，"目前我国理论界普遍认同的观点是企业文化包括三个层次：外层为企业的物质文化层，包括企业名称、企业外貌和生产经营的产品等；中间层次为企业的行为制度文化层，包括企业规章制度、企业行为规范、企业风俗与礼仪等；内层为企业的精神文化层，包括基本信念、价值标准、职业道德及精神风貌等。三个层次相互有机联系构成了企业文化"。

综合以上学者的研究成果可以发现以下三点。

（1）中国学者对于企业文化的研究虽然起步晚于美国学者，但是对企业文化内涵的界定和提炼已经达到了与美国学者相当的水平。在很多方面，中国学者的研究成果已经超越了美国学者，研究的视角更加细分，研究的内容也更加具有应用性。

（2）中国学者对企业文化内容的分类与美国学者基本持相同的观点，都是把企业文化重点分为精神文化和行为文化两个层次。除此之外，还有很多中国学者提出了企业文化的第三个层次，即物质文化层或叫物质表象文化，这种提法与部分美国学者的观点也保持了高度的一致性。

（3）与多数美国学者一样，在界定企业精神文化的时候，中国学者也是把关注的重点放在了企业价值观和企业理念上。事实上，一个企业精神文化的内容远不止于此，它还应该包括企业愿景、企业宗旨、企业精神和企业使命等。

1.1.4　中国企业界对企业文化的看法

对于那些奋斗在企业管理工作第一线的中国企业家而言，他们在成功经营企业的同时，也设计了非常具有自家特点且十分高效的企业文化，其内容不仅广泛吸收了西方企业所重视的创新意识、进取精神、团队合作、顾客至上等方面的先进理念，而且还在具体的企业文化管理实践当中大量吸取了中国传统文化的因素，诸如孝、敬、爱、诚、忠、信、义、智、礼、和、谋、勇等。

这让中国企业的企业文化建设与管理工作有了"大可为之"的空间。

其中，从哲学的层面看企业文化，中国的知名企业家多数认为，企业文化就是企业的"道"。持这种观点的代表人物是海尔集团的张瑞敏和蒙牛集团的原董事长牛根生。他们都认为，企业的文化就是企业的"道"，是企业的灵魂，虽然无形，却最为重要。

但"道"是什么，在中国传统文化当中，先哲们有不同的看法，其中老子的观点最具有代表性，他认为"道"就是万物的根源，是看不见的，是无形的。"道生一，一生二，二生三，三生万物，万物负阴而抱阳，冲气以为和。"按照老子的思想来理解企业文化，那么企业文化就是企业的源泉，是一切管理活动的出发点，即"道可道，非常道"。

韩非子认为，"道者，万物之始，是非之纪也。是以明君守始以知万物之源，治纪以知善败之端"。按照韩非子对"道"的理解来思考企业文化，那么企业文化就是管理制度的基础，是企业一切是非和行为对错的判断标准。

在中国企业界，海尔集团、蒙牛集团、华为集团、联想集团的企业文化管理是赫赫有名的，本书在此提及它们并不是要分析它们的成功案例，而是要借助它们的成功以引起人们对于企业文化的关注和思考。

以上所说这些集团企业的领导人都曾经非常明确地界定过企业文化到底是什么。其中，尤其以牛根生在蒙牛集团任职时企业文化手册当中的界定最接近于 Schein 的观点。牛根生认为，或者说蒙牛集团的企业文化这样认为，"企业文化是所有团队成员共享并传承给新成员的一套价值观、共同愿景、使命及思维方式。它代表了组织中被广泛接受的思维方式、道德观念和行为准则"。

分析这一定义可以看出以下三点内容。

首先，企业文化主要是企业的精神文化，它包括企业的价值观、共同愿景、使命和思维方式。其中，企业价值观是企业成员对人和事物的判断标准，共同愿景代表着企业的远大目标，企业使命是企业的定位，企业思维方式决定了人们的做事方式。

其次，企业文化必须能够被所有成员接受和共享。

最后，企业文化必须能够向新的成员传承。

在这个定义的最后，又补充了一个说明，指出企业文化就是人们通常所说的思维方式、道德观念和行为准则。思维方式就是思想和理念，行为准则就是行为规范，这是企业文化的两个主要层次，前面对此已经分析过；而道德观念则是前面没有提及的，这是中国文化的一个特点。西方企业最看重规范和进取精神，而中国企业更看重人伦感情和教化，所以在企业文化建设当中应该有大量的道德观念融入其中，如"君子慎独""上下有序""信誉第一""感情至上""义字当先""互帮互助""礼尚往来""家国天下"等。

在这个定义的指导下蒙牛集团建立了非常高效的企业文化，并于其中大量融入中国传统文化的内容，最具代表性的就是著名的"三子"理念。"三子"理念广泛地借鉴了中国古代最著名的三大圣人的核心思想，它们分别是孔子的"克己复礼"思想，老子的"上善若水"思想，以及孙子的"不战而屈人之兵"思想。再看蒙牛集团企业文化具体表现的六个方面，也是大量引入了中国人比较看重的传统的价值观。

（1）诚信：百德诚为先，百事信为本，诚信是蒙牛文化的核心。

（2）感恩：滴水之恩，涌泉相报，感恩报恩是蒙牛做人的原则。

（3）尊重：建立相互尊重的蒙牛拇指文化，让人人都感到伟大和崇高，在工作中感受生命的意义。

（4）合作：二人为仁，三人为众，人字的结构就是相互支撑，在合作中共赢是蒙牛人做事的原则。

（5）分享：一个人最大的智慧就是与别人分享的智慧，只有分享的思想才有力量，没有分享，就没有团队的成长。

（6）创新：创新是旧的资源新的整合，创新是蒙牛事业发展的灵魂，与时俱进是创新的最佳体现。

1.1.5　对中国企业文化观的思考

在国内学界和企业界对企业文化已经形成的看法的基础上，如果把中国企业的现实发展特点和中国文化因素融入企业文化的体系当中，可以对中国企业文化观再做如下几点思考。

（1）说到底，企业文化就是企业的"经营哲学"，作为哲学要具有两大内容——世界观及方法论，而企业文化的功能就是要为特定企业的发展提供认识内外环境的世界观和改造内外活动的方法论。从世界观的角度看，企业文化是"道"，从方法论的角度看，企业文化是"术"。企业文化既是"道"也是"术"，既可以提供大的思想指导，也能提供小的行为规范和理念说明。

（2）根据中国企业界常规性的做法，企业文化可以分成四个层次：第一个层次是可以直观感觉的"物质表象文化"，而"物质表象文化"最重要的内容就是企业的视觉识别系统；第二个层次是组织成员的态度及其行为表现，对此也可以称之为"行为文化"；第三个层次是企业的"制度文化"，它的主要表现是不同的企业所制定的制度体系以及由此而生成的发展规范；第四个层次是企业的"精神文化"，也就是西方学者所说的"价值观、社会理想、理念和信仰"及其所下含的可以用于指导具体部门和具体工作的"基础理念体系"。企业的"精神文化"是企业文化的核心内容，通常意义上所说的企业文化就是指企业的"精神文化"，其他三个层次的企业文化只不过是企业"精神文化"的外在表现形式而已。

（3）因为中国文化当中非常看重"家文化"，中国人非常看重家庭生活、家庭感情甚至家族观念，所以"家文化"对于每个中国人的影响都很大。因为"家文化"的影响，再加上中国人特有的对忠诚和服从的遵守，所以对大多数的中国企业尤其是民营企业而言，企业文化有时就是"企业家文化"，也就是通常所说的"老板文化"。一个企业的老板有文化，或是老板重视企业文化，那么这个企业的企业文化管理就会搞得有声有色；相反的，如果一个企业的老板没有文化又不重视它，那么这个企业就不会有规范的、优秀的企业文化。根据这个思想可知：企业家在企业文化管理过程中发挥着举足轻重的作用；企业老板的思维方式、志向追求、做事习惯和处世想法决定了企业文化的走向，并因此会决定整个企业的命运。

（4）对于很多快速成长的企业，以及那些懂得企业文化管理之于企业重要的初创企业而言，在企业运作之初和企业向上发展之际，就应该思考将打造系统的优秀的企业文化列为重要的工作内容。因为企业成立之初所形成的思维方式、习惯和想法对企业日后的影响是深远的，这时思考企业文化建设一事，就如同在空白纸上作画，想做什么样便是什么样，想往哪个方向引导，便可以往哪个方向引导。

（5）由第三条和第四条可以看出，后天想要打造优秀企业文化的企业组织，其具体的行动必须从企业家与企业高层团队先行做起，如果没有企业高层领导的率先垂范，所有的提议，所有的呼吁，所有的设计，最终都将成为一纸空文。而如果有了企业最高层的重视和参与，那么企业文化就可以被提炼、被审视、被改造、被设计，从而可以成为促进企业发展的强大动力之一，可以为各类企业管理活动提供最有力的支持和保障。

（6）企业文化是内生的企业哲学，是被大多数企业成员认可了的思维方式和做事规范，所以它一旦形成便很难更改，为此才有第四条的提议。这里要对第四条补充说明的是，自企业创立之初，或是企业家想要打造优秀的企业文化之始，就要好好地研究自己及其他高层领导的思维方式、习惯和想法，然后尽量将之引导到有利于企业文化建设的轨道上。思维方式虽然难改但不是不可以改，做事习惯和处世想法虽然不易变但也不是不能变，如果一个企业现时的发展不很成功，现时的企业文化不够理想，而企业领导们又有志于打造优秀的企业文化，并希望借助企业文化的力量促进企业的进一步发展，那么他们就必须首先做出改变，然后再倡导和指引其他人随之而变。这样的过程虽然艰难，但是过程之后的结果却可以帮助企业"山重水复疑无路，柳暗花明又一村"。

（7）沿着第六条所论继续深入思考可知，要改变既有的企业文化内容，要加强企业文化管理的工作，自企业家至普通员工都必须认可这是一个慢功细活。正如前面所说，思维方式的培养是一个较长的过程，而思维方式的改变是一个较为艰难的过程；习惯的养成需要时间，习惯的改变更需要时间；想法的形成不容易，改变已经形成的想法更不容易。所以，任何企业要加强、完善甚至是改变其企业文化管理的工作都不能追求一蹴而就，疾风骤雨；而是要春风化雨，润物无声。

（8）沿着第七条思考可以再强化一个思想，即企业家或企业高层领导是企业文化的始动者和推动者，但他们不是企业文化的主要承载者，也不是企业文化管理工作的主要对象；企业文化的主体、主要承载者、主要使用者是企业的员工，只有企业员工在高层领导的引领下培养了正确的思维方式、良好的习惯和积极的想法，企业文化才算建成，企业文化管理才算成功，企业文化的精神引领作用才能得到全面的发挥。所以说，要营造真正的企业文化环境必须从培养员工的正确思维方式、良好习惯及积极的想法这三个方面着手用力。

（9）如果一个企业家或是企业高层团队提出一些口号，画出一些不能实现的大饼，制定一大堆无由头的规矩，然后希望用这种方式去搞一些疾风劲雨式的企业文化，则注定其企业文化只能是皮毛式的企业文化，其企业文化管理的工作也不可能因此而取得成功。

1.1.6　企业文化的一种界定方式

基于 Schein 对企业文化的界定，结合以上中外学者的分析，可以重新审视一下企业文化的定义。

企业文化是一个企业组织为解决内部协同和外部协调的问题而系统构建的以精神理念为核心的认知体系及其外化生成的物质和行为表象，这个认知体系能够有效地指导企业全体成员的行动，并可以帮助新成员快速成长，从而可以为企业的可持续发展提供精神动力和系统支持。

如果单纯从企业员工的角度看待企业文化的话，它还可以通俗地理解为所有企业成员的思维方式和行为习惯。关于这一点，富国银行的总裁约翰·斯坦普夫在其公司的企业文化手册上曾经谈道："企业文化是我们每天带到工作当中的态度，也就是我们如何对待顾客的思考方式和行为模式，它是做正确的事情和正确地做事情的习惯。它是从我们之前的团队成员那里继承过来的一千个行为，我们把它们固定下来成为一种模式然后再向我们之后的团队成员去传递。这些行为和态度是说明'我们是谁'的关键。"企业家在企业文化的建设和维护中应该发挥什么样的作用呢？约翰·斯坦普夫曾说道："如果有一项工作是一个首席执行官为我们的团队成员、消费者、社区和战略合作伙伴必须要做的，那就是努力去保持我们的企业文化。他的作用就是要让我们的团队成员理解、内化、使用、传承和强化我们的企业文化。"

1.2　企业文化的作用

企业文化对企业发展有着非常重要的作用，前面在分析中美两国的企业文化观时已经有所论述，下面针对这个问题再做一些专门的研究。

1.2.1　美国学者所理解的企业文化的作用

（1）Schein（1985）认为，"企业文化是一个特定的群体发明、发现和发展的基础性的理念体系，它可以被用来解决这个群体组织的对外适应与对内整合的问题。因为这些理念已经被证明是有效的，所以，新进入的成员会以正确的方法去感知、思考和理解它们之间的关系"。

（2）Yilmaz 和 Ergun（2008）认为，"企业文化可以将组织程序与组织能力统一成一个整体，然后共同为组织所面临的问题提供解决方案。因为企业文化的这种强大影响力，所以，如果运用得好它可以促进一个企业组织顺利实现其目标，否则它就会阻碍一个企业组织实现其目标"。

（3）Lundy 和 Cowling（1996）认为，"企业文化可以解释一个组织内部自然而然要发生的事情，换言之，一个组织会发生什么样的事情，或者会以如何样式发生事情都是由企业的文化决定的"。

（4）Blackwell（2006）、Furnham 和 Gunter（1993）认为，"企业文化是极其重要的，因为它是一个组织关键成果形成的主要驱动因素，这些关键成果和主要运作程序包括了创新、生产力和财务绩效等。企业文化的本质是组织成员借助它们可以找到关于内部整合与适应环境问题的解决方案，可以通过共享的价值观进行有效的合作"。

（5）Peters 和 Waterman（1982）认为，"企业文化具有几个重要的职能。

第一，它传达了一种组织成员的身份意识；第二，它有助于产生比自我更大的东西；第三，它可以提高系统的稳定性；第四，企业文化作为一种感知引导的方法，可以引导和塑造部属行为"。

（6）Tichy（1983）认为，"企业文化的概念清楚地界定了企业文化与组织结构和企业战略之间的区别，因为企业文化的清楚描述，可以使一个公司非常清楚地明白它的业务是什么，以及它将如何开展自己的业务"。

1.2.2　对美国学者观点的评述和思考

如前文所述，Schein（1985）一贯的观点认为企业文化产生的目的在于解决企业发展过程中存在的两大问题，即对内整合资源的问题和对外适应环境的问题，这同时也是企业文化的两大重要作用。企业文化除了这样两个重要作用以外，还有两个具体的作用，一个是影响既有企业成员的行为，另一个是影响新进企业成员的思想。正是因为企业文化有着这样两个"具体作用"作为基础，所以才能发挥其全面促进企业发展的两个"重要作用"，也就是说，解决了人的问题，解决了人的思想认识和精神动力的问题，则一切的问题都会迎刃而解。

分析 Yilmaz 和 Ergun（2008）的观点可知，他们在这里要表达的是两层意思。

首先，他们把企业文化的作用概括为是一种黏合剂，有了这样一种黏合剂，就可以把企业管理的架构程序和企业全体人员的能力有机结合起来，而这正是众多企业家所梦寐以求的境界。如果能够做到这一点，则企业管理的制度、企业管理的过程就可以为企业人员的能力发挥搭建平台，而不是相反的成为一种约束。有了企业管理程序、企业文化和企业能力三者的结合，就可以帮助企业顺利实现战略目标，而如果缺少了企业文化作为中间黏合的作用以致三者无法结合的话，那么企业的战略发展就会出现困难。

其次，Yilmaz 和 Ergun（2008）认为企业文化是一把双刃剑，它不只能够发挥正向促进企业发展的作用，而且也有可能发挥阻碍企业发展的作用。之所以会这样，原因在于企业文化的力量太过于强大，正向的作用强大，负向的作用也强大，至于到底是能够发挥正向的作用还是负向的作用，这要取决于不同企业的建构之道和运用之法。

Lundy 和 Cowling（1996）的观点也表达了两层意思。

第一层意思，他们从另外一个角度说出了企业文化的特点，同时也说明了企业文化对企业组织的重要作用。他们认为，企业文化的力量虽然是无形的、潜移默化的，但却是最强大的。它可以决定企业管理的走向，也可以影响企业发展的战略进程，它是一种群体性的习惯，是一个组织的整体想法，是一个企业的发展哲学，它决定着企业的命运。

第二层意思，一个企业组织所发生的任何事情，都能折射出这个组织企业文化的影响；正是有了企业文化的这种强大影响，人们可以预知一个企业组织事情发生的方式甚至是结果。

分析 Blackwell（2006）、Furnham 和 Gunter（1993）的观点可知，他们对企业文化作用的认识在于两个方面，后一个方面与 Schein 的观点相同，也是将企业文化的作用分成内外两个角度进行考虑。

而他们对企业文化作用前一个方面的认识则更加具体，他们将之与企业组织的关键绩效成果进行了对接，而这些关键绩效成果包括了企业的生产力、企业的创新及企业的财务绩效等，并认为企业文化是这些关键绩效成果得以实现的主要驱动因素。

分析 Peters 和 Waterman（1982）的观点可见，他们对于企业文化作用的理解非常具体，这种十分具体的理解又被分成了四个方面。

第一个方面是企业文化可以传达一种组织成员的身份意识。这是企业文化管理所要追求的至高境界，即培养企业成员对企业组织的认同意识和归属感觉。如果员工们有了这种认同意识，就会表现出对这个企业组织的自豪感和责任意识。如此，他的工作就会充满了动力。

第二个方面是企业文化可以帮助企业成员产生一种比自我更大的东西，即组织存在感，这种组织存在感可以表现为整体意识、团队意识、合作意识、集体责任感及集体荣誉感等。有了这些意识和感觉，企业成员就会自发地配合他人的工作，就会主动去追求与他人的协同。如此，组织的工作就会充满了力量。

第三个方面是企业文化可以帮助企业提高系统的稳定性。企业组织的稳定首先应该是企业成员的思想稳定，而企业文化的作用正是要帮助企业稳定其成员的思想，而且还会在此基础上激发企业成员更为积极和更加进取的思想。

第四个方面是企业文化可以引导和塑造部属行为。因为企业文化的核心内容是企业的精神文化，企业文化的基础是企业成员所认可的基础理念体系，这两者对企业成员都具有精神引导的作用。企业文化的外在表象形式是其制度文化和行为文化，这两者对企业成员的行为都具有约束、指导和促进的作用，长期的约束、指导、促进必然会塑造出企业成员特定的行为方式和行为习惯。

分析 Tichy（1983）的观点可知，他认为企业文化有两个方面的重要作用，其一是它清楚地界定了企业文化自身与组织结构和企业战略之间的区别，有了这样的区别，才能更好地发挥各自的作用。而事实上，对于任何一个企业而言，企业战略、组织结构及企业文化这三者都是不可或缺的重要因素，有了这三者之间的清楚界定和密切配合，才能最终促进企业的快速发展和长足进步。

其二是企业文化可以帮助一个企业非常清楚地明白它的业务是什么，以及它将如何开展自己的业务。也就是说，它能够帮助企业回答"我要什么"以及"我如何才能得到"这些最为关键的发展问题。

1.2.3　国内学者与企业界对企业文化作用的看法

国内学者对企业文化作用的研究非常细致，也非常深入。

其中，陈鸿亭（2008）认为，"企业文化和企业核心竞争力都是企业在长期生产经营和管理过程中积累形成的，都具有企业自身的独特性和难以模仿性。企业核心竞争力既包括技术层面、制度层面，也包括理念、文化层面。优秀的企业文化才是企业最深层次的核心竞争力。企业可以通过树立共同愿景、确立顾客导向理念、尊崇企业伦理、弘扬企业家精神、推动组织学习等方式来充分发挥企业文化建设对提升企业核心竞争力的独特作用"。

孙林杰（2004）认为，"优秀的企业文化能够为企业的技术创新提供激励和支持，从精神、制度、行为、物质等四个方面影响和促进着企业的技术创新"。

张琼心（2012）认为，"企业文化与人力资源管理关系密切。企业文化建设通过树立正确的经营思想、良好的企业精神、高尚的伦理道德和明确的企业目标，可以规范企业员工的思想和行为，并最终实现企业和员工的共同成长目标"。

中国企业家们对企业文化作用的认识比较精炼，也非常注重实效，把他们的观点综合起来可知，企业文化的功能有五个方面，它们分别是凝聚功能、导向功能、约束功能、激励功能和融合功能。

其中，"凝聚功能"是企业文化的最主要功能，也可以把它称为"统一功能"，这相当于前面 Schein 等美国学者所强调的对内整合功能。这一功能的主要作用在于整合企业内部人才，凝聚组织成员人心，统一组织各个单位的力量，最终形成组织强大的协同力。

关于用兵作战的统一原则及其重要作用，在几千年前，武王就曾经向姜太公请教过。在《六韬》一书中记载道：

武王问太公曰："兵道如何？"

太公曰："凡兵之道莫过乎一，一者能独往独来。黄帝曰：'一者阶于道，几于神'。"

在这个问答当中，武王问姜太公，"用兵作战的原则是什么"。姜太公的回答是"用兵最为重要的原则就是统一，一般用兵的原则没有比指挥上的高度统一更重要的了。如果指挥统一、行动统一，那么军队就能独往独来，所向无敌"。

　　姜太公所说的这种组织的统一性相当于企业文化的统一功能，有了这样的统一功能就可以帮助企业成员在思想上达成共识，在行动上保持高度的一致。关于这一点，富国银行的前首席执行官约翰·斯坦普夫曾经说过，"我们共享的使命和价值观把我们统一成为一个完整的富国银行"。相反的，如果一个企业缺少这种统一的功能、统一的力量、统一的指挥、统一的行动，那么它肯定无法形成强大的合力，也产生不了高效的对外竞争力。

　　姜太公为了让武王更加准确地理解这种组织统一的重要性，还引用黄帝的话进行了佐证，即黄帝说："统一指挥基本上符合用兵的规律，几乎可以达到神妙莫测的用兵境界。"

　　借助黄帝的这句话可以概括企业文化第一功能的作用是"企业文化的凝聚功能完全符合企业战略性发展对于人员整合的要求，几乎可以达到神妙莫测的用人效果"。

　　"导向功能"顾名思义是指企业文化的导向作用，原则上企业文化的导向作用应该与企业的战略发展目标相对应。也就是说，企业战略发展需要什么样的支持，企业文化就应该提倡什么样的思想；而企业文化提倡什么样的思想，企业管理就需要重视什么样的工作，这同时也是企业文化与绩效管理可以实现有效对接的理念根源。当然，企业文化的导向功能是分层次的，这种分层次的导向功能与企业文化的分层次内容一一对应。因为企业文化当中最为重要的内容就是其精神文化，所以，企业文化最重要的导向功能也是要借助精神文化来实现。精神文化是企业人员认识企业和企业认识外部环境的"世界观"，以及企业成员改造自己、促进组织发展的方法论。借助精神文化的导向力量，企业领导者可以全面引导企业成员的思想，并使他们的行动符合企业战略发展的需要。

　　"约束功能"这种说法其实并不妥当，因为企业文化并不是管理制度，它没有刚性的约束力量，它要给予企业成员的是精神上的柔性指引和如何行事的规范说明。因此，可以把这种说法所要表达的企业文化的功能称为"规范功能"或是"引领功能"。这种功能要发挥的作用是告诉企业领导者、管理者、企业员工能做什么，不能做什么，应该做什么，不应该做什么。为了充分发挥企业文化的这种"规范功能"，还必须以企业的绩效管理体系作为保障。因为应该做的事情，有的人可能不去做，不应该做的事情，有的人可能偏要去做，所以，企业文化的柔性引导还必须配合绩效管理的刚性约束才能更好地发挥作用。当然，如果企业文化与绩效管理的这种配合达到一定的水平时，则企业文化就实现了落地的目标，那时企业文化就可以单独发挥作用。

　　企业文化的激励功能主要体现在精神奖励和精神激励两个方面。精神奖励可以借助一定的物质形式进行表达，如颁发奖状、通报表扬等。精神激励所要借助的是企业成员对企业组织的认同感、责任感，以及企业成员个人的事业观和志向观等。对于后者，可以参考姜太公在《六韬》当中对天下观、时机观、志向观、领导观、人才观、社会观、进取观、团队观、敬业观、诚信观、赏罚观、共赢观、忠勇观等的见解。

融合功能是企业文化形成以后的示范作用，有了这样的示范作用，更好的思维方式、更好的习惯和更积极的想法可以得到快速传播，并在企业全员当中发挥积极的作用。

蒙牛集团在以上所说五个方面功能的基础上，又进一步将企业文化的功能扩展成了十个方面，即导向功能、教育功能、凝聚功能、激励功能、约束功能、辐射功能、改善人际关系功能、规范企业形象功能、促进有效管理功能和提高经济绩效功能。此外，蒙牛集团的企业文化手册这样写道：企业文化的基本功能是，能够使员工凝聚在一起，引导大家认同公司的目标，并把自己的人生追求与公司的目标相结合；培训员工理解公司的政策；调节个人与个人之间、个人与团队之间、个人与公司之间的相互利益关系。

这是国内所见对于企业文化作用论述比较全面的一个范例。

1.2.4　企业文化可以帮助企业实现战略目标

以上中外学者及企业家们所界定的企业文化的功能都是非常具体的方面，它们着实重要，但却不是企业文化的最为"重大"的功能。也就是说，除了以上所列内容以外，企业文化还有两个更为重要的作用，在此不妨将之称作企业文化的两个重大功能。其中，第一个重大功能就是企业文化可以支持特定企业实现其战略性的发展目标。

关于这一点，Kandula（2006）认为，"一个企业能够取得好绩效的关键是它具有一个强大的企业文化。由于企业文化的差异，即便在同一个行业、同一个区域的企业，它们的公司战略也会产生完全不相同的结果。企业文化管理成熟，企业文化内容适应企业战略发展需要的企业就能不断地实现其战略目标。相反的，如果一个企业不注重企业文化管理，或者没有成熟的企业文化设计，那么在其实现企业战略的过程中就会缺乏强大的精神支持，其战略目标的实现会面对诸多的困难"。

Barney（1986）认为，"一个公司的企业文化不仅可以界定谁是企业的员工、顾客、供应商和竞争者，而且还可以界定一个企业如何与这些关键成功要素进行有效的互动。因此，一个成熟的企业文化可以帮助员工更好地理解公司的企业战略，借助企业文化的宣传、管理、故事描述和特定举例，可以激励员工更好地为企业战略目标的实现做出自己的贡献。也就是说，如果一个公司在员工的集体努力下实现了企业战略发展的目标，那么一定是公司的企业文化为此提供了主要的动力。再进一步说，企业文化是公司竞争优势的一个主要源泉，它可以帮助企业更有效率和更有效益地执行它的战略，而且以企业文化为基础所形成的公司竞争优势有一个重要的特点，那就是作为公司最为重要的资产，它们很难被竞争对手模仿"。

对此，O'Reilly 等（2014）也认为，"非常注重适应性和特别强调细节的企业文化与组织收入的增长呈正相关的关系。这里的逻辑很简单，当一种文化或规范的秩序强调适应能力，如快速推进和利用机会的优势时，这样的公司更容易适应变化。类似地，当人们关注组织中对细节导向的重要性，如强调质量和注重细节时，当公司上下有着一致的期望之际，则公司更有可能成功地实施它们的计划。所以，企业文化作为一种社会控制系统，可以以这种方式帮助企业执行战略"。

O'Reilly 等（2014）所说的还只是一种文化类型对企业战略目标实现的积极影响，而事实上，所有积极的企业文化类型都可以发挥它们对企业战略管理的类似影响。当然，这种影响往往是双向的，也就是说，战略管理与企业文化是一种双向促进和互相依存的关系，这表现为以下两个方面。

（1）战略管理的有效推进，必须借助企业文化提供精神动力和思想保障。

（2）企业文化当中的精神文化所包括的两个重要内容，即"企业使命"和"企业愿景"是持续性战略管理工作的发展方向和不同阶段战略目标形成的依据。

从第一个方面看，无论设计得多么完美的战略目标最终都要靠人来实现，而人的思想、人的行为、人的工作热情又都需要由企业文化来调动。正如前文所说，企业文化是企业发展的哲学，是企业看待环境和自己的世界观，以及如何行动以实现自己目标的方法论，它的形成一方面源自于企业家的思想，另一方面源自于企业长期积累的体现在全体员工身上的思维方式、想法和习惯。注意总结和运用高效的企业文化管理，不仅可以帮助员工建立正确的发展观，激发他们工作的积极性和热情，而且还可以帮助企业解决对人的监管、激励、控制成本等各项难题。而人的问题一旦解决，则企业管理各个方面的事情都可以顺利进行，各个方面工作的顺利开展最终促成的就是企业战略目标的实现。

此外，按照 Barney（1986）所说，"一个公司的企业文化不仅可以界定谁是企业的员工、顾客、供应商和竞争者，而且还可以界定一个企业如何与这些关键成功要素进行有效的互动"。前面已经分析了企业文化对企业员工的影响，以及由此而产生的促进企业战略发展的作用。下面再看一下企业文化对顾客、供应商和竞争者的描述及由此而产生的促进企业发展战略的作用。为了更好地理解这种作用，在此不妨做些举例说明。

（1）企业文化与顾客。

针对与顾客的关系，青岛琅琊台集团的企业文化当中是这样描述的，"公司不仅为客户提供高品质的产品，而且提供幸福和快乐的高端享受；满足客户的需求不是目的，超越客户对我们的期望才是真正的目标"。

分析一下这种顾客定位可知，如果它真能够得到执行的话，则这个企业就一定会赢得顾客的欢心，而一旦赢得了顾客的欢心，则必将生成一种可以促进企业战略性发展的强大力量。关于这一点，对于任何一个企业而言都应该成为它们追求的目标。

（2）企业文化与供应商。

针对与供应商的关系，青岛宝博集团公司的企业文化当中是这样描述的，"我们企业发展的核心理念就是共赢，这种共赢包括与供应商的真诚合作，通过上下游企业的共同努力一起创造和分享收益"。

分析一下这种与供应商的定位，如果它也能够得到坚决的执行的话，则一定会赢得供应商的大力支持，有了供应商的大力支持和真诚合作，同样也会生成可以促进企业战略性大发展的无穷动力。

（3）企业文化与竞争者。

针对与竞争者的关系，青岛鑫光正钢结构有限公司的企业文化当中是这样描述的，"企业之间的竞争追求的是不竞争，或是理解为不在同一个层面上竞争。很多企业以利益为导向进行竞争，而我们的企业以文化为导向进行竞争。如果我们的竞争对手被我们的企业文化所打败，那么它们就永远没有能力再和我们进行竞争"。

分析一下这种竞争定位的描述，可以看出它已经帮助企业从一般性的竞争概念上升为文化竞争的层次，而如果一个企业组织能够达到这种文化上的领先，就可以从根本上甩开竞争者的追赶，这对企业长期的战略发展而言将会提供永远不会枯竭的动力。

以上所论是这件事情的一个方面，而从另一个方面看，企业文化当中的精神文化所包括的两个重要内容，即"企业使命"和"企业愿景"也是不同时期各类型战略管理工作的发展方向和具体指导。也就是说，企业文化体系的内容不仅服务于企业战略管理的具体工作，而且还为企业的长远战略管理工作提供可持续发展的理念依据。

首先，"企业使命"所要界定的是一个企业最长远的发展理念，它说明的是一个企业应该成为什么样的企业和应该避免成为什么样的企业这样一个几乎终企业一生的定位命题。企业愿景是对企业使命的具体描述，它说明一个企业一经确定了自己的方向以后，所应该具体界定的比较长远的发展目标。而战略管理工作一般是以三年、五年或是十年为一个发展周期，它与企业使命和企业愿景相比，从指导时间上看要短，从工作内容上看要更加具体，尽管这种具体远没有绩效管理所设定的那样细致。

也就是说，一方面，企业的企业使命和企业愿景的实现必须要借助一个阶段和一个阶段的战略目标累加来完成；另一方面，不同阶段的战略管理目标又必须按照企业使命和企业愿景的界定来选择。如果背离了企业使命和企业愿景去选择阶段性的战略发展目标，则不是企业的使命与愿景出了错，就是企业的战略管理工作出现了偏差。

在很多国际知名大公司的企业文化当中，有的直接就把企业战略作为企业文化的一个内容编列进去。关于这个方面的例子，首先可以看一下美国的雪佛龙公司，其在企业文化体系当中是这样描述企业战略的，"我们的企业战略可以分为两个层次，第一个层次的战略是公司级别的战略，第二个层次的战略是主要业务战略。在第一个层次的战略当中，又包括三个方面的内容，具体如下：①投资于我们的员工。投资于我们的员工可以加强组织的能力，可以建构全球性的人才发展平台，可以帮助人们用正确的方式去做正确的事情。②高效率地执行。借助我们严格的操作与管理系统，以及遵守我们制定的纪律与规定，可以确保企业组织的各项工作都能够得到高效率的执行。③有力地成长。通过利用我们的竞争优势以创造最大化的价值并且随时捕捉全新的发展机遇，可以帮助我们有力地成长"。

其次，可以看一下英国最大的公司即英国石油公司在这个方面的认识，这家2015年世界排名第六的公司在其企业文化当中也直接谈到了企业战略，它是这样说的："我们的战略是致力于为我们的投资者创造价值，使我们所在的社区和社会因为我们而受益。为了实现我们的战略，我们必须建立自己的优势，充满活力地管理我们高质量的投资组合，并且发展我们与众不同的能力。我们积极管理一个高价值的上游和下游的投资组合，我们的目标是通过可持续的现金流动与长期分配创造分享的价值。"

除了英国石油公司以外，在本书所选择的另外 9 家英国杰出公司当中，在其企业文化体系里面直接谈到企业战略的公司还有 7 家。

再次，看一下加拿大的 Enbridge 公司在其 2015 年所制定的战略规划当中对于企业战略与企业愿景之间关系的描述，"2015 年 Enbridge 公司战略规划以及2015~2019 年五年计划，已于十月推出，它指明了公司未来的发展方向，明确了使 Enbridge 公司成为北美首屈一指的能源运输公司这一企业愿景的若干措施"。

最后，看一下澳大利亚最大的公司必和必拓在其企业文化当中对于企业战略的描述："我们的战略是拥有和经营大型的、长期存在的、低成本的、可扩展的和上游多样化的资产，它们的表现形式就是不同的商品、不同的地域和不同的市场。我们的战略在过去十年中保持不变，并使我们能够在许多年的经济和商品周期中创造更高的利润率。"

通过以上分析可知，企业文化与企业战略管理之间有着密切的关系，而且是双向影响、双向支持和相互渗透的关系。其中，企业文化对企业战略的支持是企业文化的第一个重大功能，而且是最为重要的功能。

1.2.5　企业文化可以有效地促进绩效管理

一个企业优秀的企业文化可以全面促进这个企业的绩效管理工作，这既是众多学者研究得出的结论，也是众多企业家在实践过程当中得出的真实感受，如果按照前面的分析进行排序的话，这就是企业文化的第二个重大功能，也是本书第三章要研究的重点。这个功能与前一个功能所要效力的最终对象都是企业的战略管理工作。也就是说，如果有了企业文化和绩效管理的双重支持，则企业战略目标的实现就有了坚实的基础和可靠的保障。

关于绩效管理与企业文化之间的关系，存在着两种说法。

第一种说法认为，绩效管理工作在前，企业文化管理随其后，绩效管理承接了战略管理的目标体系以后，在实际的绩效管理过程中，应该寻找企业文化对绩效工作开展的"支持力"。于是，企业为了实现绩效管理的目标而建立企业文化管理的体系，并由企业文化管理体系发挥对绩效管理工作的辅助和支持作用。

第二种说法认为，企业文化管理工作在前，绩效管理工作随其后，当企业建立起完整的企业文化体系以后，需要借助绩效管理的工作来强化其所设计的内容，尤其是精神文化方面的内容，并将这些内容通过绩效管理的每一步工作分别落到实处。

其实这两种说法都是对的，它的差别一方面源自于不同企业家对这两种事物的认知，以及不同企业在进行这两个方面工作时分别行动的顺序而已。但最为关键的一点是，企业文化与绩效管理是双向影响和双向支持的关系，并不存在着谁先谁后的问题。也就是说，一个企业的绩效管理的每一项工作都应该、也可以从企业文化体系当中寻找到巨大的"推动力"；企业文化每一个具体内容的实现都需要、也能够借助绩效管理的各项工作来完成。如果绩效管理工作没有和企业文化相结合，那么纯粹的物质激励所能发挥的对员工的激励作用一直是有限的；如果企业文化没有和绩效管理的具体工作相结合，那么，企业文化就永远不会实现落地的目标。所以说，绩效管理与企业文化必须有机地融合，这样才能够发挥它们共同促进企业战略管理工作的作用。

基于以上分析，可以证明企业文化存在着的另一个重大功能，那就是它可以帮助绩效管理更加顺利地开展，可以促进组织绩效目标更加快速地完成。为此，众多世界性的杰出公司在其企业文化当中都有专门针对绩效管理的论述。

以美国企业为例，雪佛龙公司在其七个价值观当中有一个就是直接描述绩效管理的，具体内容如下。

"追求优秀的绩效表现—— 我们承诺在我们所做的每一件事情上都力争优

秀，而且我们会不断地努力地去提高它们，我们满怀热情地去追求超乎预期的结果，这些结果既属于我们，也属于我们的合作伙伴。我们追求优秀结果的努力源自于我们的能力和紧迫感"。

在威瑞森电信的四个企业价值观当中，也有一个是直接描述绩效管理的，具体内容如下。

"优秀的绩效表现——我们坚持追求高水平的绩效表现，鼓励创新性的思想并鼓励团队合作共同进行创新性的探索，我们从不会停止这样的追求，即持续地努力以帮助客户有更好的体验，且每天都能够找到满足客户需求的新的方法"。

通过对英国十家公司企业文化的研究发现，它们当中的多数在其企业文化体系当中也有着对绩效管理的直接描述。

而在七家澳大利亚企业当中，对此表现最为突出的是必和必拓公司，在它们企业文化的六大价值观当中有一个谈到了绩效管理，"重视绩效就是通过不断地扩展我们的能力以取得卓越的商业成果"。

1.3 美国学者对企业文化内容的研究

1.3.1 美国学者研究企业文化内容的四个角度

美国学者对企业文化内容的研究成果十分丰富，基于他们在研究过程当中所采用的不同视角可以将这些丰富的研究成果分成四个大的方面。

第一个方面是针对企业文化内容进行的"分层研究"，这是一种纵向的研究视角。在具体的研究过程中，很多学者将企业文化的内容从大到小分成几个层次，然后再针对不同层次的特点和要求进一步分析其中所包含的具体内容。在进行这样研究的学者当中，尤以 Schein 的观点最具代表性。

第二个方面是针对企业文化内容进行的"分类研究"，这是一种横向的研究视角。在具体的研究过程中，很多学者基于某些特定的需要，将企业文化的内容分成不同的类别，然后再探讨各个类别之下所包含的企业文化的具体内容，并分析不同的企业文化类别更加适用于什么类型的企业，以及如何在这些企业当中进一步细分各个类型的企业文化所应该包括的更加具体的内容。

第三个方面是直接研究非常具体的"企业文化内容"，既不分层，也不分类，而是研究对于特定类型的企业，哪些具体的企业文化内容是适用的。这样的研究只具有一般性的参考价值，因为不同的企业到底应该选用什么样的企业文化内容必须要根据这个企业的特点及其实际发展需要而定。

第四个方面是从影响企业文化的"重要因素"去分析企业文化的生成内容。

1. 针对企业文化内容的分层研究

正如前面所说，对企业文化进行分层研究的代表人物是 Schein，他指出，在一个组织内部可能有几个可以指导操作的文化类型，这又包括：管理文化；用于指导不同功能单元的职业文化；基于邻近性的群体文化；基于管理等级共享的员工文化；等等。以上这些企业文化都属于同一个层次，都是操作层面的细分企业文化。此外，他还认为，如果整个组织都有一个显著的共享历史，那么整个组织就会有一个整体的文化，这是最高层次的企业文化。

Taylor（2014）系统地分析了 Schein 1984~2010 年对企业文化所做的论述，并将企业文化分成了三个大的层次，这三个层次分别是物质表象文化、决定性文化和基础性理念。

第一个层次是物质表象文化，这个层次的企业文化的特点是可以被看到和可以被感知到，它们是有形的实体或是具有物理属性的表述。物质表象文化的主要内容包括建筑物、办公场所、技术、衣着、态度、可见的行为模式、公开的仪式、庆典、公开的文件等。

第二个层次是决定性文化，它包括价值观、信仰、行为规范、理念、目标、愿望等。通过这一个类别的企业文化，人们可以深入了解一个企业的组织文化意识，并能看出这个组织成员的理想和愿望。

第三个层次的企业文化主要由一些基础性理念构成，借助这些基础性理念人们可以深入了解一个企业最接地气的企业文化内容。

2. 针对企业文化内容的分类研究

Quinn 和 Spreitzer（1991）提出了 CVF（competing values framework，即竞争价值框架）的概念，从这一框架出发，他们把企业文化分成四个类别，这四个类别分别是群体文化、发展文化、等级文化和理性文化。

其中，群体文化包括的次级文化有团队合作、全面参与、公开讨论、增强员工的行为、关注不同人的思想、密切人际关系、增强凝聚力等。

发展文化包括的次级文化有组织灵活性、个体发展、对外扩张、成长与发展、创新和变革、创造性地解决问题等。

等级文化或叫结构文化包括的次级文化有路线主义、注重形式和结构、强调控制、注重规范和稳定性、可预测的性能结果、连续性和秩序等。

理性文化包括的次级文化有任务集中、目标清楚、方向明确、注重效率、追求绩效、成果卓越等。

Deshpandé 等（1993）认为，如果将企业文化与组织创新相联系，那么企业文化的内容应该包括四个类别，这四个类别分别是宗派文化、等级文化、创新文化和市场文化。不同企业组织在选用不同的企业文化类型时应该考虑的因素包括主导属性、领导风格、相互结合和战略重点。经过比较研究，Deshpandé 等（1993）发现，对于组织绩效有巨大影响的企业文化类型首推市场文化，其次是等级文化。

Gebauer 等（2010）认为，企业文化可以根据企业的性质划分为两大类型，第一类是面向产品的企业文化，第二类是面向服务的企业文化。

其中，面向产品的企业文化可以生成的内容与企业的工作程序密切相关，这些程序包括订货、交货、安装、客户培训、客户咨询及维护和维修。不同程序所需要和所可能生成的企业文化是不一样的。

面向服务的企业文化内容同样也是与企业面向服务的工作程序密切相关的，这些程序可能需要的企业文化内容包括创业导向、真正解决问题的渴望、创新性和服务员工的灵活性等。或者也可以把它们概括为管理价值观的服务导向、员工价值观的服务导向、管理行为的服务导向和员工行为的服务导向四个方面。

Wallach（1993）把企业文化分为三种类型，它们分别是官僚型企业文化、创新型企业文化和支持型企业文化，并且他认为，企业文化从这个角度看，有可能会限制企业战略的发展，也有可能会促进企业战略的发展，到底是限制还是促进就要看所选择的企业文化类型是否可以与企业战略发展的需要相对应。

3. 企业文化具体内容的研究

O'Reilly 等（1991）在研究首席执行官的个性、企业文化和公司绩效时，提出了十分详细的企业文化内容列表，这些内容包括：以成就为导向，以行动为导向，适应能力强，强调合作，注重专业成长，注重品质，等等。

除此之外，还有更进一步的细分，包括：富有进取心，善于分析，保持冷静，保持谨慎，保持竞争力，客户导向，迅速决策，容易相处，公平，诚实，创新，市场驱动，以人为本，准确，迅速地抓住机会，快速反应，结果导向，规则导向，相互支持，团队合作，宽容，愿意去体验，直接面对冲突。

另外，企业文化内容还可以包括：快速行动，努力推进，把持高的道德标准，对结果有较高的预期，注重诚信，注重高水平的建设性的冲突，个人目标透明，从错误中学习，倾听客户，量化指标，不受许多规则约束，注重单元目标，尊重个人，尝试冒险，确保雇工安全，共享信息自由，稳定，承担个人责任，注重原创，善于采取行动，与他人合作。

Likert（1961）认为，企业文化的一个重要内容应该是"involvement"，也就是"全面参与"，或者也可以称作是"全员参与"。他认为，高效的组织通常会特别地重视它的成员，它会组建各种团队，并从各个水平上去发展它的成员的能力。众多学者也认为，企业文化的一个重要内容应该是"一致性"，也就是前文所说的"统一"。他们认为，组织之所以能够高效，正是因为它们拥有强势的企业文化，而这种企业文化高度关注一致性、良好的合作及高度的统一。还有学者认为，各种行为都是植根于一系列的核心价值观，领导者和追随者可以熟练地达成协议，即使他们拥有多样化的观点也不会影响这种一致性。Senge（1990）认为，这种一致性是一种确保稳定和内部统一的力量源泉，它使组织成员拥有共同的心态和高度的一致性。

有的学者认为企业文化的一个重要内容应该是"适应性"，而"适应性"作为一个企业文化内容往往与"一致性"不能同时并存于一个企业当中。Kanter（1983）认为，那些被很好地整合的组织往往是最难改变的。Senge（1990）认为内部的高度统一和外部适应经常是不可兼顾的，因为适应性强的组织其活动要围绕它们的客户展开，它们要冒险，要从错误中学习，并拥有创造和改变的能力与经验。Stalk 等（1992）认为，企业经营者不断地改变系统，使他们提高组织的集体能力，为他们的客户提供价值。

以上是学者们的观点，而在针对美国十家杰出公司的企业文化进行研究的过程当中所梳理出来的企业文化内容包括诚实、信任、尊重多样性、重视独创性、合作、人与环境优先、追求优秀的绩效表现、责任、质量、安全、做良好的企业公民、确保利益相关者的成功、诚心为顾客服务、建设伟大的工作平台、有效地管理风险、追求杰出的管理、负责任地采取行动、充分重视和挖掘员工的力量、追求团队合作的力量、信任、开放、建立友好的社区合作关系、结果导向、员工是竞争的优势所在、注重伦理道德、顾客永远正确、内部提升、人人是领导、主人翁精神、正直、积极求胜、尊重每一位员工、公司与个人的利益休戚相关、有策略地工作、创新、重视公司外部环境的变化和发展、珍视个人专长、力求做到最好、互相依靠、互相支持等方面。

4. 从影响因素看企业文化的生成内容

O'Reilly 等（1991）认为，高级领导人是企业文化的主要决定因素，或者说，高级领导人决定了企业文化的走向。一个组织的高级领导人，因为他们的意识、责任、权威、地位会对企业文化产生重要的影响作用，所以，这些源自于高级领导人的相关内容有可能成为企业文化的主要构成。

1.3.2　对美国学者研究内容的评述和思考

对于企业文化内容的研究，其目的不在于研究内容本身，而在于研究什么样的企业文化内容会发挥什么样的功能，这是多数学者进行此类研究时持有的一种态度。

1. 针对分层研究的评述和思考

分析 Schein 的观点可以看出，他对企业文化的内容有着十分广泛的理解，这种理解的广泛性其中一个方面就体现在他对企业文化内容的分层研究上。在美国学术界，他的这种分层方法以及对这种分层方法的研究已经为企业文化的分层研究定下了基调。下面首先介绍一下他在这个方面的描述，然后再结合 Taylor 对他研究成果的分析，以进一步说明他对于企业文化分层管理的看法。

首先，他认为在一个企业组织当中应该存在一个为全体人员所认可和遵守的"整体文化"，这是最高层次的企业文化。这样的一种"整体文化"又不是可以为所有的企业都能够拥有的，能够拥有和形成这种"整体文化"的企业需要有一个显著的"共享历史"。既然说到历史，那么这个企业就应该有一定的发展时限，刚成立的公司，或是成立不久的公司一时还难以形成这种"整体文化"。

不过，如果刚成立的公司，或是成立不久的公司希望自己的企业能够拥有一个理想的"整体文化"，那么，在它们成立之初就应该同步进行企业文化的规划工作，可以选择那些可以促进企业长足发展的理念进行培育，并使之逐渐为全体成员所共享。在笔者对美国初创企业 OTHOT 公司的首席执行官 Andrew R. Hannah 进行访谈时，发现他就持有这样的观点。OTHOT 公司刚刚成立不久，就已经明确提出了企业文化的管理脉络，他们将自己公司的企业使命界定为"帮助你如何做出决定，用最原初的思想生成你的未来，我们的云平台将大幅度地减少你对未来预测的复杂性和所需成本"。

其次，Schein 认为，在一个企业当中，在"整体文化"之下的一个层次内，可能会并存几种类型的企业文化，如指导企业领导者和管理者思考和工作的"管理文化"，用于指导企业内部不同的部门和不同的工作单元的"职业文化"，基于相同管理等级之下能够指导员工行动的"员工文化"，等等。他的这种分类方法，是基于企业文化的不同功能进行的，也就是说，在一个企业组织当中，为了更好地开展具体的工作，就应该为所有人员设定其相对独立的工作理念和行为规范。这些种类的企业文化对企业成员的绩效行为和绩效结果有着更深和更直接的影响作用。

如果说"整体文化"是企业层面的企业文化，那么"管理文化"、"职业文化"和"员工文化"就可以看作是整体文化之下的次一级文化，或者也可以称之为"亚文化"。

最后，这里要特别强调一下 Schein 所提出的基于邻近性的"群体文化"。这是一个比较复杂的企业文化现象，它或者是前面所说的因为工作需要和单元划分而形成的"基础性理念"，又或者是因地缘、性格、信仰、爱好等特质的相近性而走近的一群人长期磨合而形成的"小组织文化"。其中，"基础性理念"可以影响到很多人，甚至可以影响到企业全体成员。而"小组织文化"虽然影响的范围比较小，既影响不到企业文化的大局，也不会影响企业发展的整体绩效，但是对身处小组织当中个人的思想和行为的影响却是巨大的，对他们的个体绩效和工作表现的影响是深远的。所以，对这种企业文化现象也绝对不可以轻视。

Taylor 的研究价值在于他全面梳理了 Schein 对企业文化内容的研究，并将企业文化分成三个大的层次，这三个层次分别是"物质表象文化"、"决定性文化"和"基础性理念"。此外，他还将广泛存在于企业组织当中的"基础性理念"正式命名为企业的"亚文化"。

对于前面两个层次的企业文化内容我们是非常熟悉的，在《企业一体化管理系统》一书中，我们就曾经将企业文化分成四个层次，即"物质表象文化"、"行为文化"、"制度文化"和"精神文化"。上文所说的"决定性文化"其实就是我们所说的"精神文化"。不过，这里所说的"物质表象文化"却比我们所说的更为宽泛，甚至可以融入我们所说的"物质表象文化"、"行为文化"和"制度文化"三个方面的内容，这将是我们在本书当中要吸收的一个重要元素。

但是，本书所说的"亚文化"却是我们以前的研究所不曾涉及的说法，它的具体内容类同于我们在"精神文化"里所提到的具体理念体系。在《企业一体化管理系统》一书中，我们认为"精神文化"主要包括七个方面的内容，其中前六个方面是从总体上指导企业全体成员的思想与行为，它们分别是企业使命、企业愿景、核心价值观、企业宗旨、企业精神和企业总体理念，这就类同于 Taylor 所说的"决定性文化"。而第七个方面是从具体的角度指导不同的部门、不同的战略单元、不同的群体的理念体系，也就是相当于 Schein 所说的"基础性理念"，以及 Taylor 所说的"亚文化"。我们认为"亚文化"这个提法非常好，它可以帮助我们更加清楚地理解企业文化的分层管理体系。

2. 针对分类研究的评述和思考

Schein 对企业文化的分类特点是"分类不分家"，也就是说，他是针对一个完整的企业文化体系，基于不同的功能而对企业文化做出"内部划分"。Quinn 和 Spreitzer（1991）对企业文化内容的划分与 Schein 的分类方法不同，他们是基于企业竞争的需要而将企业文化分成了四个类型，而不是四个层次。这四个类型不是一个整体，它们并非必须同时存在于一个企业之内，甚至有些企业文化类型根本就不可能共存于同一个企业。

比照 Schein（1986）的分类方法，这四个类型的企业文化都可以成为一个企业独立的"整体文化"，都可以成为公司"总体层面"上的企业文化内容。至于具体的企业如何选择，那要看这个企业所处的行业是什么，它的主要产品是什么，它的战略取向是什么，它现在"有什么"和希望"得到什么"等。这四类企业文化下面所包含的具体内容可以看作一个企业企业文化的"亚文化"，这些"亚文化"的实际指导作用很强，也非常具有代表性。此外，这四类企业文化虽然说很难共存于一个企业当中，但是这四类企业文化之下的"亚文化"却可以根据企业发展的不同需要进行组合，并进入同一个企业。至于具体的组合方法，也是要视特定企业的特定需要才能确定。

分析 Deshpandé 等（1993）的观点可知，他们对于企业文化的分类是将之与"企业创新"结合起来进行的，而且他们的这种分类方法与 Quinn 和 Spreitzer（1991）的分类方法很相似，也是分为了四个类别，这四个类型的企业文化也都可以成为任何企业组织能够选择运用的"整体文化"之一。不过，与 Quinn 和 Spreitzer（1991）的分类方法不同的是，经过研究，Deshpandé 等（1993）从四个类别的企业文化当中选出了"市场文化"和"等级文化"，并认为这两个类别的企业文化对企业的组织绩效有着更为重要的影响作用。此外，Deshpandé 等（1993）还分析了影响企业组织选择企业文化类别的因素，这些因素包括企业的主导属性、主要领导的风格、各类型企业文化的相互结合及企业不同时期的战略发展重点等。

Heiko 等对企业文化的分类方法在于提示人们，虽然不同企业的企业文化内容会有差别，但是存在于同一个行业或是同一产业类型之中的企业其企业文化的内容会有相近的地方，这种"相近性"是与产业的性质及其工作流程相关联的。但是，对于这样的分类方法还要注意一点，那就是此种分类方法是比较粗放的一种，在具体的企业文化设计和管理过程中，还要对具体产业的特点做出更进一步的分析和界定，不能只是笼统地说"你的企业文化是面向产品的，或是面向服务的，你就应该选择什么样的企业文化内容进行培育"。例如，高科技产品是产品，农产品也是产品，但是提供这两种不同产品的公司企业文化的差距却是巨大的。

Wallach（1993）对于企业文化的分类，虽然视角与 Quinn 和 Spreitzer（1991）、Deshpandé 等（1993）不同，但是分类的方法与思路却是一样的。

3. 针对具体内容研究的评述和思考

通过分析 O'Reilly 等（1991）的研究成果可以看出两件事情：一是他们对企业文化的梳理非常详细，所提出的企业文化的具体内容十分丰富；二是由他们的研究成果可见，一个企业能够采用的企业文化内容十分广泛，所涉及的具体细节非常深入，具体如何选择，应该是一件十分慎重的事情。当然，对于单一的企业而言，也没有必要把企业文化搞得如此复杂，如果太过复杂的话它的指导作用反而会减弱，因为，太多的企业文化内容会让组织成员无所适从。

再者，针对一个具体的企业而言，它的企业文化内容必须分出层次，一定要明确界定出哪些内容是指导组织整体的，哪些内容是指导工作单元的，哪些内容是指导职能部门的，哪些内容是指导单独个体的，只有这样分清层次，企业文化才能更好地发挥其指导作用，否则铺天盖地的内容看似丰富，实际上对于摸不着头脑的企业成员来说形同于无，越多反而效果越不好。

与 O'Reilly 等（1991）的大面积研究企业文化内容不同，Likert（1961）分别深入地研究了企业文化某一个方面的内容，诸如全面参与、高度一致、高度适应、企业使命及合作性、创新性和有效性等。无疑，这些具体的企业文化都是优秀的企业文化内容之一，可以为众多的企业考虑使用。但是在具体使用的过程中，以及在具体选择之前"适用性"是最为重要的原则。也就是说，无论多么优秀的企业文化内容都必须与企业的发展实际相适应，绝对不能照猫画虎、照本宣科，而是要有的放矢，灵活运用。

本书针对美国、英国、加拿大和澳大利亚 4 个西方英语系大国 34 家世界 500强杰出公司之企业文化进行研究的过程当中发现，除了企业的使命（mission）、愿景（vision）、宗旨（principle）、理念（idea）和价值观（value）以外，他们最为看重的企业文化内容在于四个方面，即 responsibility、sustainability、diversity 及 governance，也就是责任、可持续发展、多样性及管理，关于这些内容将在另外四本书当中呈现，它们分别是《美国杰出公司企业文化研究》、《英国杰出公司企业文化研究》、《加拿大杰出公司企业文化研究—— 基于加美英企业的比较》和《澳大利亚杰出公司企业文化研究—— 基于澳美英加企业的比较》（待出版）。以企业的多样性和内部提升为例，在十家美国企业当中，每个公司都有大量的关于企业文化的多样性的介绍，其中埃克森美孚石油公司、雪佛龙公司、威瑞森电信、波音公司、美国银行、马拉松原油公司、花旗集团和富国银行对于多样化理念的描述和设计尤其丰富，其中除了针对历史进行拨乱反正的原因以外，还在于如此理念和行动可以帮助各个企业获得必要的与丰富的人力资源以及多样化的创新思维与发展思想。

4. 基于影响因素看企业文化生成内容的评述和思考

分析 O'Reilly 等（1991）的观点，其实进一步验证了前文所提出的关于中国企业文化观的第三个看法，也就是说，企业文化与企业家文化有时很难分得清楚。对于大多数中国企业而言，很多时候企业老板的思维方式、志向追求、做事习惯和处世想法决定了企业文化的发展走向，甚至企业文化的全部内容。

当然，影响企业文化的因素绝对不止企业家一个，而是有很多个，这些不同的因素因其重要性排序分别会对企业文化的生成产生不同的影响，对此，在下面概括性的认识当中还将继续分析。

1.3.3　概括性的认识

可以肯定的是，以上外国学者对企业文化内容的研究已经达到了细致入微的程度，所验证的研究成果也极其丰富，对之加以概括还可以提炼出以下几点认识。

（1）虽然不同企业有不同特点的企业文化，但是处在相同或相近行业的企业其企业文化会具有很多相同的取向。例如，生产型的企业，它的企业文化就应该是定位于面向产品的企业文化；服务型的企业，它的企业文化就应该是定位于面向服务的企业文化。在总体定位确定以后，不同的企业会有不同的描述，但是在不同的描述里面，又会折射出很多类同的内容，如果忽视了这些必备的共性内容，则这个企业就会很难融于所在的行业。

以加拿大的森科能源公司为例，这家公司的第一个价值观就是安全至上，"如果做就要保证安全，否则宁可不做"，它体现了公司对于安全的高度重视。通常而言，持有这样价值观尤其是把这样的价值观放在首位的企业一般都是能源、电力、航空航天领域的公司，行业的特质决定了它们的首要发展理念必须是重视安全，包括人的安全、资源的安全、生产的安全和财产的安全等。

在本书所研究的 10 家美国杰出公司当中，非常重视"安全"这一价值观并且把它放在企业价值观体系首位的是马拉松原油公司，这家公司的五个价值观分别是：①重视健康和安全；②加强环境管理；③开放和诚实；④建立友好的社区合作关系；⑤结果导向。

在本书所研究的 10 家英国杰出公司当中，同样把"安全"这一价值观放在企业价值观体系第一位的有英国石油公司、南苏格兰电力和英国森特理克集团，它们都是能源和资源类的企业。其中，英国石油公司的五个企业价值观分别是：①安全；②尊重；③卓越；④勇气；⑤团队。南苏格兰电力的五个企业价值观分别是：①安全；②效率；③可持续性；④卓越；⑤团队合作。英国森特理克集团的五个企业价值观分别是：①优先考虑安全；②满足不断变化的客户需求；③确保能源为社会添砖加瓦；④保护环境；⑤积极的员工和合作伙伴关系。

除了行业特点以外，不同的地域、不同时期的公司，它们所形成和追求的企业文化都会受到地域特点和时代特征的影响。如果把行业、地域、时代等影响企业文化的要素归到一起，可以将之统一称为"外向因素"。

对于"外向因素"的分析，是一个企业提炼和生成其企业文化的重要工作环节，在这一环节里，企业不仅要分析可能受到的环境影响，而且还要分析在这一环境影响下，企业应该建立的具备行业特征的企业文化内容。这事实上也为企业文化的设计工作提供了初始路径。

（2）与影响企业文化的"外向因素"相对应，在企业内部还存在着影响企业文化的"内向因素"，这些因素才是决定企业文化走向的关键因素，它们包括企业家的影响、企业的历史传统、企业内部的利益结构、企业的产品和服务类别、企业的战略发展取向、企业人员的构成等。

（3）企业文化有着不同的划分方法，不同的学者所持有的划分依据不尽相同。有的学者基于分层的角度提出了三分法，即把企业文化分成"表象文化"、"精神文化"和"基础性理念"三个部分，其中"基础性理念"也可以看作是企业文化当中的"亚文化"。这种三分法是将企业文化作为一个企业组织的整体文化看待以后所进行的内部细分，细分以后的企业文化还是一个整体，并且这三个层次的企业文化内容会同时存在。除了三分法以外，还有众多的学者基于分类的角度提出了四分法，但是他们进行四分的标准又不一样。有的学者基于竞争价值框架的概念对企业文化进行了四分，也就是分成了四个类别，它们分别是"群体文化"、"发展文化"、"等级文化"和"理性文化"。还有的学者基于企业文化与创新的关系将企业文化进行了四分，这种类型的四分将企业文化分成"宗派文化"、"等级文化"、"创新文化"和"市场文化"。不过，采用四分法的学者们所划分的四种类型的企业文化不是并存于同一个企业的，它们或两者组合，或三者组合，或四者组合，或单独作战不与任何一方组合。此外，这两种四分法所划分的企业文化内容如果与前面三分法相对接的话，它们划分的仅仅是三分法当中的企业"精神文化"。

（4）在同一个层次或类别的企业文化内部，还可以继续细分企业文化的内容，或者可以称之为"亚文化"的一个类别。也就是说，企业"亚文化"包括两个方面的内容，一方面是企业组织内部独立的单元、团队和小群体所形成的企业文化，在有的学者看来，这些所谓的"亚文化"其实就是基础性理念。另一方面是针对某一个层次企业文化的再度细分以后所形成的企业文化的内容，也可以称之为"亚文化"。以上学者所列出的八维企业文化结构，或是四维企业文化结构，从总体内容上看就是企业精神文化的"亚文化"内容。无论他们所提出的企业文化的内容有多么丰富，最终都没有跳出企业精神文化的范畴。或者也可以说他们是在企业精神文化的范畴内提出了二级的"亚文化"，然后又对这些二级的"亚文化"进行了三级的划分和梳理。事实上，真正发挥微观指导作用的恰恰就是那些二级的和三级的"亚文化"，它们与具体的工作单元对接，与具体的员工对接，与具体的团队对接，正是因为这种对接的紧密性，所以可能发挥的作用也更有力量。

（5）有的学者在研究企业文化的过程中还提出了更加细分的标准，而这些标准事实上就是判断此类企业文化执行程度和完善程度的评价指标。此外，很多学者对某个类别的企业文化研究非常深入，已经可以达到具体指导特定企业开展相关工作的程度，这种研究的态度和导向非常值得学习。

1.4　企业文化的 4S 结构

综合以上三个方面的研究成果，可以得出关于企业文化内容的研究结论，即企业文化的整体内容应该包括四个相互关联的部分，它们分别如下：①表象文化，也可以称之为"直感文化"；②精神文化（spiritual culture），也可以称之为"直验文化"；③亚文化，也可以称之为"直接文化"；④在生成文化，也可以称之为"直生文化"。

其中表象文化又包括物质表象文化、行为表象文化、制度表象文化三个方面；精神文化包括企业使命、企业愿景、企业宗旨、企业核心价值观、企业精神和企业理念六个方面；亚文化又包括分公司亚文化、子公司亚文化、部门亚文化、团队亚文化和小组亚文化五个方面；在生成文化包括未界定的亚文化、未确定的精神文化和新引进的企业文化三个方面。

因为这四个部分的企业文化的英语描述都以 S 开头，所以称之为企业文化的 4S 结构；又因为这四个部分的企业文化的汉语描述都用直字开头，所以也可以称之为企业文化的四直结构。

为了更加直观地了解 4S 企业文化结构及其所包括的具体内容，可以制成表 1-1 以帮助读者更加清楚地认识它们。

表 1-1　4S 企业文化体系表

4S 企业文化及其构成内容	S1：表象文化 直感文化	S1-1：物质表象文化
		S1-2：行为表象文化
		S1-3：制度表象文化
	S2：精神文化 直验文化	S2-1：企业使命
		S2-2：企业愿景
		S2-3：企业宗旨
		S2-4：企业核心价值观
		S2-5：企业精神
		S2-6：企业理念
	S3：亚文化 直接文化	S3-1：分公司亚文化
		S3-2：子公司亚文化
		S3-3：部门亚文化
		S3-4：团队亚文化

4S 企业文化及其构成内容	S3：亚文化 直接文化	S3-5：小组亚文化
	S4：在生成文化 直生文化	S4-1：未界定的亚文化
		S4-2：未确定的精神文化
		S4-3：新引进的企业文化

以下内容是对 4S 企业文化结构体系的深入分析。

1.4.1　表象文化

表象文化，顾名思义就是存在于企业组织最表面的企业文化内容，这种企业文化的最大特点就是极易被人们所感知。正是因为人们可以通过视觉和听觉去直接感受到它们的存在，所以我们也可以称之为直感文化。这种直感企业文化又可以分为三类。第一类是物质表象文化，这是最直接的表象文化，它以"物"的形式呈现。第二类是行为表象文化，这是次直接的表象文化，它以"人"的形式呈现。第三类是制度表象文化，这类的表象文化又因为企业管理要求的不同而有所不同，如果一个企业的所有制度都是公开的，那么对于这个企业的制度表象文化的感受就是容易的；相反，如果一个企业的制度只是对内公开，那么这个企业的制度表象文化也就只有其内部人员可以明确感知，而外人则不易见其端倪。

1. 物质表象文化

物质表象文化，顾名思义就是以"物"的形式表现企业文化的内容，它是企业文化体系当中有形可感的部分，是企业表象文化的主体，也是各个企业在进行企业文化建设时可以大力投入的一个领域。

虽然只要是企业就一定会有物的表现形式，但不是说只要有物的表现形式就一定会有物质表象文化，只有那些经过精心设计并有系统的精神文化作为支撑的物质表象才能被称为物质表象文化，也只有这样的物质表象才能发挥其作为企业文化内容之一应有的促进企业发展的作用。

在实际的企业运行过程中，物质表象文化的核心内容是企业的 VI 识别系统，也就是企业界常说的视觉识别系统。一个企业成熟的视觉识别系统的各个方面都可以反映甚至是代表这个企业，其中最为重要的就是企业的 Logo 和公司商标，此外还包括主要的建筑物、办公场所、产品包装、着色、形状、产品技术、员工衣着等。当人们看到这些物质表象时，马上就能想到这个公司，或者想起这个公司的产品，想起这个公司所注重的理念。由此可见，物质表象文化对企业产品的推广和企业自身的宣传有着非常重要的作用，它既是企业文化管理的主要内容之一，也是企业品牌管理不可或缺的手段。

这是物质表象文化对外的作用。

如果一个企业有着成熟的物质表象文化设计和展示，那么企业员工身在这些物质表象当中工作时，就可以时刻感受到企业文化的存在，并深受公司企业文化的影响，对此会在第三章中以某公司小 D 的感受作为一个案例来直观地介绍物质表象文化的此种作用。

这是物质表象文化对内的作用。

2. 行为表象文化

行为表象文化是指企业文化"人"的外在表现形式，它的承载主体是包括最高领导在内的企业全体成员，表现形式包括企业管理者的对外交往风格、对内领导风格、企业对外交往的方式、守信水平、办理事情的速度、接待外部人员的表现、内部人员的沟通方式和神情、员工的做事方式、工作过程中的态度、员工如何使用资源和办公条件等。

借助以上所说的行为就可以判断一个企业的企业文化水平，就可以了解这个企业成员的精神面貌，甚至可以界定一个企业是个积极友善的企业，还是一个消极冷漠的企业；是一个充满活力、不断创新且富有追求的企业，还是一个古板守旧、不知变革的企业。

一个企业的行为表象文化的核心内容是企业的"BI"识别系统，也就是行为识别系统。既然它是一个系统，就说明它的内容是可以被设计的，也就是说，一个企业可以设计它的领导者、管理者及员工的日常行为规范，并要求他们随时随地地遵守这种行为规范。

根据笔者针对西方英语系主要大国杰出公司的研究，以及针对这个研究所访谈众多学者得出的结论可知，西方学者最为看重的表象文化是物质表象文化，其次是行为表象文化；而西方企业管理者们更看重行为表象文化，其次才是物质表象文化，几乎每一个知名的西方大企业都会设计完整的企业行为准则或企业伦理规范，并把它们放在企业网站上予以公开。

在本书集中研究的美国十家大企业当中，埃克森美孚石油公司对此给予的重视是显而易见的，也是非常系统的。在其公司网站上可以找到相关的五个重要文件，其所涉及的内容都是对企业员工行为的规范说明。在这五个文件当中，又属"公司商业行为标准"规定得最细，它又包括了二十几个细分的政策，如伦理行为政策、利益冲突政策、公司财产管理政策、礼物收取与娱乐政策、反贪腐政策、内部管理政策、顾客关系和产品质量政策、员工机会平等政策、开放式沟通的政策等。

　　除了埃克森美孚石油公司以外，马拉松原油公司、威瑞森电信和摩根大通也制定了公司的行为准则，其中马拉松原油公司的行为准则手册有十六页的内容，威瑞森电信的行为准则手册有四十页的内容，而摩根大通的行为准则手册更是多达一百页，它们对于企业领导、管理者、利益相关者及企业全体员工行为的规定设计得非常精细，要求得非常严格，考虑得非常全面。

　　企业上下长期按照既定的和规定好的行为规范做事情，自然就会形成这个企业特有的行为表象文化。当然，行为表象文化不可能是单独存在的，它要表现也必然会表现企业的精神文化和企业的亚文化。为此，若一个企业希望自己的行为表象文化是优秀的，那么它首先要设计和提炼出优秀的精神文化和企业亚文化，这是一个前提。

　　行为表象者，以人之行为表其精神文化之象，表其亚文化之象也。

3. 制度表象文化

　　物质表象文化除了 VI 识别系统所展示的内容以外，还有一个重要的组成部分，那就是存在于企业组织及其内部各个部门之中的各种各样的制度文件，以及由这些制度文件所营造出来的企业管理氛围。它是物质表象文化与行为表象文化之间的连接，具体指导企业成员在各个领域、各个方面、各个层次的行为和表现。

　　有的学者单独将制度文化的部分列为企业文化的一个独立层次，称之为制度表象文化，并认为制度表象文化源自于精神文化又支持精神文化，它是行为表象文化的源头又支撑行为表象文化的发展。

　　与物质表象文化一样，虽然只要是企业就一定会有管理制度，但不是说只要有管理制度就一定会有制度表象文化。只有以那些经过精心设计的精神文化和亚文化作为支撑，有系统的行为表象文化跟进的制度表象才能称为制度表象文化。

　　一个企业的制度种类可能有很多，其内容也可能极其丰富，但是那不代表它就一定会有成熟的制度表象文化与成熟的制度管理和制度建设。通常意义而言，随意设计的制度，不反映精神文化和亚文化的制度，没有系统的行为跟进的制度，营造不出企业发展所需要的制度表象文化。也就是说，判断一个企业制度建设是否完善，其制度表象文化是否成熟的标准不在于看其制度文件的多与少，而是要看其与精神文化及行为表象文化的对应程度如何，以及制度形成的过程和制度得以执行的氛围怎样。

　　本书集中研究了加拿大七家公司，在乔治威斯顿公司、加拿大皇家银行和麦格纳国际三家公司的网站上，能够找到的公开制度文件都在十个以上，足见这些优秀的公司对于制度管理和制度文化的重视。

　　关于制度与制度文化，在中国古代先贤们的著作里多有论述，其中司马迁在其代表作《史记》当中，在八书之"礼书"的开篇里有一个很好的解读，那就是礼和仪的界定，当然他的这种解读是基于古代对于制度管理的另外一种说法，其中深含着关于制度与制度文化的产生与关系的哲学道理。原文如下：

太史公曰："洋洋美德乎！宰制万物，役使群众，岂人力也哉？余至大行礼官，观三代损益，乃知缘人情而制礼，依人性而作仪，其所由来尚矣。人道经纬万端，规矩无所不贯，诱进以仁义，束缚以刑罚，故德厚者位尊，禄重者宠荣，所以总一海内而整齐万民也。……礼由人起。人生有欲，欲而不得则不能无忿，忿而无度量则争，争则乱。先王恶其乱，故制礼义以养人之欲，给人之求，使欲不穷于物，物不屈于欲，二者相待而长，是礼之所起也。故礼者养也。"

1.4.2　精神文化

精神文化，即前面 Schein 所说的"决定性文化"，它是企业文化体系的核心构成内容，可以单独代表而且最能代表一个企业的企业文化管理水平。

通常而言，精神文化的可感受性还是"内外有别"的，对于企业外人员来说，一个特定企业的精神文化一般不容易被直接感受得到。但是对于这个企业的内部人员来说，它又可以很容易地被体验得到，企业全体成员甚至每天都在体验这种精神文化提供给他们的指导和支持，所以也可以把这种企业文化称为"直验文化"。

精神文化的主要表现形式是企业的 MI 识别系统，也就是企业界所说的理念识别系统，借助理念识别系统，可以帮助企业员工强化他们对于企业发展战略、企业经营思路、企业发展宗旨、企业经营理念、企业核心价值观和企业精神的认知与遵从。此外，外部人员和其他企业通过目标企业的精神文化，也可以判断这一企业的发展战略、经营特点、发展属性、志向目标、对人员的要求、对外部合作的期望等。

一个企业的理念识别系统到底应该包括哪些方面的内容是有争议的，在此，笔者认为有六个重要方面，它们分别是企业使命、企业愿景、企业宗旨、核心价值观、企业精神和企业理念。

对于以上六个方面的要素，中国的企业与西方的企业会有不同的认知，具体情况如下。

（1）企业使命、企业愿景和企业宗旨是中外企业通用的选项。

根据本书对美国、英国、澳大利亚、加拿大等西方大国 34 个杰出公司的研究情况再加上中国企业文化管理的现状可知，中外企业针对以上三个方面的要素，无论是使用的名称还是在其名称之下对于内容的界定都是一样的，在理解上没有任何的分歧。

（2）核心价值观和企业精神不是中外企业通用的选项。

根据针对西方大国 34 个杰出公司的案例分析得出的结论可知，首先在它们的企业文化体系里面没有企业精神这个概念，其次在其价值观体系当中，也没有核心价值观的认定。中国企业所看重的企业精神的内容，西方国家的企业习惯于使用企业价值观和企业原则的说法进行表达，而且认为排在第一位的"价值观"就应该是最核心的价值判断。

而对于中国企业而言，企业精神和核心价值观是两个必然的选项。如果说在一个中国企业的企业文化当中没有企业精神，那么就直接等同于说这个企业根本就没有企业文化，也有的中国企业会使用企业价值观这个说法，但是即便使用了这个说法，在其企业文化体系当中还是要设计企业精神的内容。可事实上，中国企业所表达的企业精神与西方企业所表达的企业价值观在基本内容上以及要发挥的作用上几乎没有任何区别。

中国企业所说的核心价值观可以看作一个企业总体上的"精神"，因为这个精神是最重要的，所以只能有一个，它可以从不同的角度去引导和影响企业全体员工的精神状态。这就是核心价值观和企业精神的区别与联系。

（3）企业理念是中外企业通用的选项。

与企业理念相对应的"基础性理念"在中外企业的认定当中以及在中外企业的企业文化当中所存在的领域是不一样的。中国的企业往往会根据全局与局部划分的思路来理解企业理念与基础性理念之间的关系，其中，企业理念是企业全体人员都应该坚守的总体工作理念，因为是总体工作理念所以它只有一个；而基础性理念是主要用于指导和规范各个部门、各个业务单元及各个团队和各个群体的具体工作理念，所以它会有多个。至于到底是多少个，其数量需要根据企业所在行业的性质、企业的规模、企业部门设置而定。

西方的企业对企业理念也是非常看重的，但是它们的企业理念与中国企业所理解的企业理念并不完全一样，而且在数量上也往往会选择多个而不是一个。其中，在美国的 10 家杰出公司当中，多数企业比较集中重视的企业理念有多样性理念、员工理念、企业战略发展理念、创新发展理念、统一理念和文化优先理念等。在英国的 10 家杰出公司当中，多数企业比较集中重视的企业理念有多样性理念、员工理念、企业战略发展理念、创新发展理念、工作与生活平衡理念等。

虽然西方英语系大国的学者们明确提出了亚文化的概念，并用以指代基础性理念，但是在企业界里，却没有任何一家公司明确地提出过亚文化的说法，关于基础性理念的内容主要被分散在企业价值观当中，或者被设计在企业原则里。

关于精神文化的内容，除了可以采用"六要素划分法"以外，诸多的西方英语系大国杰出公司还惯使用另外的设计。以美国公司为例，在它们的企业文化体系当中，也有企业愿意使用"3W+H"体系描述企业的精神文化，其中具体内容如下。

第一个"W"是指"Who we are"，也就是"我们是谁"，它所界定的内容相当于企业使命；

第二个"W"是指"What we do"，也就是"我们要做什么"，它所界定的内容相当于企业宗旨；

第三个"W"是指"Where we will be"，也就是"我们将要发展到哪里"，它所界定的内容相当于企业愿景；

"H"是指"How we do"，也就是"我们是如何做的"，它所界定的内容相当于企业核心价值观、企业精神和企业理念。

当然有的企业不只使用"3W+H"的体系，它们也可能会使用"4W+H"的设计，此外不同的企业在对"W"和"H"的认定上也可能会有不同的说法。在基于本书的研究需要而进行访谈的美国中小企业当中，国际维度发展公司在这个方面就有不同的论述。其公司董事会主席比尔先生给我们的企业文化手册当中就比较全面地介绍了国际维度发展公司的"4W+1H"理念及其解读，具体内容如下。

（1）"Who we are"，即"我们是谁"："国际维度发展公司是高端人才管理的顾问之一，五十四年前我们已经在这个领域领先，今天我们依然还是领先者和革新者。"

（2）"What we do"，即"我们做什么"："我们帮助客户雇用、提升和发展他们的领导者与企业员工。"

（3）"Who we do it with"，即"我们和谁一起做"："我们的客户多数都是已经很成功的企业，他们居于世界五百强的名单，活跃在各个行业，分布在二十六个国家。"

（4）"Why we do it"，即"我们为什么要做"："我们所教授的原则和技能不只是可以让人变成一个优秀的员工，而且可以让他们发自内心地感觉快乐和充实，这可以帮助他们成为更好的家庭成员、更好的邻居和更好的朋友。"

（5）"How we do it"，即"我们如何做"："我们帮助客户评估和培训他们的未来领导者和员工，我们帮助客户进行较大规模的组织再设计，我们总是使用最新的和最科学的方法。"

此外，在本书的研究过程当中发现，西方学者与企业家们在谈论企业文化时还喜欢使用"3H"的表述方式，只不过这种表述方式不是用来分析企业文化的内容，而是用来分析决定企业文化内容的主要影响因素，它们分别是"How big"、"How long"和"How many employees"，即"这个企业的规模有多大""发展的历史有多长""拥有多少员工"。

　　下面就按照中国企业所习惯使用的"六要素划分法"对各自代表的"精神文化"内容进行深入的分析，在这个过程当中将会比较多地借助企业实例加以说明。

　　1. 企业使命

　　企业使命是企业发展的"宪法"，它要界定的是企业的属性、企业的定位、企业的发展道路和企业的最终走向等这些决定企业命运的根本性问题，在前面研究美国学者的观点时已经得出过一个结论，即企业使命对每个企业都是重要的，而且也是必需的，少了企业使命界定的企业文化设计必然是不完整的。

　　通俗地理解企业使命就是，它希望成为一个什么样的企业。

　　下面列举五个美国企业的企业使命。

　　（1）埃克森美孚石油公司的企业使命。

　　埃克森美孚石油公司承诺成为世界第一的石油和石油化学公司，为了实现这个目标，我们必须持续获得优异的财务和运营绩效，并让这些与我们坚持的高规格的伦理标准紧密地联系在一起。

　　（2）威瑞森电信的企业使命。

　　威瑞森电信的企业使命又被公司称作是企业承诺，它的主要内容是：我们的公司要通过优秀的服务工作和杰出的沟通经验把客户永远放在第一位，通过重视顾客我们可以为战略合作伙伴带来稳定的回报，给我们的员工提供有挑战性的和有意义的工作机会，为整个社会提供一些可以持久存在的价值观。

　　（3）摩根大通的企业使命。

　　摩根大通已经服务顾客、战略合作伙伴和社会两百多年了，自从公司成立就坚持着这样一个使命，对这个使命的最好描述来自于公司的创始人 J. Pierpont Morgan，他说："我要强调的是任何时候我们的理念都是做第一流的公司，我们要有第一流的思想，并采用第一流的方式。"

　　（4）美国银行的企业使命。

　　我们是美国银行，一家帮助金融生活更美好的银行。我们把消费者、客户、社区和战略合作伙伴连接在一起，然后利用这种结合的力量使金融生活变得更美好。

　　（5）花旗集团的企业使命。

　　花旗集团的企业使命是：作为一个可以信赖的合作伙伴为我们的顾客负责任地提供金融服务以帮助他们能够不断地在经济上成长且有能力不断地进步。我们最核心的活动就是帮助客户保证资产的安全、向外借贷、帮助支付和评估资本市场。我们有两百年的经验帮助客户面对世界性最强挑战并为他们建构巨大的发展机会。我们是花旗集团，全球性的银行，一个可以同时把上百个国家和城市几百万人联系起来的机构。

下面列举五家英国杰出公司的企业使命。

（1）乐购的企业使命。

每天为英国的顾客提供更好一点的服务。

（2）汇丰银行控股公司的企业使命。

贯穿于我们的历史，我们一直在把客户与机遇联系起来向上发展。我们确保生意兴隆和经济繁荣，帮助人们实现他们的愿望、梦想和他们的抱负，这是我们的角色和目标。

（3）英国森特理克集团的企业使命。

我们是一家能源和服务公司。我们所做的一切重点就是要满足顾客不断变化的需求。

（4）力拓集团的企业使命。

力拓集团是一家全球矿产金属行业的领导性公司。我们企业发展的重点是找寻、开采和加工地球上的矿物资源，以力求实现股东利益的最大化。我们有人员、能力和资源以确保供应全世界对于矿物资源的需求。建筑、通信、娱乐、运输、保健和可再生资源这些行业，或者还有更多的行业都依赖于我们所供应的产品。

（5）金巴斯集团的企业使命。

我们的企业使命阐述我们将如何实现这一目标，即金巴斯集团的每一个成员都致力于始终如一地以最有效的方式提供优质的服务，这样做的目的在于和我们的客户、股东与员工分享共同的收益。

下面列举五家中国企业的企业使命。

（1）阿里巴巴的企业使命。

我们的使命就是让天下没有难做的生意！

（2）华为公司的企业使命。

华为的追求是在电子信息领域实现顾客的梦想，并依靠点点滴滴、锲而不舍的艰苦追求，使我们成为世界级领先企业。为了使华为成为世界一流的设备供应商，我们将永不进入信息服务业。通过无依赖的市场压力传递，使内部机制永远处于激活状态。

（3）青岛琅琊台集团的企业使命。

青岛琅琊台集团致力于为全社会和广大消费者提供健康美好的生活。

（4）青岛鑫光正钢结构有限公司的企业使命。

让中国的传统产业领先世界。

（5）青岛宝博集团的企业使命。

"感恩客户和社会，以最公平的价格提供最高质量的产品和服务"。以下是公司对于这个使命的解读："基于社会而生存，因为客户而发展，没有他们的支持，就没有我们存在下去的基础，所以我们要对客户和社会经常怀有感恩之心，受之滴水，报以涌泉，这是我们企业持续发展下去的精神信条。为了涌泉相报于客户，我们将会一如既往地以最公平的价格，持续不断地为他们提供最高质量的产品，然后一起将高品质的产品和服务提供给客户，以共同实现我们对社会所坚守的一份责任，并证明我们存在于社会的重要价值。"

2. 企业愿景

如果说企业使命是企业长期的或是终其一生发展方向的话，那么企业愿景就是这个企业长期发展方向上最为重要的甚至是唯一的目标。有这样一个目标作为导引，企业的各种管理工作都可以基于此而进行"长远设计"和"近期安排"。

事实上，很多美国企业在设计企业使命和企业愿景时是把它们融合在一起的。在笔者为了本书的研究而访谈的美国企业家当中，美食公园餐饮公司的首席执行官杰夫（Jeff）就把他们公司的企业使命与企业愿景做了这样的处理，并用英文表述为："Create smile for all the person at everyday and any place"，翻译成中文就是"在美食公园餐饮公司所有的地方我们每天都要为顾客以及所有的人创造微笑"。

这是我们见到的最具特点的企业使命和企业愿景描述，它的核心思想只有两个字，那就是"微笑"，而如果使用英文表达的话，那就只有一个单词，即"smiley"，如此简短的企业使命或企业愿景描述，无论是在美国的企业当中，还是在中国的企业里都很罕见。

为了体现公司这个独特的企业使命和企业愿景设计，这家餐饮经营连锁企业要求所有的员工都要通过自己的微笑为别人创造可以微笑的机会。为了保证公司能够实现这个企业使命和企业愿景，企业在招聘员工的时候所看的第一个条件就是这个人是不是友善的，是不是开心的，是不是会笑的，如果具备了这个条件，那么其他的要求都将退于其次的地位。

作为美食公园餐饮公司最主要的企业文化，"smiley"体现在公司的每一个酒店里，每一名员工身上，公司特别设计的"微笑"Logo 更是在公司的所有角落随处可见。当我们初进其公司大楼之际，当我们在约定的时间与杰夫进行面对面交流的时候，就已经有了这种认识。接待我们的人员每一个都是面带微笑的，尽管程序很是严格，不仅要登记，要电话确认，而且还要佩戴公司专门制作的胸牌，并由专人引导，但是那些员工的微笑都是真诚的。更有意思的是接待人员会像酒店服务员一样微笑着让我们选择喝的东西，有水，有饮料，有咖啡，在正式会谈之前这些事情先要确定，如果很客气地说不用，那么在正式会谈的时候就真的什么也没有。

从美食公园餐饮公司的企业使命和企业愿景设计与执行当中，我们还可以得出两个结论。

（1）任何一个企业都应该设计自己独特的企业使命和企业愿景。

（2）企业使命和企业愿景应该体现在每一名员工身上，而且要表现在企业管理的日常工作当中。

虽然有很多企业在设计企业文化体系时喜欢把企业使命和企业愿景放在一起考虑，但是更多的企业还是选择将它们分开。在本书所研究的美国十家杰出公司的企业文化体系当中，多数都是这样做的，下面列举其中四个公司的企业愿景描述。

（1）埃克森美孚石油公司的企业愿景。

埃克森美孚石油公司激励人们在我们所处的行业的各个领域都要保持领先的优势，那就要求我们公司的各种资源包括财务、管理、技术和人才都能够得到合理的使用以及正确的评价。

（2）雪佛龙公司的企业愿景。

企业愿景是雪佛龙之路的核心，那就是要成为一个全球化的能源公司，让全世界的人们因为这个公司的员工而敬佩，因为这个公司的合作伙伴而赞扬，因为这个公司的卓越绩效表现而折服。

（3）威瑞森电信的企业愿景。

威瑞森电信是一家全球领导企业，我们通过不断地创新交流方式和技术解决方案以帮助我们的顾客不断地革新和改善生活、工作和娱乐的方式。

（4）摩根大通的企业愿景。

在我们要做和将做的所有事情当中，有一个目标是最为重要的，那就是要不断地提高我们客户的体验。我们会经常回顾曾经努力的经历，但目的是有一个可以更好地服务客户的全新的视角，为了做到这一点，在每一个我们确定要进入的领域，我们都会做得更好，都要稳步地获得提高。

下面列举十家英国杰出公司当中四家公司的企业愿景。

（1）乐购的企业愿景。

在我们工作的任何地方，我们都致力于帮助顾客、同事和社区过上更便捷的生活。

（2）汇丰银行控股公司的企业愿景。

我们的目标是成为世界领先和最受推崇的国际化银行。我们的宗旨是将客户与机遇连接在一起以获取成长。我们有能力让业务蓬勃发展、经济繁荣，并帮助人们实现其愿望、梦想与抱负。

（3）联合利华的企业愿景。

联合利华有一个简单但清晰的目标，那就是制造可持续的生活用品，我们相信这是确保我们企业长期发展的最好途径。

（4）苏格兰皇家银行集团的企业愿景。

我们的愿景是获得客户、股东和社会的信任、尊敬和珍视。

下面列举四家中国企业的企业愿景。

（1）亚星集团的企业愿景。

做受人尊敬和信赖的地产企业。以优秀的产品质量、卓越的品质和服务提升品牌产品价值、员工价值和企业价值，从而赢得社会的信赖，既是我们坚守的信条，也是我们事业的目标。

（2）青岛鑫光正钢结构有限公司的企业愿景。

争做两个第一，钢结构产品全国第一，系统化钢结构屋生产全国第一。在企业所渗透的领域中占主导地位；成为中国企业现代化管理的标杆企业；成为有中国特色的优秀民营企业。

（3）青岛琅琊台集团的企业愿景。

青岛琅琊台集团致力于打造全社会都喜欢的有特色的高品质企业。

（4）青岛宝博集团的企业愿景。

"用心树宝博品牌，努力创百年企业"。以下是企业对于这个企业愿景的解读："打造宝博集团极具竞争力的独特品牌是我们一如既往的追求，在追求的过程中用心、用力、用智是关键。我们深信：只要每个宝博人都能用心做事，那我们的目标就一定能实现。创立百年企业是我们宝博集团的远大理想，为此，我们每个宝博人都要付出汗水，付出创意，团结协作，共同打拼。我们深信：只要坚持不懈地努力，我们就一定能够做成百年企业，企业也会因此而百年辉煌。"

3. 企业宗旨

企业宗旨通常要说明的是企业存在的原因、企业的发展原则，以及在企业发展过程中应该如何处理好与各种利益相关者，如员工、客户、股东、社会、环境等因素的关系。通俗地理解就是，它要说明企业"为什么存在"及"为谁而存在"的问题。

下面列举四个美国杰出公司的企业宗旨描述。

（1）宝洁公司的企业宗旨。

为现在和未来的世世代代，提供优质超值的品牌产品和服务，在全世界更多的地方，更全面地亲近和美化更多消费者的生活。作为回报，我们将会获得领先的市场销售地位、不断增长的利润和价值，从而令我们的员工、股东及我们生活和工作所处的社会共同繁荣。

（2）雪佛龙公司的企业宗旨。

我们的成功源自于我们的员工和他们的承诺以及用正确的方式追求结果，这种方式的要求就是负责任地运营，高效率地执行，充分利用创新性的技术，并且为更有利的增长捕捉最新的发展机会。

（3）埃克森美孚石油公司的企业宗旨。

对于战略合作伙伴：我们承诺不断地提高他们投资的长期价值，以不负他们对于我们的信任。通过负责任地运营有利的业务，我们希望投资人能够为此得到超额的回报。而这种承诺就是我们管理公司的主要动力。对于顾客：我们会坚持不懈地发挥我们的能力以确保顾客们能够一如既往地满意。我们承诺不断地创新和及时地反应，并以最具竞争力的价格为顾客提供高质量的产品与服务。对于员工：我们优越的工作环境可以为员工提供有价值的竞争优势。基于这种优势，我们会一直努力地去招募和留住优秀的人才，并且通过不断地培训和发展给他们创造最多的追求成功的机会。我们承诺，通过开放的沟通、信任和公平相待可以为员工们提供一个安全的具有多样化和个性化的工作环境。对于社会：我们承诺在任何工作的地方都保持良好的合作公民形象。我们要坚持高水平的道德标准，遵守法律和法规，尊重当地的以及该国的文化。为了以上这些目标，我们致力于安全地和对环境负责任地运营工作。

（4）美国银行的企业宗旨。

美国银行被这样的宗旨所引导，它帮助我们明确如何去管理这家公司以及如何为消费者和顾客提供他们所需要的金融需要。第一是顾客驱动，我们工作的一个非常清楚的目标就是帮助个人、公司和机构能够获得更好的金融服务。我们倾听顾客的需求，把他们与我们的公司连接起来并传递解决的方案。我们强调使顾客的交流更容易，我们的专家更方便为他们服务，我们之间的关系更加友好。而且，当我们不断取得成功的时候，我们会将之与供应商、我们所在社区和战略合作伙伴进行分享。第二是为员工提供伟大的工作场所。美国银行努力成为一个吸引人才的地方；在这里我们强调团队合作以取得成功；在这里每一个人都是负责任的和有能力的，他们可以为我们的消费者和顾客提供正确的选择；在这里每一人都会受到尊重，每一个具有多样化背景的人都能够取得成功；在这里每一个员工都可以尽情地释放潜能。第三是管理风险。为了更加有效地管理风险，我们的公司必须变得更加强大，以帮助我们的消费者和顾客一如既往地实现他们的目标，使我们的战略合作伙伴可以一如既往地得到他们的回报。我们在各个方面强化训练以提高我们管理风险的能力，每一名员工都肩负着参与风险管理的责任。第四是进行卓越管理。第五是不断地向战略合作伙伴传递价值与回报。

下面列举两家英国杰出公司的企业宗旨描述。

（1）南苏格兰电力的企业宗旨。

南苏格兰电力的核心宗旨——为人们的生活和企业的发展提供所需能源。我们负责任地且持续地为我们的客户、雇员、社区和股东提供其目前及长期之所需。

（2）苏格兰皇家银行集团的企业宗旨。

我们拥有一个简单和唯一的目标，那就是要好好地为顾客服务。它是我们雄心勃勃地希望成为众所周知的坚持不懈地为顾客提供高品质服务银行而要努力工作的核心目标，我们希望获得顾客、股东和社区的信任、尊敬以及珍视。

下面列举两家中国企业的企业宗旨。

（1）蒙牛集团的企业宗旨。

对消费者：提供绿色乳品，传播健康理念；对客户：合作双赢，共同成长；对股东：高度负责，长效回报；对员工：学习培训，成就自我；对社会：注重环保，回馈大众。

（2）青岛琅琊台集团的企业宗旨。

基于有活力的、动态的微生物产品，发展生态有机、特色鲜明、富有文化传承的循环型经济，通过物美价廉的生活资料与生产资料消费品为全社会提供幸福和快乐的享受；通过整合产品、文化、生态、旅游和科普功能，以五个产业板块的全面发展，力争在饮品、生物和肥料三个领域成为国内外知名的有特色企业。

4. 核心价值观

核心价值观是一个企业最核心的价值判断，是企业全员应该坚持的精神引领。如果说企业宗旨要回答的是企业"为什么存在，为谁而存在"的话，核心价值观要回答的就是企业"如何存在，如何为谁而存在"的问题。

下面列举两个世界知名的美国企业类同于核心价值观的描述。

（1）威瑞森电信的核心价值观。

我们每天工作二十四小时，每个星期工作七天，这样做的原因在于我们的顾客每天二十四小时需要我们，每个星期七天离不开我们。我们知道我们当下做得最好是为了明天的美好，而且我们也知道明天我们一定会做得更好。

（2）波音公司的核心价值观。

波音公司是一个这样的公司，它由一群令人惊叹的人组成并在世界上一个令人兴奋的行业里发展。如果你认为我们会因为过往的成绩而努力不前的话，那你就错了，我们会不断地检验我们的能力并发展可以确保我们更加强大的更有活力的航空事业。事实上我们的文化可以反映出这一点，那就是我们会把发展的基础永远建立在创新、渴望和想象力上。

下面列举四家中国企业的核心价值观。

（1）亚星集团的核心价值观。

诚信正直、合作共赢、追求卓越、崇尚结果。

（2）青岛鑫光正钢结构有限公司的核心价值观。

企业核心价值观就是增值，员工努力工作增其价值，使员工依赖企业直到其信赖企业；通过真诚服务赢得客户的信赖直至依赖，助其增值；企业追求内涵式发展，确保超越竞争对手，不断增值。为此需要培养企业员工三个方面的意识，即价值意识、利他意识、服务意识。

（3）青岛琅琊台集团的核心价值观。

感恩、责任、诚信、奉献。

感恩是源，是一种心态。每个人都要有感恩之心，小时候感谢父母的养育之恩；上学时感谢老师的教导之恩；上班时感谢领导的栽培之恩；工作中感谢同事的帮助之恩；在家中感谢家人与孩子的关爱之恩；生活中感谢自然与社会的给予之恩。有了感恩之心便要负起自己应尽的责任。

责任是本，是一种态度。因为感恩，所以要回报；因为回报，所以要创造；因为创造，人人都要参与，参与就要负责任，人人都负责任地参与，企业就会大发展，企业发展了，个人和家庭才会有更好的生活，企业与个人才能造福全社会。也只有这样才可以使感恩变成实际的有诚信的行动。

诚信是金，是一种品质。对人诚信，受人诚信，是最幸福的事情；对人诚信，一如既往，是最快乐的事情；以诚信待人会赢得他人的尊重，巩固与他人的合作关系，所以诚信还是一种资源，是一种财富，是一切行为得以实现的保证。

奉献是实，是一种精神。每个人都应该以感恩的心情，负责任的态度，讲诚信的行为，奉献社会，奉献企业，奉献家庭。奉献社会是以诚信的态度负责任的行为实实在在地感恩社会；奉献企业是以诚信的态度负责任的行为实实在在地感恩企业；奉献家庭是以诚信的态度负责任的行为实实在在地感恩家庭。愿意奉献和能够奉献的人生是快乐的，是幸福的，是和谐的，是美满的。

（4）青岛宝博集团的核心价值观。

努力创造价值，全面分享成功。

5. 企业精神

企业精神是企业精神文化的基础内容，它要说明的是企业全体成员应该以什么样的精神状态去工作、学习和生活。企业精神虽然是以企业组织的名义提出的，但是指导的却是每个成员个体的行动。而与每个成员个体自发形成的精神不同，企业精神是从整体上指导所有个体的行为，因而在结果上它又变回了企业组织的精神。在同一个企业之内，核心价值观一般只有一个，否则就不能称之为"核心"的价值观；而企业精神往往会表现为多个方面，至于到底是几个方面没有任何的规定性，也没有规定的依据和理由，这要看企业在现实发展过程中想要强调什么精神，或者它们认为员工有什么样的精神状态对企业发展最为有利。

在中国企业界存在着一个很有意思的现象，大多数企业在提炼自己的企业精神时，一般喜欢提炼四个，或是提出四个。这或者是和汉语的语言表达习惯以及人的记忆能力有关，汉语的表达习惯一般喜欢追求对仗，这就决定了不能选择奇数个；根据人的记忆能力和企业发展的需要，两个太少，六个或者八个又太多，所以四个是一个很好的选择。而西方大国在选择相关内容即企业价值观时是不考虑这种对仗的，以英国杰出公司为例，在本书所研究的 10 家杰出公司样本里，有 8 家公司对企业精神的相关性内容界定的都是奇数个。

下面列举两家中国企业的企业精神。

（1）青岛琅琊台集团的企业精神。

团结、拼搏、务实、创新。

团结是金，团结出效率。

拼搏是魂，拼搏出效益。

务实是基础，务实出成绩。

创新是动力，创新出竞争力。

（2）青岛宝博集团的企业精神。

敬业，诚信，创新，共赢。

敬业是一种态度，态度决定行动。敬业是一种态度，是对自己、对他人、对家庭、对企业、对社会的一种感恩和一种责任，它决定着你的行动和行动以后所产生的后果。以感恩的心坚守这种责任就会有所回报，来自企业源源不断的回报，来自同事和朋友真诚的回报，来自家人无私的回报。有了这样一份回报，你才能踏实地工作和快乐地生活，你就会因为敬业而感觉到稳定和持续的幸福。

诚信是一种品质，品质决定成功。以诚信待人，可以赢得他人的尊重，而广受他人的尊重会让你每天都心情舒畅，这是人生应该追求的理想状态。此外，只有你对人诚信了，才会受人诚信以报，有了这种相互之间的信任，所有的合作就能愉快地进行。所以诚信不仅是一种品质，还是一种资源，是一种财富，是每个人不断成功的重要保证。

创新是一种动力，动力决定速度。墨守成规地工作会让人感觉枯燥乏味，而有创意地工作会让人精神振奋，它同时也是敬业的一种最高表现。个人追求创新可以不断地、快速地进步，企业不断创新就会创造更多的价值和更快地创造价值，而这些以创新为动力所创造的价值必将为企业全员所分享，个人也会因为不断地创新而更快地追求成功。

共赢是一种境界，境界决定未来。做事情的逻辑不是你好了别人才能好，而是别人好了你会更好，而大家都好了，天下就没有做不成的生意和事业。企业有生意，员工有保证；个人有事业，家庭有保证；客户有发展，未来有保证；未来有希望，所有人的幸福生活就都有了保证。所以，追求共赢不仅是一种境界，还是个人与企业今天不断成功和明天也成功的源泉。

正如前面所分析的那样，美国的企业在其企业文化体系当中没有企业精神这个说法，替代的是企业价值观或者是企业商业原则，下面可以看两个这方面的例子。

（1）雪佛龙公司的企业价值观体系（企业精神）。

我们公司的基础就是建立在我们的价值体系之上，它使我们与众不同并且时时指引着我们前进的方向。我们在经营企业时肩负社会责任并严守道德底线，我们敬重法律，支持人的广泛权利，保护环境并且造福于我们工作的社区。

诚实——我们待人待己都会坚守诚实的态度，我们在所有的事务处理上都会坚持最高的道德标准，我们说到做到且想到做到，我们对我们的工作和行为高度负责并且义无反顾。

信任——我们相互信任、彼此尊敬、互相支持，我们每一个人都要努力赢得同事与合作伙伴们的信任。

尊重多样性——在我们工作的任何地方我们都会尊重和学习那里的文化，我们认为每一个人的唯一性都是有价值的和值得尊敬的，不同的人和各种各样的观点都应该得到这种尊重。我们注重内部成长环境的营造，并且乐于为多样性的人员、思想、才能和经历搭建平台。

重视独创性——我们不断地寻找新的发展机会且乐见打破常规的工作方法，我们借助创造力去发现和寻找事先没有想到的解决问题的现实可行的办法，我们的经验、技术和毅力可以确保我们能够战胜任何挑战并在这个过程中传递我们的价值。

合作——我们有一个永恒的承诺，那就是永远做一个优秀的合作者，致力于建立强调效率、共同努力、彼此信任和多方受益的合作关系，和政府部门、其他公司、我们的顾客及我们所在的社区共同成长和进步。

人与环境优先——我们把工作环境的健康和安全以及保护环境和财产置于最优先考虑的地位，我们的目标是通过严格地执行我们的优秀操作管理系统以赢得世界一流的绩效并因此而广受尊重。

追求优秀的绩效表现——我们承诺在我们所做的每一件事情上都力争优秀，而且我们会不断地努力地去提高它们，我们满怀热情地去追求超乎预期的结果，这些结果既属于我们，也属于我们的合作伙伴。我们追求优秀结果的努力源自于我们的能力和紧迫感。

（2）波音公司的企业价值观体系（企业精神）

在波音，我们遵守一系列的价值观，它不仅仅可以界定我们是谁，而且给予我们行动上的指导以帮助我们实现公司未来的计划，此外，我们受到这些价值观的鼓励所以乐于每天都践行它。

诚实——我们走在高水平的道德之路上，以实现我们的承诺为荣，我们每个人都把完成自己的责任看作是应该之事而不只是任务。

质量——我们力争第一流的质量，不断地提高自我，以期达到股东们所希望的每一个优秀标准之上的水平。

安全——我们把人的生命和健康永远放在第一位，为此要采取具体的行动以保证工作环境的安全、产品的安全和服务的安全，我们既对自己的安全负责，也对他人的安全负责，在实现质量、成本和过程目标的同时，我们绝对不会牺牲安全。

多样性和内部提升——我们看重技术、力量和多样性团队的不同观点，我们创造一个可以合作的工作空间，让所有的员工可以共同致力于为顾客寻找问题解决的方案，并不断地推进我们的商业目标。

信任和尊重——我们在所有的领域都要正直、诚实和始终一致地工作，我们要营造一种公开的和重视内部提升的文化，所有的人身在其中都可以受到公平的对待，所有的人在这里都有机会为公司贡献自己的力量。

做良好的公司市民——我们是为之服务的多样性社区和顾客忠诚的伙伴、邻居和市民。我们为波音人、波音人的家庭及社区提高健康和财富的水平，我们会努力地保护环境，我们乐于支持和资助教育和其他有价值的活动。

确保利益相关者的成功——通过有价值地运营并且坚守诚实的品质，我们会为顾客提供最有价值的创新和在他们市场上更具竞争力的优势；我们要确保我们的员工在一个安全的和遵守道德的环境中工作，为他们提高更具吸引力、竞争力的报酬和收益，并让他们有能力分享公司的成功；我们回报投资者不断成长的价值；在法律和道义的基础上与我们的供应商开展合作；帮助我们所在的社区不断地进步。

英国的企业在其企业文化体系当中也没有企业精神这个说法，替代它的同样也是企业价值观或者是企业原则，下面可以看两个这样的例子。

（1）英国石油公司的企业价值观体系（企业精神）。

安全——安全是有价值的，我们所做的一切都依赖于员工的安全和周围环境的安全。我们关注环境的安全管理，致力于安全地为世界输送能源。

尊重——我们尊重我们所在的世界，它始于对法律法规的遵守。我们胸怀最高的道德标准，以获得别人信任的方式行事。我们依赖于现有的各种关系，彼此尊重，同时也尊重和我们一起工作的人。我们珍视不同的人、不同的思想，我们在意我们所做的决定，因为无论大小，都会对周围人产生影响。

卓越——我们从事有风险的行业，通过运营中系统自律的管理追求卓越，我们遵守和支持公司制定的规则、准则，并且关注质量结果，渴望学习和提高。如果有什么事情是错误的，我们必改之。

勇气——我们所做之事并不容易。要得到最好的结果往往需要有面对困难的勇气，直言不讳，还要坚持信念。我们总是努力去做正确的事情。我们探索新的思维方式，勇于寻求帮助。我们对自己坦诚，并积极寻求别人的反馈。我们追求长久的传承，而不是短期的利益。

团队——无论个人的力量有多大，我们总是相信众人拾柴火焰一定会更高。为此，我们将团队置于个人功绩之前，且不断建设团队的力量。我们彼此相信以互相帮助实现各司其职之目标。

（2）BAE 系统公司的企业价值观体系（企业精神）。

信赖——我们信守承诺

——我们是诚实负责的

——我们是值得信赖的

——每一个人都很重要

创新——我们创造优势领先的解决方案

——我们重视想象和经验

——我们支持团队合作

——共同努力将想法和技术转换成解决方案

勇敢——我们积极挑战，敢为人先

——工作中我们意志顽强坚定不移

——我们接受挑战并能管理风险

——我们设立不断延展的目标

同样作为西方英语系大国的加拿大的企业在设计企业文化体系时，也遵循着美国与英国企业相同的做法，下面列举两个加拿大杰出公司的企业价值观的设计内容。

（1）加拿大皇家银行的企业价值观体系（企业精神）。

加拿大皇家银行的企业价值观一共包括五个方面的内容，它们分别是客户至上、合作共赢、主动负责、多样包容和坚守诚信。在这五个内容之下，还各有三条要求或是指导原则，如此就形成了包括十五条具体细节的企业价值观体系。

加拿大皇家银行认为，"这五个价值观是我们企业文化的基调，无论我们的企业在何处，业务内容如何，都无不体现这些价值观"。

（2）森科能源公司的企业价值观体系（企业精神）。

我们的价值观是引导我们的行为，帮助我们实现企业使命和企业愿景的一系列理念。价值观是我们的指导原则，是我们永恒不变的信念，决定了我们每天做事的方式。

安全至上——不安全，毋宁做。

尊重——力争完美，提供最好，真心关注。

做正确之事——走正道，守诚信。

更上层楼——热情追求，永创价值。

勇于奉献——我们彼此相连，同属一体。

6. 企业理念

企业理念是企业全体成员开展各项工作的总体指导思想和总体行为准则。在它之下，又可以细分成诸多的工作理念，也就是前面 Schein 所说的基础性理念，借助对基础性理念的界定可以更好地理解企业理念。企业理念和基础性理念的区别在于，后者是指导具体的战略单元、具体的部门、具体的团队、具体的工作群体、具体的个人如何开展工作的思想和准则，它们或者几条，或者十几条，或者几十条不等，具体的数量要以企业的规模以及企业的发展门类而定。而企业理念的属性与基础性理念一样，都是提供一种做事情的指导思想和行为准则，但是它们的指导对象不同，数量当然也不一样。从指导对象上看，基础性理念指导的对象分得很细，很庞杂，而企业理念指导的对象只有一个，那就是企业组织整体；从数量上看，基础性理念的数量很多，而企业理念的数量很少，甚至很多企业的企业理念只有一个，所以也可以将之称作企业总体工作理念。

下面列举两家中国企业的企业理念。

（1）青岛鑫光正钢结构有限公司的企业理念。

以客户满意为中心。

（2）青岛琅琊台集团的企业理念。

战胜自我，质量精益成精；强化自我，服务尽善尽美；完善自我，勇于承担责任；超越自我，领导率先垂范。

1.4.3　亚文化

前面曾经研究过 Schein 对企业文化的分层解读，对第三个层次的企业文化内容，Schein 在 2010 年的文章中谈道：不理解企业组织当中存在的基础性理念，那么就很难理解这个企业的物质表象文化所代表的含义，同时，也不能真正了解这个企业的决定性文化是如何发挥作用的。

Schein 的这句话说明了基础性理念的重要性。

那么什么是基础性理念呢？他认为：基础性理念是无意识的理念，是理所当然的思想和不可转让的信仰和价值观，它影响着小组成员们的认识、思想、观点和对事物的感受及所受到的行为的引导。基础性理念起源于企业组织所信奉的价值观，是对这种价值观的学习性反应。当一个价值观被用来引导一个行为，并且这种行为被反复地用来解决问题时，这个价值观将逐渐成为一个潜在的理念，它教会小组成员掌握事物是如何发展的。由于这个理念越来越被认为是理所当然的，它就变成了无意识的思想，会无意识地去指导成员的行动。这些基础性的理念是企业文化的本质内容，它们是最难改变的，可以被看作一个企业当中反对学习和改变的主要力量。

前面 Taylor（2014）曾经系统地分析了 Schein 1984~2010 年对企业文化所做的论述，并且把 Schein 所说的基础性理念命名为企业文化的亚文化。他认为，Schein 的分析框架已经意识到了亚文化的存在，即在一个组织当中会存在很多小的群体，这些小的群体会形成一些基础性的理念，这些基础性的理念会被群体当中的成员所共享，并明确发挥指导他们行为的作用。这些基础性的理念就可以被看作企业组织的亚文化。

综合这两位学者的观点，可以对亚文化做如下几点解读。

（1）亚文化是企业的直接文化，它对企业员工的影响既直接又具体。通常而言，如果这些理念经常性地被这些群体所采用的话，那么它们就会固化在这些群体成员的思想深处，很难被移走或是取代。这样的基础性理念，就可以看作企业组织的亚文化。

（2）亚文化是理解表象文化和决定性文化的关键，按照 Schein 的观点，如果不理解一个企业组织当中存在的亚文化，那么就很难理解这个企业的物质表象文化所代表的含义；同时，也不能真正了解这个企业的决定性文化也就是精神文化是如何发挥作用的。

（3）亚文化源自于决定性文化也就是精神文化，同时，又具有自身独有的特点。正如 Schein 所说，亚文化是起源于企业组织所信奉的价值观，是对这种价值观的学习性反应。企业组织所信奉的价值观自然就是企业的精神文化。对于这种价值观的学习，会因为学习者或是学习群体自己的知识背景、从业经历、工作需要的不同而有所不同，这是不同亚文化产生的主要原因。

（4）Schein 认为，亚文化是企业文化的本质内容，因为它们产生于企业基层，用于企业基层，所以它们是最有力量的，同时也是最难改变的。也就是说，源自于企业精神文化的亚文化并不一定会随企业精神文化的改变而改变。如果一个企业，因为环境的变化，因为战略的调整，而需要对其精神文化进行调整时，亚文化有可能成为这种调整的支持力量，也有可能成为这种调整的障碍。而亚文化如果不做改变，那么精神文化的改变就失去了意义。因为，企业文化的真正承载者是那些信奉亚文化的基层企业成员。如果没有他们积极的响应，那么企业精神文化就会成为无源之水，无本之木。

（5）延伸 Taylor 和 Schein 两位学者的研究可知，事实上，这种存在于特定群体当中的亚文化不是野战文化。这样说的原因在于，对于一个有着成熟企业文化管理体系的企业而言，亚文化的最初源头还是企业的精神文化。管理企业文化的领导或是部门应该对亚文化的形成进行积极的影响，而不是听由其随意生成。当然，对于一个没有成熟的企业文化管理体系的企业而言，亚文化的形成可能也不是源自于精神文化，而是独立地渐进式地自我形成并自主地发挥作用。或者，一个没有企业文化管理体系的企业，在没有表象文化与经过梳理和提炼的精神文化的情况下，也会形成亚文化。再或者，一个企业的亚文化先于精神文化而生成，然后经过综合整理和系统提炼以后，被上升为企业的精神文化。

（6）亚文化所影响的群体规模可大可小。如果它只是形成于一个很小的群体，也可以称之为"小群体文化"。而如果这个群体恰好就是企业组织当中的一个部门的话，那么这个亚文化就会成为部门文化，而部门文化又绝对是企业文化理念体系当中极为正规的部分，必须认真地进行设计。例如，一个企业的市场部门，在其中工作的所有市场营销人员都信奉这样一个理念，即"买得贱，卖得贵，中间环节不浪费"，这是一个亚文化，但同时也是这个部门的文化，从而它又会成为整个企业文化体系的一个有机构成。

（7）如果把这种小群体的亚文化再扩大一下，它又可能变成一个集团企业下属子公司或是分公司的文化。对于集团企业而言，它应该形成一个统一的企业文化体系，但对于下属公司而言，因为不同的公司有不同的特点，有不同的客户，有不同的产品，有不同类型的员工，所以各个子公司或是分公司也不能完全照抄集团的企业文化内容，尤其是具有实际指导意义的工作理念的部分。在这种情况下，在集团企业文化的统一指导下，所分别形成的各个子公司或分公司的特定的企业文化的理念内容，也可以看作整个企业文化的一个次级组成，也就是这里所说的亚文化。只不过，这样的亚文化影响范围比较大，涉及人员比较多。

（8）亚文化的直接影响作用，使它成为精神文化得以实现的基础，如果没有非常系统的基础理念体系，也就是亚文化作为企业具体工作的指导，那么精神文化就会变成空中楼阁，就不会真正发挥支持企业战略发展，帮助企业实现各种管理目标的任务。

以下是关于亚文化的两个举例，通过这种举例可以看出亚文化作为基础性理念应该表述的内容。

（1）青岛琅琊台集团的企业亚文化。

企业的基础性理念是一个体系，它的内容非常丰富，又各不相同。不同的企业可以根据自己的特点和需要建立自己企业的理念体系。青岛琅琊台集团在企业文化管理过程中，逐渐形成了自己的十大理念体系，它们分别是企业理念、经营理念、管理理念、市场理念、客户理念、工作理念、人才理念、执行理念、品牌理念和员工理念。其中，企业理念是"战胜自我，质量精益成精；强化自我，服务尽善尽美；完善自我，勇于承担责任；超越自我，领导率先垂范"。其他九个方面的基础性理念如下所述。

◎经营理念：重品质，做市场，树品牌，求长远。大市场，合理布局；大思路，价格统一；大营销，现款现货；大发展，扶优扶强。

◎管理理念：以人为本，讲究效率，及时决策，快速执行，团队协作，奖罚分明。

◎市场理念：买得贱，卖得贵，中间环节不浪费。

◎客户理念：公司不仅为客户提供高品质的产品，而且提供幸福和快乐的高端享受；满足客户的需求不是目的，超越客户对我们的期望才是真正的目标。

◎工作理念：首问负责，任务落地，牵头为大，导向市场，快乐工作。

◎人才理念：人人是人才，人人可成才，人才当从干中来。

◎执行理念：服务大局搞执行；注重细节抓执行；领导引领带执行；重视效率促执行；不留空隙保执行。

◎品牌理念：专注品质，突出特色，引领市场，创造高端。

◎员工理念（员工信仰）：企业为我创造最好生活，我为企业奉献最大价值。心怀感恩，快乐工作，热爱生活。

（2）摩根大通的企业亚文化。

摩根大通的商业原则包括四个大类，二十个细节，在这里，商业原则就是其企业文化，而二十个细节就可以被视为这家企业的亚文化。

其中第一个大类是"杰出的顾客服务"，它包括三个方面的亚文化内容：①我们以客户为中心；②重视基层、顾客驱动和低姿态服务；③建立世界一流的分支机构，进行长期投资，努力为顾客服务。

第二个大类是"卓越的经营管理"，它包括七个方面的亚文化内容：①建立最高水平的绩效标准；②严格金融要求和风险管理纪律；③努力建构最好的内部管理和控制；④像主人和伙伴一样思考和行动；⑤努力建构最好的最有效率的制度和运营体系；⑥严格遵守纪律；⑦以技术能力和紧迫感保证高效地执行。

第三个大类是"对于诚实、公平和个人的承诺"，它包括五个方面的亚文化内容：①绝不放弃诚实；②尊重事实；③保持刚毅；④培育一种尊敬、包容、人性和谦逊的企业环境；⑤帮助我们工作和生活在其中的社区不断壮大。

第四个大类是"关于伟大的团队和赢的文化"，它也包括五个方面的亚文化内容：①吸纳、培训和留住伟大的、多样化的员工；②建立团队，重视忠诚和道义；③建立开放的环境，让每一个人都成为创业精英；④诚实、清楚且前后一致地进行交流；⑤努力培养好的领导。

1.4.4　在生成文化

企业的在生成文化顾名思义，就是指那些正在生成，并且已经发挥作用的，还没有被企业组织最终确定的企业文化内容，它又包括三个类型。

1. 未界定的亚文化

有些小群体的亚文化刚刚产生，它们能否成为真正的亚文化并最终进入企业文化体系，还要看它们是否有利于企业组织的整体发展利益，是否真正有利于小群体的可持续性发展。

如果这些亚文化有利于小群体的持续性发展，而且也不会危害企业组织的整体利益，或者可以促进企业的整体绩效，那么它们就会被企业组织所接受并给予正式的认可，从而获得正式的身份成为亚文化的一部分。

相反的，如果这个"在生成"的文化对企业组织的整体绩效有负面的影响，或是即便对小群体有益但对整个企业组织有一定程度的伤害，那么，这样的文化或是理念就会被组织所反对，并将之清除，从而无法成为亚文化的具体内容。

在未界定的企业文化获得最终的认可与定位之前，一律可以称之为在生成文化，或是两可文化。

在动态的企业管理过程中，产生未界定的企业文化现象是一个常态化的事情，需要企业领导或是企业文化管理部门密切关注，否则一旦产生了不利于企业整体发展的未界定的企业文化，则会对企业的整体利益产生不利的影响，而且如果它们已经生成为某个群体的亚文化并运行了很久的话，再将之清除将会变得十分困难。

2. 未确定的精神文化

企业组织新的业务发展或者企业为了转型而做了跨界业务的调整，会给企业带来一些新的理念和思想，这些新思想、新理念在一个较短的时期内正在发挥着引领企业员工，或是引领某些企业员工行为的作用。至于这种作用能否持续性地发挥，或者是否有必要让它持续地发挥，还需要企业高层领导进行研究，还需要企业文化管理的部门对它们进行评价，在它们正式被确定以进入企业文化体系之前，也可以把它们称为在生成文化或是两可文化。

两可者，或可存在，或可不存在也。

3. 新引进的企业文化

企业文化虽然是相对稳定的，但也不是绝对不变的，随着经营环境的改变，随着企业战略的调整，随着市场上各种新生事物的出现，企业组织需要从外部向内部引进一些新的观念、理念、思想和行为方式，或者需要向行业内企业文化管理非常成功的企业学习一些比较成熟的经验和做法。这些新引进的理念和思想在被验证之前，也是一种在生成文化，当然也就具备了两可文化的特质。也就是说，这种类型的企业文化与前面两种类型的在生成文化一样，它们也有一个验证的过程，也有一个可能会被吸收，也有可能会被放弃的结果。在确定它们的定位之前，也可以称它们是在生成文化，或是两可文化。

1.4.5　企业四维文化之间的关系

企业四维文化中的表象文化、精神文化、亚文化和在生成文化之间有着密切的关系，对此，前面已经有所论述，这里再做一番梳理和排列。

首先要分析表象文化、精神文化和亚文化三者之间的关系，最后再分析"在生成文化"与这三者之间的关联。

（1）精神文化是企业文化的核心内容，看一个企业有没有成熟的企业文化，或者看一个企业的企业文化是好还是差，主要的判断依据就是要看这个企业的精神文化如何。作为企业文化的核心内容，它一方面决定着表象文化应该展现的表现形式，另一方面又决定着亚文化的发展走向和内容取向。

（2）表象文化是精神文化的主要载体，其中，物质表象文化可以起到宣传和固化精神文化的作用；行为表象文化可以反映精神文化的内容并代表精神文化落实的水平；制度表象文化是精神文化和行为表象文化之间的桥梁，它会帮助精神文化变成企业全体成员的行动。如果没有精神文化作为支撑，表象文化就不可能系统地展现企业的形象；如果没有表象文化作为支持，精神文化就只能停留在企业领导们的口头上、头脑中、纸面上，而无法发挥其实际的精神指引作用。

关于精神文化和行为表象文化之间的关系，可以看一下摩根大通在其企业文化手册当中是如何描述的，"我们经常讨论的企业文化是很难清楚地进行界定的。对于我们来说，企业文化就是公司的标准和我们企业员工行为之间的有机互动关系。通过我们规定的企业行动原则、员工行为准则和财务专业规定，可以为员工们的行为建立起系统的指导思想。但只是描述或向员工解释这些思想和标准是远远不够的，它们必须深深地根植于员工们的思想和价值观当中，并且需要对员工们不断地进行培训，以使它们得到强化并在员工的行动当中得到切实的体现。在过去的几年里，我们花费了大量的精力去测试如何进行严密的和前后一致的工作才能把这种高要求的企业伦理标准落实到具体的工作和员工的行为当中，以满足我们的战略伙伴、管理者以及其他希望我们这样做的人群及我们自己对这件事情的期望。这些努力包括：建立清楚的公司原则描述体系，确保内部管理的高效率和高层领导的始终重视，在过程当中强化领导与管理的力量，建立一个发展管理和补充管理的框架以鼓励员工正确的行为，等等。综合这些措施，我们用心把企业文化（精神文化）和员工行为进行长期地有效地对接以确保可以不断提高它们的相互作用。在这个过程当中，我们重点关注三个方面的工作：通过清楚地交流和沟通在员工当中不断地强化公司的行为标准；通过强化领导与管理不断地在公司内部全面推广这些行为标准；把这些行为标准融入员工的全过程管理，从员工的招聘开始，到员工的雇用、培训、报酬、提升、训练等各个工作环节都要重视这项工作"。

通过这个例子可知，一个企业的精神文化如果想要实现落地的目标就必须要借助表象文化的作用。为此摩根大通的做法是借助几个系统的管理制度来指导员工的具体行为并最终实现企业文化的要求，这就实现了企业的精神文化、制度表象文化和行为表象文化有机的对接，它所发挥的效果是明显的，而这种做法也是非常值得借鉴的。

（3）亚文化说得直接点就是次一级，或者再次一级的精神文化。亚文化的内容要么源自于精神文化，是精神文化在次级群体当中的应用表现；要么是为支持精神文化的落实而进行的再设计。如果没有精神文化的指导，亚文化就是散沙文化，不可能系统地发挥指导企业员工的作用；如果没有亚文化的支持，精神文化就是水中花、镜中月，中看不中用。

（4）表象文化与亚文化的关系需要分开来看，其中，与亚文化关系密切的是制度表象文化和行为表象文化。从某种意义上说，大部分的管理制度都是源自于亚文化实现的需要，或者说是为了配合不同制度的执行而需要设计相应的亚文化内容，两者会共同促进各个部门或是各个群体的工作推进。行为表象文化的大部分表象也是在反映不同类别的亚文化内容，然后由这些亚文化内容所催生的表象再去集中展现这个企业的精神文化。

（5）在生成文化首先密切关联的是企业的亚文化，其次是企业的精神文化，如果一个在生成文化最终能够变成亚文化或是精神文化的一部分，那么它就是前亚文化或前精神文化，而它如果最终没能进入企业文化的构成体系，那么它与这个企业的一切事情都将不会再有任何关联。在生成文化与表象文化最初不会有任何关联，只有当它的身份确定以后可能的关联才会发生。

1.5   企业文化管理的原则与路径

本书在前面四节当中分析了企业文化的具体内涵、企业文化可能发挥的作用及企业文化的细分内容，并且提出了"4S"企业文化的结构设计，这一切的努力都是为接下来的工作所准备的。下面就在以上研究结果的基础上进一步探讨"如何进行企业文化管理"的原则和方法。

因为不同的企业组织对于企业文化会有不同的需求，不同的企业组织在其发展过程中所形成的企业文化会有不同的特点，不同的企业组织在进行企业文化管理时各有其独特的安排，正所谓"千企千面"，所以一个企业到底应该如何设计企业文化的内容，如何建立企业文化管理的程序，必须要依据这个企业的"特点"和"需求"而定，绝对不能一概而论，更不可能"千企一面"。事实上，不同的企业因为受到不同因素的影响，也不可能在同一时期生成完全相同的企业文化内容。

基于以上考虑，本书在此不研究企业文化管理的"个性"方法，而是要重点探讨如何进行企业文化管理的两个"共性"问题：其一是企业文化管理的"原则"是什么，其二是企业文化管理的"路径"如何构建。

1.5.1　企业文化管理的原则

特定企业在进行企业文化管理之时应该遵循一定的原则，这些原则一方面是企业文化管理的刚性要求，另一方面又可以成为一个企业的企业文化管理工作是否成熟的判断标准。这些原则大体上可以概括为六个方面，即主动管理原则、高层主导原则、专门管理原则、系统管理原则、应用性原则和特异性原则。

1. 主动管理原则

根据前面的分析可知，一个企业的企业文化尤其是这个企业的亚文化是必然会形成的，这是因为做事必要有思想作为指导，大小群体做事也一样需要理念作为指引，只要行动在进行，只要行为不停止，思想和理念就会不断地产生且不断地发挥作用，这是企业亚文化必然产生的原因，也是事物发展的必然规律。

很多企业不注重企业文化管理，所以，它们的亚文化便会随意形成。这样随意形成的亚文化一般会对目标群体有利，但是对于企业组织而言，或者会促进企业的发展，或者会阻碍企业的进步，或者一时会促进企业的发展，或者一时不利于企业的进步，或者长期有利于企业的发展，或者长期妨碍企业的进步。因为是随意的，所以是不确定的，因为是不确定的，所以就很难管控它。基于此，为了确保这些自发形成的亚文化能够持续性地促进企业的发展，就需要主动对它们进行管理，需要通过企业组织的干预让它们只保留有利于企业发展的一面，而要清除危害企业发展的内容。

这是主动管理亚文化的第一步，也是很多企业开始进行企业文化管理的第一步，它是由"被动"而催生出的"主动"。

当然，主动管理的原则不只是针对亚文化提出的，首先针对亚文化是因为这符合中国企业文化管理的现实情况。很多中国企业一开始并没有意识到应该去建立企业文化管理体系，只是因为形成的亚文化多，对于企业发展的影响大，这才想到要对它们进行管理，而这样被动管理的思路不如主动管理的效果好，所以有必要对它们实行主动管理的原则。

在亚文化之上的主动管理是更加全面的管理，这种管理的目标对象就是企业的精神文化。前面分析了精神文化与表象文化以及亚文化之间的关系，并界定了精神文化作为企业文化核心内容的地位。根据这种界定可知，如果对精神文化进行主动管理，则会全面影响到对表象文化和亚文化的管理，所以说这是更加全面的管理。

事实上，在第一步针对亚文化主动管理的基础上，就可以生成一定的精神文化内容，为了协同企业亚文化的多样性和多元化，需要一些统一的思想和理念作为这些亚文化的集中指导，这些统一以后能够协同亚文化共同发挥作用的思想和理念就是精神文化的内容。只不过这样产生的精神文化和这样产生的亚文化一样，也具有很大的随意性，在内容上不成体系，在功能上不成系统。

所以，为了让以精神文化为核心的企业文化体系更加系统地发挥其支持和促进企业发展的作用，就必须对全部"4S"企业文化内容进行主动管理。

2. 高层主导原则

企业文化管理是一个渐进式的过程，它要反映企业家的思维方式和价值理念，代表企业的管理水平和管理能力，内化为企业员工的习惯和行动，并形成企业组织的整体理念和想法。为了使员工们的思维方式、工作习惯和群体思想能够按照企业家的意志和有利于企业组织的目标逐渐形成，这就需要企业家和领导团队有意识地引导，有系统地设计，有计划地推行。

中国人喜欢"一把手工程"这个说法，它要表明的是最高领导对于某一个事情的高度重视和亲自参与。这里所强调的高层主导原则类同于企业文化管理的"一把手工程"。当然，除了企业最高领导重视以外，企业高层领导团队的全体成员都要积极参与其中。以下几点是中国企业界对于这个原则的认识。

（1）成功的企业文化需要高层管理人员尤其是企业老板亲自领导，是一项不能授权给他人的任务。如果这个任务授权给他人，最终形成的企业文化却不能体现和实现领导者的意志，老板就会带头反对它，那么这个企业文化就不可能在企业内部推广和使用。

（2）只有高层领导才有带动企业产生重大文化变革的权利和组织影响力，因为企业文化的形成必须与企业的利益分配、权力分配甚至是资源分配相结合，而利益分配、权力分配和资源分配的权力无疑应该掌握在高层领导的手中，也必然会掌握在高层领导的手中。

（3）没有企业主要领导人公开且明确的赞成和支持，任何制度和行为都无法得到坚持和强化，而不能得到强化的制度和行为不可能催生制度文化和行为文化，也无法上升为企业的精神文化。

（4）企业文化的生成是一个自上而下的过程，企业文化的变革同样也需要自上而下地推动。

3. 专门管理原则

为了更加有效地推动企业文化管理的工作，在坚持主动管理和高层领导亲自参与的前提下，企业组织还要把握专门管理的原则。

很多中国企业是有企业文化管理的，但是，它们往往又把企业文化管理的工作作为一个分支来看待，在具体的工作过程当中，要么把它列入人力资源部门的工作职能，要么列入战略发展部门的工作职责，要么融入办公室管理的日常性工作。这样的做法对于规模很小的企业而言，可能是无奈之举，但是如果规模很大的企业也这么做，那就说明这个企业对企业文化管理工作的重视是不够的。

如果不作为一项"专门"的工作由"专一"的部门"专心"地去负责，而是由那些有着众多工作职能的部门作为一项"兼职"或"副业"去做的话，如此样式的企业文化管理对企业发展的推动和支持作用势必是有限的，而且其自身的推进力度也会大打折扣。

如何坚持专门管理的原则呢？首先，要求高层领导把它作为一个"专项"的工作给予考虑和安排。其次，对于那些有条件的企业而言，要成立"专门"的企业文化管理委员会，并由企业最高领导担任召集人。在企业副总级别的领导当中应该有一个人担任"专职"副主任，以专门负责此项工作。有条件的企业一定要设立"专业"的企业文化管理部门，以"专心"地负责企业文化管理的日常工作。最后，企业文化设计工作必须有外部"专业"人士参与，企业文化的执行工作必须有"专门"的制度设计，等等。

4. 系统管理原则

系统管理的原则体现在以下三个方面。

第一个方面是要分层，也就是要建立企业文化管理的分层系统，根据前面的研究结论可知，企业文化管理系统可以分成表象文化子系统、精神文化子系统、亚文化子系统和在生成文化子系统这样的"4S"系统结构。

第二个方面是要分类，也就是要根据企业所在行业的特点以及企业自身的需求，从前述西方学者所描述的企业文化类型当中选择出适合企业特点并符合企业需求的企业文化内容。除此以外，经过选择的内容还要系统地设计，尤其是要系统地设计出其应该包括的次级文化。

第三个方面是要处理好企业文化各个类型和各个层次之间的关系，以便于它们可以协同发挥促进企业发展的作用。其中的重点工作是要处理好企业文化"4S"结构之间的关系。事实上，为了便于企业文化落地，企业文化应该自设计之初就要注意其系统性和协同性，就要注意把握四层次文化之间的互动关系，从而实现一个，借助三个；借助三个，完成一个；逐一借助，逐一完成。以精神文化为例，一个企业如果要使其精神文化落地，就必须出台相应的制度文件，通过制度文件规范员工行为，借助员工行为表现企业精神，并以物质表象为载体展开对内和对外的宣传工作，从而明确企业要强调的精神文化的具体内容，并使之发挥既定的促进企业管理的作用。

5. 应用性原则

所谓应用性原则可以从两个角度进行理解，一个角度是内容的可应用性，一个角度是形式的可应用性。

首先，从内容的可应用性角度看，这个原则也可以称为"政策配套"原则，即为了确保企业文化的可用性与实用性，需要将各层次的企业文化内容尤其是亚文化的内容与员工的收益密切结合，并逐渐使这种结合制度化和常态化。换个角度来理解就是，企业文化每强调一个内容，都应该有员工跟进以后的激励方案和制度设计。例如，一个企业的企业文化内容是强调创新的，那么这个企业就一定要设计好员工积极参与创新以后可能获得的奖励，不同类型、不同程度、不同方面的创新奖励全面跟进，这样员工也会全员跟进，时间久了，创新的氛围便形成了，创新的企业文化便建立起来了。例如，一个企业的企业文化内容是重视学习的，这个企业就一定要设计好员工积极学习、不断提高、努力成才以后的晋升通道。努力学习者因为学习努力而获得不断的晋升成为一种制度，成为一种常态，成为一种氛围，则企业文化所强调的建立学习型组织的任务便成功了。

空泛地谈企业文化落地，为了文化建设而文化宣传，不将企业文化建设与员工的绩效收益相结合，则企业文化只能成为一纸空谈，即便员工表面上在执行，口头上在呐喊，而实际上却早已"束之高阁"，抛于脑后，不留心中，而心不动，则行无果。

其次，从形式的可应用性角度看，任何一个企业的企业文化设计都必须考虑员工们的授受水平和认知程度。如果一个企业的员工整体学历偏低，语言理解能力不强，那么企业在选择表达企业文化的方式和语言上就要追求通俗易懂，简单易行，而不能过于文雅、深奥和复杂；相反的，如果一个企业的员工整体素质很高，学历水平也高，则企业在选择企业文化的表达语言时就不能太过于白话，要在保证内容有思想和可落实的基础上，同步追求一定程度上的表达形式的优美。

6. 特异性原则

企业文化是企业组织的思维方式，这种内生的思维方式主要源于企业家或是企业的高层领导团队；企业文化是企业管理者与全体员工的整体工作习惯和思考各种事情的统一想法，它经由企业家或是企业高层领导团队的引导，具有典型的这个企业家或是这个领导团队的特点；企业文化是为特定企业服务的，判断企业文化好与坏的重要标准是看它能否有利于这个企业的管理，而不是看它吸纳到了多少优秀企业的企业文化内容。

以上三层意思所要表达的核心思想就是，"企业文化是内生的"，是什么样的企业就会有什么样的企业文化，有什么样的领导团队就会生成什么类型的企业文化内容，所以一个企业在进行企业文化建设和推动企业文化管理工作时，必须坚持特异性原则，必须保持自己企业企业文化的特点和风格。

既然企业文化是内生的，那么特定企业的企业文化就不能外搬其他企业也不能不加分辨地学习其他企业。因为，外搬其他企业的企业文化却不能有效提升企业的管理水平，这样的做法是没用的；外学其他企业的企业文化而不与自己企业的特点进行对接，不改变现有企业领导的管理方式，这种做法也是无效的。

企业文化必须与企业自身的特点相结合，内生企业文化一定可以全面吸收企业特点并充分展现企业特色。如果企业文化与企业特点没有结合，那样产生的企业文化对于有效提高企业管理水平不会有任何帮助，相反地有可能会给企业的发展带来巨大的伤害。

1.5.2　企业文化管理的路径

虽然企业文化生成与管理的路径有很多种，但是如果可以进行事前设计的话，在此只推荐这样一种路径，即先行提炼公司的企业使命，界定清楚我们是谁，我们要成为什么样的企业；其次基于这个企业使命作为指导，设计公司的企业宗旨和企业愿景，以搞清楚我们要走多远，与谁同行；再次设计精神文化的另外三个要素，即核心价值观、企业精神和企业理念，以界定我们应该如何向前走；最后设计企业文化的基础性理念，也就是公司的亚文化，在精神文化和亚文化的指导下设计行为表象文化、物质表象文化和制度表象文化。

其中，企业宗旨要说明我们是为了谁而存在的，也就是企业要为谁生产产品和为谁提供服务，要满足哪些相关利益者的利益和需要。在这个方面的重点是要清楚地界定企业应该如何处理与员工、顾客、股东、社区、社会、环境之间的关系，应该如何通过为他们谋利而为企业求利。为他们谋利在前，可以写在明处；

为企业求利在后，可以不用明说。此外，对于特定的企业而言，它也可以从以上所说的相关利益者当中选择一个或是两个作为企业宗旨重点描述的对象，而不用面面俱到地分别进行强调。

企业愿景应该说明我们要到哪里去，要走多远，也就是要为企业的发展设定长远的目标。这个目标可以是一个量化的指标，也可以只是一个定性的说明，西方英语系大国杰出公司一般采取的是后一种做法，而中国企业一般喜欢前者。在此的建议是做出定性的说明，而不要设计成量化的指标。因为一个公司的企业愿景不是阶段性的战略目标，它要发挥的是可以长期引导企业前进的作用，如果把企业愿景设计成了阶段性可以实现的目标，那么其长远性就无从体现，而且企业还要因为阶段性目标的实现不断地调整企业愿景的内容，这不符合企业愿景的特点。

核心价值观与企业精神要告诉企业员工应该如何为谁而工作，在工作过程当中应该坚持以什么样的精神面貌出现。

企业理念或者应该称为企业总体工作理念更合适，它和企业的亚文化一起要系统地说明企业员工的工作态度和在工作过程当中应该坚持的指导思想。

以行为表象文化为代表的表象文化要说明如何在精神文化的指导下结合物质表象文化和制度表象文化的共同作用以形成企业运作的风格和员工整体工作的氛围。

当然，以上所说是企业文化生成的共性路径，而具体到不同的企业时还会有不同的细节要求。在《企业一体化管理系统》一书中笔者曾经设计过一个具体生成企业文化的路径，在本书当中还将设计另外一条生成路径。前者可以称为路径一，后者可以称为路径二。

路径一是完全紧扣共性路径要求而进行设计的企业文化管理路线，也就是说，对于一开始就想利用企业文化加强企业管理以促进企业发展的公司而言，它们可以先行设计精神文化，然后再依据精神文化实现的需要去设计亚文化，并在精神文化和亚文化的共同指导下去管理表象文化和在生成文化。

这是一种"先验式"生成企业文化的路径，所以它也需要一些"先验性"的条件作为支持，这个"先验性"的条件可以分成两类，这两类条件不用同时存在，有一类即可：①企业家足够成熟，对于企业文化的事情可以看得明白，想得清楚，并知道自己的企业应该往哪个方向发展和怎么发展，青岛鑫光正钢结构有限公司就是这样的企业；②企业可以找到外部专业力量，由专业人员基于企业文化生成的规律和路径，再结合企业发展的特点与需求，与企业家一起设计和提炼这个公司的企业文化，青岛宝博集团的企业文化就是这样生成的。

在这种企业文化的生成过程当中，最难的就是设计其精神文化，而在设计精神文化的时候需要注意四个方面的重点，为此需要向企业家们提出四个方面的问题，具体如下。

（1）"你是谁"，也就是说你的企业是一个什么样的企业或者希望成为一个什么样的企业，对这个问题的回答所得出的答案经过整理以后就是这个企业的企业使命。

（2）"为了谁"，你的企业是为何而存在的，又是为谁而发展的，对这个问题的回答所得出的答案经过梳理以后就是这个企业的企业宗旨。

（3）"你要到哪里去"，也就是说你希望你的企业能够走多远，能够发展到什么程度，对这个问题的回答所得出的答案经过加工以后就是这个企业的企业愿景。

（4）"你将如何走到那里"，也就是为了实现企业的发展愿景和战略目标你们应该如何去做，对这个问题的回答所得出的答案经过归类以后就是这个企业的企业价值观、企业精神和企业理念。

路径二虽然也跟随共性路径的生成方向 ，但是在具体细节设计的顺序上会有所调整。也就是说，对于一开始没有注意企业文化管理的作用，经营了很长时间以后发现企业文化真得很有力量从而迫切希望加强企业文化管理工作的公司而言，它们可以先行提炼已有的亚文化，然后在这个基础上结合企业内外环境的特点和发展的需要去设计系统的精神文化，并根据重新确定的精神文化去再设计和再思考企业亚文化的具体细节，最后设计并布置表象文化的三个子系统，即物质表象文化子系统、制度表象文化子系统和行为表象文化子系统。

对于大多数的中国企业而言，这两种路径都比较适用。但是相对而言，后一种路径会更为常见，所以在这里要重点分析路径二，有兴趣的读者可以阅读《企业一体化管理系统》一书中的路径一。

1. 提炼已有亚文化

关于这个工作环节，在前面讨论主动管理的原则时已经说明了之所以这样做的原因，也大体上分析了如何做的过程。

下面要补充的一点是：对于一个特定企业而言，其亚文化的形成与企业初步的精神文化有时很难分得非常清楚，尤其是对于一些规模较小的企业而言，或者亚文化就是其精神文化，或者其精神文化要强调的理念与思想也就是若干个亚文化的主要内容。

再者，对于规模比较大的企业而言，它的亚文化的多少与它的部门设计、企业性质及工作程序相互关联，其中必然会有作用极其突出的部门或是工作程序，而这些部门内或是工作程序上所生成的亚文化有时就会上升为企业的精神文化。

回头再看一下这个工作环节的特点，主要有两个方面。

第一个方面，此项工作要总结的是已经存在的企业文化内容，因而这样的工作相对比较容易，只要企业家们能够带领自己的管理团队认真梳理，并加以适用性的改造，这种模式的企业文化是呼之欲出、呼之必出。

第二个方面，此项工作内容的重点在于"向内审视"，它是一个企业借由企业文化管理，或是为了企业文化管理而做的自我分析和自我评价，其作用不仅仅是提炼企业文化的内容，而且还可以帮助企业家及高层领导们反思企业的战略定位、发展愿景、管理经验和管理不足等。

2. 分析影响企业发展的外部因素

如果前面一个工作环节是一个企业进行企业文化建设和管理时"向内审视"的过程的话，那么分析影响企业发展的外部环境因素就是企业针对此项工作所开展的"向外审视"的过程。为了更好地加强企业文化管理的工作，"向外审视"是必然的，但是"如何向外审视""向外审视什么"却又不能一概而论，这要看具体企业的情况而定。

关于这一点，前面很多美国学者的研究可以作为一个参考。

其中，Quinn 和 Spreitzer（1991）将企业文化分成四种类型，其主要原因就在于这样做可以确保企业更好地对外参与竞争，为此，他们提出了一个竞争价值框架。这一框架为分析影响企业文化发展的外部因素提供了一个很好的视角，也就是基于竞争需要的视角。

Deshpandé 等（1993）也将企业文化分成四种类型，他们如此划分的依据是将之与组织创新进行了联系，组织创新虽然是企业内部管理的重点工作，但是制约和影响组织创新的因素却主要来自外部。除此之外，他们还认为，不同企业组织在选用企业文化类型时应该考虑的因素包括主导属性、领导风格、相互结合和战略重点等。其中，主导属性说的是企业的业务领域，战略重点是指企业在所处领域的进取目标，这两者也可以算做是影响企业文化的外部因素。

Heiko 等认为，企业文化可以根据企业的性质划分为两大类，一类是面向产品的企业文化，一类是面向服务的企业文化。这种说法本身虽然是在为企业文化进行分类，但实质上他们要表达的思想是，一个企业在选择自己的企业文化类型和具体内容时，必须要考虑产业环境和企业经营内容对企业文化的影响。

除此之外，有可能影响一个企业的企业文化内容的外部因素还包括企业所在的地域，企业所处时代的特点，"互联网+"和物联网等新兴信息工具对企业思维方式的影响，企业上下游关联产业和关联企业的发展特点，产品主要购买者的诉求，市场竞争的激烈程度，等等。

3. 在企业家的主导下系统提出精神文化

经过前面两个工作环节的分析和努力以后，企业就可以系统地提炼和设计符合自身特点的精神文化了。在这个过程当中要注意的第一个事项就是企业最高领导的亲自参与（这是前面强调的原则之一），他要首先对自己进行剖析，对自己的企业成长过程进行解析，然后要总结自己的领导风格，评价自己的思维方式、做事习惯和长期经营企业所信奉的价值理念等。

事实上，以上所说就是精神文化产生的源头，对于经营时间很长且很成功或者是规模比较小的企业而言，这样做几乎就可以生成精神文化的主体内容或是全部内容。根据笔者为此类企业服务的总结经验可知，对于这样的企业可能只需要一天的时间就能够完成对其精神文化的提炼。我们只需要给出一个路径，然后这些企业家们就会把头脑当中碎片化的思想和信念全盘倒出。而在这个路径当中至少应该包括四个方面的问题，具体如下。

◎ 你的企业处于什么样的行业，这个行业最看重什么；

◎ 你的企业最看重什么，你最相信什么，你理想当中的企业运营是一个什么样的状态；

◎ 决定你的企业于所在的行业能否具备竞争优势的关键要素是什么；

◎ 你为企业的发展曾经提出过什么。

事实上，每一个成功的企业家都会有自己比较成熟的经营哲学，只不过不是每一个企业家都想过要把它们进行系统化地梳理，或者还有一些企业家只是不懂得如何系统地梳理它们。

如果一个企业的最高领导没有做出这种细致的自我分析和自我审视，然后就外请专家或是任由属下去设计企业的精神文化，那么最终带头不执行甚至会否定这个设计的人很有可能就是老板本身。因为，企业文化从某种程度上说就是老板文化，如果外人或手下人所设计的精神文化与老板的理念信仰不一致时，那会让老板何取何从呢？让企业家学习一些可以，改进一些可以，彻底否定自己恐怕就万万不可以。

当然，老板在自我分析和自我总结的时候，最好能够有企业文化管理的专家在一边帮助最好。对于很多中国企业而言，思想可以是老板的，但是如何表达老板的思想可以由专家润色，有的老板自己或可做好这件事情，但是对于那些文化程度不高，以及不是企业管理科班出身的老板们来说，这样做是极其有必要的。他们可能有好的思想，但不一定会有好的表达方式。如果没有好的表达方式，就不易于员工们理解，而员工们不理解的企业文化设计一定会失败。

其次，在最高领导的带领下，还有必要让企业高层领导团队集体进行剖析，除了分析高层团队的领导风格、处理事情的方式以外，每个成员都要对自己的价值判断、思考问题的方式、做事方式、日常的工作习惯等进行评价和说明。之所以这样做的原因有两个：第一，这是对企业家自我总结以及企业家对精神文化梳理的补充和完善；第二，这些分管具体工作的领导们，他们对精神文化或有自己的见解，此外更为重要的是，多数的企业亚文化就分布在他们主管的部门之中，他们参与精神文化的提炼会加深他们对精神文化的理解，他们对精神文化的理解越深入，就越有助于他们帮助手下理解各自亚文化与精神文化的对接关系。

当然，按照前面所说的专门管理原则所强调的组织程序去设计精神文化和具体管理企业文化是比较理想的，但是，很多中国企业不会有这样规范的组织和程序，尤其是老板特别强势的企业，很难如此去提炼精神文化。

至于具体要提炼的精神文化内容，就是前面所提出的六个要素，即企业使命、企业愿景、企业宗旨、核心价值观、企业精神和企业理念。

在中国，很多经营得比较成功的企业，或者经营的时间很长的企业，它们的老板在企业经营的过程中会提出很多关于这六个要素方面的内容，但是，他们自己却分不清楚哪些是企业使命，哪些是企业愿景，尤其分不清楚哪些是企业精神，哪些是企业理念，哪些是核心价值观。他们不清楚，自然也没有办法向员工讲清楚，所以在一个公司的老板提炼自己的精神文化六要素之前，有必要专门学习和研究一下这六个要素的内涵及其界定方式，否则弄混了它们之间的关系是小事，而一旦做成企业文化手册向外宣传的话，那就有可能闹出笑话，成为窘事。

4. 对亚文化进行再设计

第一步的亚文化设计是提炼已有的存在于各个部门或是各个小群体中的思想和理念；这一步的亚文化设计是一个再设计的过程，再设计的依据就是前面第三步所确定的精神文化的内容。

如果把亚文化的概念换回 Schein 的最初界定，它就是基础性理念。所谓基础性理念有两个方面的特点：第一，它要指导基层员工的行为和行动；第二，它要支撑企业的精神文化，是精神文化得以实现的基础和保证。针对这两个特点可知，亚文化除了要发挥指导基层员工的作用以外，还要确保精神文化的内容实现落地的目标。而为了确保这一目标的实现，首先要保证亚文化与精神文化的协同。所以在这个阶段开展的亚文化再设计工作其主要的目的就是要实现与既定精神文化内容的协调一致。协同的地方保留下来，不协同的地方必须调整。

在对亚文化进行再设计的时候，有四个方面的力量可以参与其中。

第一个方面的力量自然还是企业的最高领导，他最了解企业精神文化的内涵，最清楚要实现企业精神文化所需要的基础性理念支持。因此，对于很多中国企业而言，亚文化的提炼和最后的完成也是由企业家实现的，他们在梳理企业精神文化的同时，就会把各个部门发展所需要的亚文化一并确定。

第二个方面的力量是企业高层领导团队当中的其他领导成员，也就是企业副总一级的人物。一个企业副总分管多少个部门或是工作群体，他就需要多少个亚文化对他所分管的工作给予支持，因此，他必须参与到相关亚文化内容的设计过程当中。对于很多强势企业家而言，他们一般不会给予这些副总们最后确定其分管单位亚文化的权力，这实际上或者有利于保持企业文化的统一性，也或者并不利于具体工作的开展。即使一个企业家再强势，他也应该听听各位副总的意见，了解他们对于分管单位开展工作时需要什么样的理念和信念支持。

第三个方面的力量是各个业务单元或是小群体的领导。他们作为这一个单元或小群体的负责人，是最熟悉此类亚文化的人，甚至他有可能就是这个亚文化的主要倡导者、发起者和应用者。如果不考虑他们的意见和建议，这对于他所属单元的亚文化或者是一种伤害。因为，他若不是真正理解如此开展工作的思想和理念的话，就有可能不会主动去推行这个亚文化内容，或者即使想推动却不知如何去推动。

不知道是什么，就不会了解为什么，不知道为什么不要紧，而不知道如何去做这个麻烦就大了。

当然，这些分支组织或是小群体的领导，其管理水平、思想觉悟、文化水平可能不一定会很高，所以在采纳他们一些想法的基础上，还是需要由企业高层领导界定最终的亚文化内容或是确定其最终的表述方式。

第四个方面的力量是各种亚文化指导下具体开展工作的组织成员。他们是各类亚文化的亲历者和执行者，是承载主体。所以也应该让他们参与所属亚文化的讨论，也要听取他们的意见和建议。

事实上，在普通员工当中也不乏有真知灼见的人，尤其是那些能够努力工作、用心工作、积极工作，工作业绩一直很突出的人，他们对于所属亚文化或是需要什么样的亚文化一定有其独到的看法，长期忽略他们的看法，对于企业具体的管理工作是一种资源上的浪费。

此外，让普通员工积极参与亚文化的讨论过程，这本身就是一个最为有力的宣传，而且在他们参与进来以后，不仅可以带入某些有益的想法，而且还会让他们发自内心地去接受这些想法，从而也会使讨论过程同步变成学习过程。

5. 基于精神文化的需要设计物质表象文化

在没有企业文化管理的企业，其企业文化也是存在的，只不过它们存在的形式是散乱的，所能发挥的促进企业发展的作用是不系统的，这可以从它们企业的物质表象文化当中看出。例如，一个企业在当下所看重的发展理念是以创新谋发展，可是在它的办公区域最为突出的地方，上面所书写的标语却是一切工作服从指挥。再如，一个企业新提出的员工理念是为员工创造舒心的工作环境，可是它的生产区域、办公室，甚至整个场区都是杂乱的和不卫生的，舒服已经谈不上，还何谈舒心。

举这样两个例子是想说明两件事情。

第一，只有精神文化是系统的和成熟的，物质表象文化才能被系统地构建，并成熟地表现企业的精神面貌和发展风格。

第二，物质表象文化必须是经过精心设计的，只有精心设计的物质表象文化才能完整地、积极地表现精神文化的内容。

如何设计企业的物质表象文化，这是一个非常专业的事情，在有了精神文化作为基础以后，最好还是请专业人士会同企业领导们共同议定，并由专业的公司进行具体的施工。

当然，如果一个企业的规模很大，内部各类优秀的人才很多，这项工作也可以凭借企业自己的力量完成。

6. 设计制度表象文化

设计制度表象文化的工作其实就等同于设计企业的各种管理制度，尤其是等同于设计企业绩效管理的制度及其各个工作环节的执行政策。只不过到了这样一个阶段设计制度时，与其他形式的制度设计不同，那就是一定要在所设计的制度体系当中融入精神文化和亚文化的各个方面内容，即使是最小群体的执行制度也必须做到这一点。例如，一个企业的精神文化在其企业发展的总体理念上是注重以人为本的，那么，即使在保洁制度这样一个很小的规范说明上也要体现以人为本的理念。再如，一个企业在其核心价值观上是看重合作与共赢的，那么，在其各个类型的奖励制度上就必须体现出以奖励团队和工作小组为重点的内容，等等。

很多企业既有精神文化的内容，也设计了各种类型的亚文化，并有非常完整的制度管理体系，只不过这三者之间没有任何的对应关系，这样就很难形成一个系统的制度表象文化，或者说所生成的制度表象文化并不能反映精神文化和亚文化的要求。如此设计的制度虽然也能发挥管理企业的作用，但是却不能发挥高效管理企业的作用，因为它舍弃了精神文化和亚文化的指导，从而有可能与企业发展的整体方向发生背离。

在具体设计各类管理制度的时候，也应该走企业文化设计那样的组织程序，也要整合亚文化设计所依赖的那四种力量，或者最好是在亚文化设计和确定的同时，就把各类管理制度同期设计完成，以使其与企业的精神文化和亚文化保持高度一致，从而可以更加系统地发挥规范和指导组织成员行为的作用。

7. 催生行为表象文化

一般而言，行为表象文化不是设计出来的，而是由精神文化、亚文化和制度表象文化这三者共同催生出来的。

一个人生活在这个世界上会做很多的事情，一个群体或是一个组织在一个企业内部与市场环境当中也会做很多的事情，这些事情看似非常复杂，但事实上可以做一个大体上的归类，即可以归结为两类：第一类活动是认识世界，也就是通常所说的"想"，"如何想"需要一些理念、信仰、价值观的指导；第二类活动是改造世界，也就是所说的"做"和"行动"，"如何做"需要第一类活动的支持，也就是说，"如何想"便会"如何做"，"想"的清楚便会"做"的明白，"想"错了就不可能"做"得对。

精神文化、亚文化和制度表象文化就是告诉企业成员们如何去想，而行为表象文化就是告诉企业成员们如何去做。如果精神文化是系统的，亚文化是积极的，制度表象文化充满了正能量，那么企业成员就一定会有一个好的行为表象文化出现。相反的，如果精神文化不系统，亚文化没有考虑实际的需要，制度表象文化偏离了精神文化和亚文化的指导，那么企业成员的行为表象文化就一定会很差。

基于以上分析可知，行为表象文化是由精神文化、亚文化和制度表象文化催生出来的表象文化，它又可以反过来验证以上三种文化的优劣。

8. 关联绩效管理

好的企业文化设计一方面可以促进企业组织绩效提高，另一方面也会激励个人提高其绩效水平，基于这个思想可以得出两点结论。

第一，企业文化的设计必须考虑企业绩效管理的需要，这种关切从大的方面看是放在企业发展的战略目标上，这是企业绩效管理的源头；从小的方面看就要放在企业文化对个人的影响以及由此而产生的对个人绩效的影响上。为了实现这种影响的正向作用，就要组合发挥精神文化、亚文化和制度表象文化的力量。其中，制度表象文化要发挥主要的作用，在设计体现精神文化和亚文化的制度文件时，就要同期考虑绩效管理的需要，或者把这两者结合起来进行设计，就可以全面发挥三种文化的协同促进作用。

第二，既然好的企业文化可以促进组织绩效的提高，可以帮助个人提升绩效水平，那么，反过来看这种逻辑也是成立的，即组织绩效的提高或是个人绩效的提升说明企业文化正在发挥或者已经发挥了积极正向的促进作用。基于这个认识，就可以用组织绩效和个人绩效的水平变化来测度企业文化的优劣。

关于企业文化与绩效管理的协同关系以及它们之间的相互影响机理将在第 3 章和第 4 章当中专门进行研究，这也是本书要研究的重点内容。

9. 时刻关注在生成文化

在生成文化顾名思义就是正在生成的企业文化，按照前面的分析，它有三个类型，企业对于在生成文化的关注也要从这三个方面进行。

因为精神文化具有相对的稳定性，它们一经形成便不会轻易改变，有的企业甚至从没有改变过它们的经营理念和发展哲学，像德国的博世公司，其企业使命规定集团永远不进入汽车整车生产行业，几百年下来，它就真的没有进入这个行业。所以，对于未确定的精神文化和新引进的精神文化内容的关注只是一个阶段性的工作，而不可能成为一个长久性的工作内容。当然，对于这样的阶段性工作，其地位和作用的重要也不能轻视，应该严格地按照正式精神文化的生成程序去思考和安排。

而亚文化的生成则不然，因为它的承载者是基层企业成员，涉及的人员多，分布的领域广，而且非常细致，因而对于此类的在生成文化应该成为企业关注的重点。在实际的操作过程当中，应该有专门的企业文化管理人员去研究这类可能生成的亚文化，应该与时俱进地引入更有利于各个类别工作的思想和理念。当然，对于那些有可能破坏企业文化的统一性，妨碍企业战略目标实现的思想和理念应该及时清除。关于这一点，可以参照姜太公在几千年前对此类事情的描述，他说"日中必彗，操刀必割，执斧必伐。日中不彗，是谓失时；操刀不割，失利之期；执斧不伐，贼人将来。涓涓不塞，将为江河；荧荧不救，炎炎奈何；两叶不去，将用斧柯"。

10. 定期审视和调整企业文化

企业文化虽然应该是稳定的，但也不是一成不变的，"变"与"不变"要看它是否还能正向地发挥支持企业发展的作用。柯达公司的企业文化所强调的企业使命只要是图片就是我们的业务，这是对企业经营哲学何等霸气的描述，它也曾经指导柯达公司取得了辉煌的成就，可是当人们不再需要或是少有需要纸质图片时，柯达就没有了业务。柯达不是没有能力去改变它们的经营重点，也不是不可能去重新界定它们的企业使命，但结果是它们没有及时改变，然后它们破产了。

为了确保企业文化能够一直正向发挥促进企业发展的作用，就要定期地对它们进行审视和评价，以便于调整那些与时代发展要求、企业发展需要不相适应的内容。

如何审视可以参照前面前文内容进行，也就是可以根据员工的行为表象以及企业的组织绩效水平进行判断。

审视的主体不能只是企业的最高领导，最好由企业文化管理委员会具体负责，并有大量外部专家积极参与。

第 2 章 绩效管理及其 7P 框架

　　什么是绩效管理，绩效管理工作有些什么样的作用，它与企业战略管理之间是一种什么样的关系，它与企业文化管理之间是一种什么样的关系，它与企业的组织制度管理是一种什么样的关系，绩效管理工作的内容有哪些，它有没有成熟的体系设计和规范的制度安排，一个企业如何才能把绩效管理工作做好，它需要哪些政策规定作为辅助和完善，诸如此类的问题，既是中外学者热衷研究的学术话题，也是中外企业家同步于企业文化管理而又十分关注的另一个重要事项。

　　在这里，本章首先介绍了西方学者关于绩效管理的 11 个看法，并对这些看法分别做出了解读且提出了 11 方面的引申性思考；然后介绍了中国企业界对于绩效管理的四种认识，并对这些认识进行了深入的解析且提出了四个方面的理性判断；然后在这两个方面研究的基础上给出了绩效管理的内涵界定。其次，经过系统分析西方学者的观点和中国企业界的认识以后，本章全面地提炼了绩效管理的六个具体作用，它们分别是：①绩效管理可以帮助员工个人实现绩效目标和发展目标；②绩效管理可以帮助不同类型的团队组织实现绩效目标和成长目标；③绩效管理可以帮助企业组织有序且高效地运转；④绩效管理工作是企业战略得以实现的基础；⑤绩效管理是企业竞争优势的来源和保证；⑥绩效管理是企业文化管理工作得以顺利开展的强力支撑。再次，本章研究了西方学者所认定的组织绩效的内容以及企业绩效管理的过程，并在此基础上全面地建构了"7P"绩效管理框架，它们分别是：①绩效领导体系与管理架构的设计；②绩效协商与运行方案的确定；③绩效支持与绩效实施；④绩效评估与绩效改进；⑤绩效考核与绩效评价；⑥绩效反馈与绩效申诉；⑦绩效应用与绩效反思。最后，本章提出了高效开展绩效管理工作应该坚持的原则，设计了如何高效开展绩效管理工作的方法，以及为更好开展绩效管理工作而制定了 15 个方面的辅助性政策。

2.1　什么是绩效管理

2.1.1　美国学者关于绩效管理的观点

（1）Armstrong 和 Baron（1998）认为，绩效管理是一种"战略性"和"综合性"的方法，是一种通过提高工作人员的工作绩效，并通过发展团队和个人贡献者的能力来实现组织持续成功的方法。

（2）Reynolds 和 Ablett（1998）认为，绩效管理可以确保企业组织的竞争优势来自于人力，而不是依赖资本。

（3）Kandula（2006）认为，绩效管理的目的在于通过消除中间障碍，将人力资源潜力转变为绩效能力，以及激励和振兴人力资源。

（4）Ehtesham 等（2011）认为，通过建立强大的人力队伍，有效地管理他们和发展他们，这样就可以增强组织的竞争能力，从本质上说，这就是绩效管理。

（5）Otley（1999）、Anthony 和 Govindarajan（2007）认为，绩效管理系统体现了组织活动的设计，在这里管理人员帮助员工集中注意力和激发员工行为，以达成实施组织战略最终目标的设定。因此，绩效管理系统的目的是帮助组织进行计划和协调他们的行动，此外，还要提供他们准确和及时的行动的信息前馈和信息反馈，并在需要的时候鼓励正确的行为。

（6）den Hartog 等（2004）认为，绩效管理是组织有效性和组织发展的一个关键管理流程。

（7）Spangenberg 和 Theron（1997）认为，绩效管理工作是一个涉及持续的沟通并与员工建立伙伴关系的过程，这个过程帮助员工设定绩效目标，监测进展情况，并为他们制定相应的发展策略。

（8）Fletcher 和 Perry（2001）认为，绩效管理是一个群体性活动的管理系统，它的工作内容包括在尊重员工意见的前提下设计个人绩效发展目标，发展员工个人所需的能力，提高绩效表现，并根据绩效表现分发奖励，等等。

（9）Cardy（2004），Pulakos（2009），Lawler（1994），Jamie，Alan，Buchner（2007）等认为，绩效管理是组织有效性的一个重要方面，它是组织工作可以完成的关键过程，因此它应该成为管理者的最优先话题。然而，不到三分之一的员工认为他们公司的绩效管理工作帮助他们提高了绩效表现（另外三分之二的员工没有这种感觉）。在当代，企业组织面临的挑战使许多人把注意力又重新放在它们的绩效管理系统上，以探讨提高员工绩效的方法。

（10）综合 Cardy（2004），Delery 和 Doty（1996），Armstrong（2000），Pfeffer（1998），Verweire 和 van den Berghe（2004），Macduffie（1995）等的研究可以形成一个结论，那就是虽然绩效评价是绩效管理的核心，但是延伸到所有的组织政策、实践和设计功能的相互作用的绩效管理的全过程才是产生员工绩效的主要原因。这个综合的观点代表了战略人力资源管理模式，认为人力资源活动不是单一的活动，而是要实现整个组织的目标。绩效管理过程提供了一个机会，可以帮助企业制定组织整合所有的人力资源战略。"捆绑"的人力资源管理实践，可以补充和强化彼此，为希望实现组织绩效的人力资源体系结构提供了所需的性能。只有系统的各个组成部分是一致的，绩效管理才是有价值的。统一的人力资源管理实践可以创造强大的力量，以创造出组织所渴望的绩效。

（11）Jamie 和 Alan 认为，作为影响组织绩效的重要变量的员工参与度，已经受到越来越多的关注。借助绩效管理的流程设计来培养员工参与度会导致更高的绩效水平。关注员工参与度可以加强绩效管理，它可以作为一个近端的结果和工作绩效基础性的决定因素。

工作场所的变化，如权力下放，扩大的控制范围，缺乏直接的经验和知识工作者的比例越来越大，使管理者更加难以管理别人的绩效表现。所以，在现代绩效管理过程中，必须专注于创造条件以方便员工参与管理。

2.1.2　对美国学者观点的评述和思考

（1）分析 Armstrong 和 Baron（1998）的观点可知，他们认为，绩效管理首先是一种方法，这种方法的特点在于其与战略目标的对接，所以它在重视操作性的同时也就具有了战略性的要求；此外绩效管理的工作不是针对单一部门开展的，它是针对企业全体人员进行的，所以它又具有了综合性的特点。作为一种既具有战略性又具有综合性的工作方法，绩效管理的主要作用就是提高工作人员的工作绩效，并在这个过程中培养工作人员的能力。个人的能力提高了，个人的绩效实现了，最终将会帮助团队部门实现其组织绩效，而所有的团队和部门都实现了其组织绩效以后，整个企业的绩效发展目标也就实现了。

由此可见，绩效管理者，是为帮助企业实现其绩效发展的方法，它有着逐层实现企业绩效的逻辑过程。

（2）分析 Reynolds 和 Ablett（1998）的观点可知，他们界定了绩效管理的作用，认为企业组织的竞争优势来源于企业的绩效管理。当然，并不是所有企业的竞争优势都是来自于绩效管理，有的企业依赖的是资本投入。但是，资本投入所带来的回报毕竟是一个可限量，而人力资本的投入所带来的回报却可以是一个无限量。如果不断加大对人力资本的投入，它所产生的回报不仅是巨大的，而且还是可持续的；同时，人力资本又是一个能够自我投入和自我升值的企业发展变量，只要运用得好，一方面可以在绩效管理的工作过程中不断地为企业创造价值，另一方面又可以不断提升自我的能力，有了这样一个特点，它可以不断地为企业培育更多的参与市场竞争的活力。

由此可见，绩效管理者，企业竞争优势之重要源头之一也。

（3）分析 Kandula（2006）的观点可知，他是从人力资源管理的视角来看待绩效管理的，基于人力资源管理的视角出发可知绩效管理的作用就是要帮助企业实现全体人员的人力资源价值。在这个实现的过程中，绩效管理可以帮助各级管理者去激励人员并帮助人员提升能力，将静态的人力资源存量转化为动态的人力资本产出，从而帮助企业实现各种各样的发展目标。

由此可见，绩效管理者，企业人力资源管理之主要工具也。

（4）分析 Ehtesham 等（2011）的观点可知，他们也是从人力资源管理的视角出发去看待绩效管理的，并认为绩效管理在本质上就是人力资源管理。这种人力资源管理的目标是提高企业组织的对外竞争能力，这种人力资源管理的过程是组织人员、建立队伍，然后管理队伍、发展人员能力。虽然从表面上看，这种观点对于绩效管理的理解过于简单，但是实际上，它们给予了绩效管理一个严肃的界定，也就是十分明确地强调了绩效管理对于组织竞争的作用以及其等同于人力资源管理工作的地位。

（5）分析 Otley（1999），Anthony 和 Govindarajan（2007）的观点可知，他们对于绩效管理的认识非常全面，又具有高度的战略性，此外还强调应用性的特点。从战略性的角度看，他们认为绩效管理工作是一种为了实施组织战略最终目标而为企业组织所采用的一种管理设定，这种管理设定的目的就在于帮助企业实现其战略安排，脱离企业战略而进行的每种绩效管理设计，最终都不能取得理想的效果。从应用性和实用性的角度看，绩效管理工作可以帮助员工集中注意力和激发员工行动力，这一方面会提高员工个人的绩效水平，另一方面还可以帮助企业完善其绩效表现，此外还能够把管理人员解放出来去思考和设计其他方面同样重要的事情。除了体现战略性和应用性之外，这个定义还十分清楚地界定了绩效管理的工作细节。这些细节包括绩效计划与组织计划的对接，绩效行动与组织行动的协调，绩效工作开展之前的准备，绩效工作过程中的信息收集以及之后的绩效反馈，在具体工作过程中的绩效激励和绩效辅导，等等。

这些细节设计的一个根本性要求就是要体现其管理活动的系统性，以及与企业组织整体活动的协调性。

（6）分析 van den Hartog 等（2004）的观点可知，他们对于绩效管理的界定可以表述为两层意思，第一层意思为绩效管理是组织有效性和组织发展的管理流程；第二层意思是他们要表达的重点，即绩效管理是组织发展的一个关键流程而不是一个普通的流程。既然是关键流程那就意味着绝对不能缺少它，缺少它势必会影响到组织整体的有效性和组织全面的发展格局。

此外，既然绩效管理是影响组织发展的关键流程，那么就必须强化对于绩效管理工作的过程控制，这是确保绩效管理工作可以顺利推进的一个重要前提。

（7）分析 Spangenberg 和 Theron（1997）的观点，可以看出他们对于绩效管理的界定强调了五个方面的内容。其中，第一个方面表现为一个重要的关键词，即"沟通"。这说明，绩效管理不是一个强制性的管理过程，而是主管与下属之间的一种平等共事程序，如果缺少了"沟通"这个环节，绩效管理与其他类型的管理工作也就没有了任何区别。第二个方面是强调了一种"关系"，即主管与下属之间需要建立的"伙伴关系"。"伙伴关系"是一种什么样的关系呢？它至少不应该是一方对于另一方的命令、指挥、控制和压迫，而应该是：共事的双方首先是平等的，其次是亲密的，再次是可以相互支持、彼此配合的，只有具备如此特质的关系才能算做"伙伴关系"。第三个方面在于强调了一个"目标"，即绩效管理的过程首要的工作就是帮助员工设定绩效目标，这说明绩效管理是一种目标导向的管理工作。第四个方面在于强调了"过程管理"，也就是说绩效管理不仅应该重视目标的设定，而且更应该关注绩效实施和绩效实现的过程，在这个过程中，绩效管理人员或是上级主管应该密切监测员工和属下的工作进展情况。第五个方面在于强调了过程管理中主管的主动参与，这种主动的参与有多种表现形式，其中很重要的一点就是帮助员工和下属制定和修正发展策略，这无疑应该成为绩效管理工作的重点。

如此，通过绩效沟通建立主管与员工之间的伙伴关系，通过主管与员工的密切配合强化过程管理，然后通过双方的共同努力帮助员工实现绩效目标，帮助主管完成绩效管理任务，最终确保大家都能够获得个人预期和组织计划当中的绩效收益。

（8）分析 Fletcher 和 Perry（2001）的观点可知，他对于绩效管理的表述强调了"员工导向"，当然这种员工导向并不是绝对地以员工为中心，更不是要培育员工的完全自我意识而忽略组织管理的群体性目标。为此，他设定了一个前提，那就是首先要将绩效管理工作视为"群体性活动"的管理系统，在这个基础上此项工作必须重视员工的自我发展和自我提升。为了帮助员工更好地发展，绩效管理的工作内容必须包括四点，即在尊重员工意见的前提下设计其个人绩效发展的目标，在工作过程中发展员工个人所需的能力，通过共同的努力帮助员工不断提高其绩效表现，最后要根据不同人的绩效表现分发不同类别和数量的奖励。

（9）分析 Cardy（2004），Pulakos（2009），Lawler（1994）和 Buchner

（2007）等的观点可以看出四层意思。其中，他们要表达的第一层意思与 den Hartog 等的观点十分相近，也认为绩效管理是组织有效性的一个重要方面，也认可绩效管理是组织工作可以完成的关键过程，并在此基础上进一步强调了应该将绩效管理工作当作管理者的最优先话题进行考虑。他们要表达的第二层意思是对绩效管理工作现实情况的担忧，这些学者经过研究发现，在现代企业组织管理过程当中，绩效管理工作的开展并不尽如人意，有高达三分之二的企业员工不认可绩效管理的作用或感觉不到绩效管理工作对他们的帮助，而只有不到三分之一的员工认为他们公司的绩效管理工作帮助他们提高了绩效表现，这显然与绩效管理工作应该发挥的作用是十分不相称的。此外，有众多的企业对于绩效管理工作存在着误区，他们误把绩效管理看成了是定期进行员工满意度调查排名的话题，这显然是十分荒唐的。他们要表达的第三层意思是，虽然绩效管理工作现在的表现不是非常令人满意，但是绩效管理工作的未来表现却充满了长足的成长空间，这主要是因为当代企业组织面临的诸多挑战迫使许多人不得不把注意力又重新放在他们的绩效管理系统上，以探讨提高员工绩效的管理方法。他们要表达的第四层意思是关于如何搞好绩效管理工作的设想，其中最为重要的有两点，一是要提高绩效的驱动程序，寻找绩效发展的强大动力；二是要以促进员工的全面参与为工作的重点。

（10）综合分析 Cardy（2004），Delery 和 Doty（1996），Armstrong（2000），Pfeffer（1998），verweire 和 van den Berghe（2004），Macduffie（1995）等的研究可知，他们要强调的内容是把绩效管理作为一个完整的系统，它的各个工作环节必须有机协同才能确保绩效管理工作发挥其正向促进组织绩效的作用。只是强调绩效评价的作用，或者只是看重绩效考核的作用，再或者只是强调任何一个单方面工作的作用，最终都不能充分发挥绩效管理工作应该发挥的整体作用。"只有系统的各个组成部分是一致的，绩效管理才是有价值的。""统一的人力资源管理实践可以创造强化的力量，以创造出组织所渴望的绩效"。此外，在他们的研究过程中，还提出了一个十分有创新性的观点，那就是将绩效管理的工作从人力资源管理工作体系当中脱离出来而自成一家，"绩效管理过程提供了一个机会，以帮助企业组织整合所有的人力资源战略"。事实上，尽管绩效管理工作涉及人的管理问题，但是也不能单纯地将它归入人力资源管理的体系。这样思考的原因有两个：一是绩效管理工作实在是太重要了，如果只是将它当作人力资源管理工作的一个分支或是一个单元的话，这种重要性就很有可能被埋没；二是绩效管理工作与企业的战略管理、企业文化管理、组织行为管理及其他部门类的管理序列都有着十分密切的关系，它又不单纯是一个管理"人"的工作。此外，还有一点很重要，那就是绩效管理工作可以由人力资源部门具体负责协调，但是不能因为它的职责落实在人力资源部门就说它是人力资源管理工作的一部分。事实上，很多的绩效管理工作单纯依靠人力资源管理部门去执行的话是一定会失败的。要确保绩效管理工作的成功，就必须要有高层领导的亲自指挥，需要所有部门领导和分公司与子公司领导的深入参与，这个思路也正是这些学者所强调的，即绩效管理必须是全过程的管理和全员参与的管理，只有绩效管理工作实现了全过程管理和全员参与管理以后，它才能发挥其正向促进组织绩效全面发展的作用。

（11）分析 Jamie 和 Alan 的观点可知，他们对于当代企业绩效管理的实践和困扰给予了关注，并且给出了具体解决这种困扰的方法。当代企业绩效管理过程中存在的困扰主要表现在两个方面。

第一个方面是，与过去的绩效管理工作相比，现代的绩效管理者非常难以管理别人的绩效表现。产生这种情况的原因一个方面是管理的条件发生了众多的变化，如工作场所的变化，权力重心的下移，企业规模的不断扩大，等等。第二个方面的原因在于过去的绩效管理方式太过于粗放和简单，它只适用于那个生产效率不高、市场竞争并不激烈、个人的发展诉求并不明确的时代。

第二个方面是，在知识和服务密集型的工作岗位上，为员工管理和设定目标是很难的，因为这样的工作更为多样化和微妙。这反映了绩效管理对象的变化，与过去的管理对象不同，现代企业绩效管理的对象多数是知识工作者，他们学历高、见识广、思想比较复杂，个人的需求多样化，这使以往的绩效管理方法在他们身上很难发挥作用。

分析了以上两个方面的困扰以后，他们提出了解决这个问题的思路，那就是"在现代绩效管理过程中，必须专注于创造条件以方便员工参与管理"。"作为影响组织绩效的重要变量的员工参与度，已经受到越来越多的关注。借助绩效管理的流程设计来培养员工参与度会导致更高的绩效水平"。在这样思路的指导下，他们设计了一个可以让员工全面参与的绩效管理模型，这个模型由五个环节构成，它们包括绩效协议一致、参与促进和实施、绩效评估和反馈、员工参与度、改进绩效。只看他们在第一个环节的设计就可以明白他们这个模型的用意所在，在第一个环节绩效协议一致中，企业绩效管理的设计者会特别强调员工的参与谈判，通过谈判沟通让员工充分理解组织的绩效目标，然后再设计个人的目标，从而让个人的目标可以与组织目标达到协同，并在此基础上设计个人的绩效指标。也就是说，在设计组织目标时，一定要考虑员工个人发展的需要，以及他们的目标和他们的渴望。

2.1.3　中国学者与企业界对于绩效管理的看法及解读

在中国知网上检索了 2011~2016 年发表在 SCI 源和 EI 源以及 CSSCI 期刊源

上与绩效管理相关的文献，其中 2016 年有 110 篇，2015 年有 150 篇，2014 年有 160 篇，2013 年有 186 篇，2012 年有 161 篇，2011 年有 165 篇。

其中，廖建桥（2013）认为，绩效管理是来自西方管理界的舶来品，是指各级管理者和员工为了达到组织目标而采取的制定目标、检查实际工作、衡量工作业绩以及根据业绩进行奖罚和制订未来业绩提升计划的一系列综合管理活动。

穆胜（2011）认为，自 20 世纪 90 年代末我国企业开始引入绩效管理以来，研究者和实践者主要对技术层面进行了关注，或开发了本土技术。但我国企业绩效管理的现状使大多企业根本无法有效推行这一管理工具。

王艳艳（2011）认为，从当前的有关探讨来看，绩效管理的理论基础被认为主要存在于两个方面，即管理控制理论和组织行为理论。

在中国，最懂绩效管理的人往往都是出自企业界，企业界的人士虽然没有发表什么样的学术论文，但是却出版了不少应用性很强的专业著作。此外，他们还借助网络平台，阐述了众多关于绩效管理是什么，以及绩效管理能够发挥什么作用和如何发挥作用的言论。这些言论内容主要源自于他们的工作经验和管理心得，所以具有很强的实战性和现实指导意义。

下面是其中比较具有代表性的几个观点。

（1）绩效管理，是通过管理者与员工的共同努力确定对员工的期望目标，考察员工的工作结果，并对成绩予以奖励的过程。此过程对组织的成功具有重要的影响。

分析这个概念界定可以看出，它的特点不仅在于说明了绩效管理是什么，而且还比较全面地介绍了绩效管理工作的大致流程，并在行文之后又强调了绩效管理的作用。

绩效管理是什么？绩效管理首先应该是一个过程，在这个过程之中的重点工作有三个方面，并分成了三个阶段。其中，在第一个阶段，由管理者与员工共同商定对员工的期望目标并由此形成员工的工作计划；在第二个阶段，由管理者负责考察员工的工作结果及其工作表现，并作为针对员工绩效奖罚的依据；在第三个阶段，由企业组织对表现优秀的员工进行绩效奖励。

当然，绩效管理工作这三个阶段只是它的一个大致过程。事实上，一个企业的绩效管理工作远不止这样三个阶段，还有很多的工作内容在这个概念界定当中没有提到。虽然如此，这个定义还是给出了绩效管理的一条比较清晰的工作路线。此外，在这个界定当中还有一个关键词语是值得借鉴的，即"共同努力"，也就是管理者和员工"共同努力"以确定员工的期望目标。通过这个短语可以看出，绩效管理工作应该重视员工的参与以及管理者与员工之间的平等沟通。

这是一个成熟的绩效管理工作应该具备的特点。

（2）所谓绩效管理，是一种系统的活动，它注重管理者和员工的有效互动以及责任共担，它能够建立有效的激励机制，可以激发员工的工作主动性，鼓励员工自我培养、自我开发、自我提升，鼓励创新，并以此保持组织活力，使员工和组织得到同步成长，进而同步提升个人绩效和组织绩效。

分析对这个定义的界定可以看出，它的表述内容和表述方法与前面一个完全不同。第一个概念界定强调的是绩效管理的工作过程，而这个概念界定强调的是绩效管理的特点和作用。不过正是因为这两个概念表述的不同，所以才可以形成两者之间有益的相互补充。

在这个概念界定中，它首先肯定了绩效管理是一个系统的活动。既然是系统的活动，就一定要注意各个要素的全面参与，要充分发挥各个子系统的作用，此外，还要密切关注系统与环境之间的有机互动。关于这些细节，在此概念中并没有做出深度的说明。

在肯定了绩效管理工作是一个系统活动以后，这个概念界定全面描述了绩效管理的几个特点。

第一个特点，绩效管理工作应该注重管理者和员工的有效互动及责任共担。结合这句话可以做出的分析是，绩效管理不应该是单纯的管理工作，不能是一方对于另一方的管理、命令和控制，它应该是管理者与员工双方之间的一个有机和有效的互动过程。在这个过程中，大家能够统一行动和有效互动的原因就在于明确的责任，这个责任不是一个人的责任，而是所有人都必须共同承担的责任。有了这样一个明确的要求和共担的责任作为指引以后，所有的人员无论其是管理者还是普通员工都要积极地进行互动，以探寻共同完成任务的方法和路径。如果其中的任何一方出现了懈怠，或是不能够积极地进行配合，那么整体的任务就有可能完不成，整个绩效管理工作就有可能失败，结果受其害的不仅仅是普通员工，而且还包括管理人员自身。反过来看待这件事情可知，也正是因为有了这样一个共担责任的设计，才有了管理人员与普通员工进行有效互动以追求密切合作的工作局面的可能。自此特点当中得到的重要借鉴就是，在进行绩效管理目标和任务设定的时候，一定要注意各个方面的责任共担，以此来化解管控双方的矛盾，并实现各类别和各层级组织人员的协同与合作。

第二个特点，绩效管理工作应该建立有效的激励机制，这样做的目的是要激发员工的工作主动性，这样做的结果是员工有了工作主动性以后，一切的管理工作都会变得顺理成章和顺其自然。有了这样的工作局面，甚至不需要再进行过多的管理，企业战略就会取得成功，这应该是绩效管理工作追求的最高目标。自此特点当中得到的重要借鉴就是，绩效管理工作应该以积极激励为主要态度方法，并要将这种积极激励的做法机制化和制度化，如此可以催生出所有员工主动追求个人目标，能够主动完成自己工作，并愿意配合团队群体工作的开展。

第三个特点，鼓励员工自我培养、自我开发、自我提升。如果员工能够进行自我培养，那么他的人力资本就会不断增加；如果员工能够进行自我开发，那么他的个人能力就会不断提高；如果员工能够不断自我提升，那么他的个人绩效就能不断实现。每个员工的个人绩效都实现了，那么组织绩效也就随之实现了。自此特点当中得到的重要借鉴就是，任何一个企业的绩效管理工作都要以全面重视员工个人的发展为前提，都要积极营造员工个人不断成长的环境，都要设计可以帮助员工不断进步的平台和通道。

第四个特点，鼓励创新，并以此保持组织活力。这是一个重大话题，它是高水平绩效管理的表现，后文将为此专门设计一个管理制度，即 15 个绩效管理辅助性政策。

行文之后，这个定义也明确提出了绩效管理的作用或是绩效管理工作的目标，即使员工和组织得到同步成长，进而同步提升个人绩效和组织绩效。这个目标的要点在于员工个人先成长，然后再谈组织的成长；员工个人的绩效先提升，然后再谈组织绩效的提升；个人的绩效目标都实现了，然后组织的整体绩效目标才能实现。

这是绩效管理要遵循的必然逻辑。

（3）绩效管理，是指各级管理者和员工为了达到组织目标共同参与的绩效计划制订、绩效辅导沟通、绩效考核评价、绩效结果应用、绩效目标提升的持续循环过程，绩效管理的目的是持续提升个人、部门和组织的绩效。

分析这一定义可以发现它是一个比较完整的最贴近现代企业管理实际需要的针对绩效管理工作的界定，其特点是更加强调绩效管理的工作过程，以及绩效管理的工作目标，此外也特别强调了"共同参与"的态度和先个人、后部门、再组织的绩效实现逻辑。

从这一个概念界定当中要借鉴的主要内容就是它的绩效管理过程设计，这个过程设计与一般意义上的戴明环也就是 PDCA 循环法有所不同。PDCA 循环法所设计的绩效管理工作环节分别是绩效计划、绩效实施、绩效考核和绩效反馈；而这个概念界定所设计的绩效管理工作过程分别是绩效计划制订、绩效辅导沟通、绩效考核评价、绩效结果应用和绩效目标提升。与戴明环一样，也强调了此过程循环往复的特性。事实上，这样五个工作阶段的设计，已经比较全面地覆盖了绩效管理工作的过程。

（4）绩效管理，是一个持续不断的交流过程，该过程由员工和他的直接主管之间达成的协议来保证完成，并在协议中对员工未来一段时间的工作达成明确的目标和理解，并将可能受益的组织、经理和员工都纳入其中。

分析这一定义可以发现，它的描述十分具体，而且也特别具有操作性，此外还突出强调了绩效管理的工作特点是一个交流的过程。在这个交流的过程中要达成的目标包括"协议"、"共同完成"、"目标"和"理解"等内容。梳理这些关键词，可以看出这个定义包含几个要点。

绩效管理需由主管领导和员工双方共同完成，为了完成绩效任务，实现绩效目标，双方必须通力合作，任何一方的单打独斗都是错误的，对个人和组织都会带来不利影响。

为使绩效管理得以有效地开展，主管领导和员工必须保持持续不断的交流，这个交流一定是双向的，任何一方有问题需要解决时，都可以找对方进行沟通，沟通以解决员工工作中遇到的问题、障碍为目的，以致力于帮助员工提高绩效为目标。

绩效管理的开展是从绩效目标开始的，绩效目标是主管领导和员工基于承接的部门目标共同制定的，它是绩效管理工作的准绳，离开了绩效目标，则绩效管理将无从谈起。

绩效管理不是事后算账，绩效考核也不是专门针对员工的治理大棒，相反，实施绩效管理的立意是为了防止员工的绩效表现不佳，其目的是共同帮助员工提高绩效水平。

绩效管理的最终目标是分层次的，要将可能受益的组织、经理和员工都纳入其中，而且也能纳入其中，这是可以顺利推动绩效管理工作的保证。

2.1.4　绩效管理的一种界定方法

结合以上西方学者关于绩效管理的丰富观点，以及中国企业界对于绩效管理实务的不同看法，可以在这里给绩效管理下一个定义，具体如下。

绩效管理是为了实现企业的总体性发展目标，以充分调动管理人员和全体员工的工作主动性为前提，通过建立明确的双向激励机制和互动工作程序以帮助个人、部门和企业实现各层次目标的过程，这个过程强调共同参与和利益共享，并可以分解为绩效协商和绩效计划、绩效支持和绩效实施、绩效评估和绩效改进、绩效考核与绩效评价、绩效反馈与绩效申诉、绩效应用与绩效反思等一系列活动。

2.2　绩效管理的作用

关于绩效管理的作用，前面已经多有提及，现在把其中专门针对绩效管理作用的描述再做一个简单的介绍。其中，Armstrong 和 Baron 认为，"绩效管理的主要作用就是提高工作人员的工作绩效，并在这个过程中培养工作人员的能力"。Reynold 和 Ablett，Cabrera 和 Banache 认为"企业组织的竞争优势就来源于企业的绩效管理"。Kandula 认为，"绩效管理的作用就是要帮助企业实现全体人员的人力资源价值"。Otley，Anthony 和 Govindarajan 认为，"绩效管理是一种为了实施组织战略最终目标而为企业组织所采用的一种管理设定。它可以帮助员工集中注意力和激发员工行为"。Spangenberg 和 Theron 认为，"绩效管理的过程首要的工作就是帮助员工设定绩效目标"。

此外，学者还从不一样的角度分析了采用绩效管理方法，进行绩效管理研究的必要性。他们认为现代组织的发展主要是依赖团队的力量，而不是像以前那样主要是依靠个人。技术发展的速度已经降低了人们在工作场所相互作用的频率，从而也大大降低了一个经理可以观察员工履行责任的能力。所以，有必要进行绩效管理研究，以了解工作发生的背景和社会关系性质的变化。

分析以上学者的看法可知，他们对于绩效管理的作用有着比较充分的认识，这是可以肯定的一个方面。但是从另一个方面看，他们对于绩效管理作用的认识又不够系统和全面。

为了全面认识绩效管理对企业发展的作用，需要从六个方面进行分析，或者也可以把绩效管理的这六个方面作用称为绩效管理促进企业发展的六个功能，而这六个功能所涉及的对象分别是企业员工个人、员工团队组织、企业组织自身、企业战略目标、企业组织竞争力及企业文化管理，具体内容如下。

（1）成熟和系统的绩效管理工作可以帮助员工实现其个人绩效目标并获得自己的绩效收益，同时还可以帮助他们实现其发展的目标并不断提升个人的能力。

（2）成熟和系统的绩效管理工作可以帮助不同员工组成的不同团队实现其团队的绩效目标和发展目标，绩效目标的实现可以帮助团队成员集体增加收益，发展目标的实现可以帮助团队成员集体提升能力，并可以不断提高他们在企业组织当中的地位。

（3）成熟和系统的绩效管理工作可以帮助企业的日常管理工作有序地运行，把企业各个门类的管理工作整合到一个平台之中，组合到一个框架体系之内，从而达到企业全过程管理、全员管理、系统管理、全面管理的目标。

（4）成熟和系统的绩效管理工作可以帮助企业实现阶段性的战略发展目标，有效地协助企业战略管理工作的顺利推进。

（5）成熟和系统的绩效管理工作可以帮助企业不断提高其组织竞争的优势。

（6）成熟和系统的绩效管理工作可以帮助企业文化实现落地的任务，并确保企业文化的柔性指导力量得到全面的发挥。

2.2.1　绩效管理可以帮助员工个人实现绩效目标和发展目标

　　根据以上西方学者和中国企业界的经验可知,企业绩效管理的最终目标虽然是实现企业战略性发展的任务,但是绩效管理工作的出发点却是要帮助企业员工实现个人绩效目标,并在这个过程中培养和提高企业员工的个人能力。至于组织目标和战略目标,则是在员工个人绩效目标实现的基础上自然会实现的事情。在这个前提下,绩效管理工作的重点就不是管理员工、命令员工和控制员工,而应该是帮助员工、引导员工和培训员工,努力为员工创造更好的工作环境。

　　如果一个企业的绩效管理体系是完善的,那么它就一定会有一个绩效协商与计划制订的过程,在这个过程中,企业要通过双向协商的方式让员工全面参与自己绩效计划的制订。这样一来,企业员工一方面会更加深入地理解自己绩效计划的由来和绩效指标的功能,另一方面也能够基于自己的能力去判断和选择完成任务的路径和方法,此外,还可以就此推断自己完成绩效任务以后可能获得的收益。有了这样一个过程,员工实现个人的绩效目标就有了充分的保证。此外,在双向协商的过程中,主管会明确地告诉员工完成此类任务所需要的能力,而员工也会十分清楚地知道自己是否已经具备了这样的能力和尚且需要学习什么样的能力。在计划制订的过程中,主管会根据双方协商的结果把员工的能力培养与工作开展进行有机的对接,然后再设计员工的绩效任务和绩效方案。如此一来,员工完成绩效计划的过程,同时也就变成了自我能力培养和自我水平提高的过程。这样,绩效管理不仅可以帮助员工实现绩效计划,而且还可以帮助他们实现发展的目标。

2.2.2　绩效管理可以帮助不同类型的团队组织实现绩效目标和成长目标

　　这里所说的团队其规模可大可小,如果一个团队规模比较大时,它就有可能变成企业的一个部门或一个分公司或子公司,而如果这个团队的规模小到只有三五个人时,绩效管理一样可以发挥其促进团队绩效发展的作用。

　　绩效管理帮助团队组织发展绩效能力,实现绩效目标的逻辑在于它可以影响三个方面的力量,这三个方面的力量分别来自于团队组织、团队领导者及团队成员。

　　其中,对于团队组织自身来说,绩效管理是增强团队执行力的一套方法,它可以将个人业绩、个人发展与团队目标、团队绩效有机结合，从而借助持续改善个人业绩来持续改善团队业绩，并在此基础上确保团队战略的执行和业务目标的实现。其着眼点最妙之处在于前面所论述的第一个方面的作用，即它的工作重点是持续改善个人的业绩，强调改善个人业绩，支持改善个人业绩，帮助改善个人业绩，而不是直接倡导发展团队业绩，结果是个人业绩实现了，团队业绩也就实现了。这是一种自然而然的安排，易为员工所接受，非常现实也非常有效。此外，在具体的绩效计划和绩效指标设计上，还要把团队协同和配合的思想融入其中，这主要体现在集体收益与个人收益的对等，以及集体计划与个人计划的对接上。这又是一个可以轻易为员工所接受的发展逻辑，那就是团队发展了个人就受益，个人努力了团队就能发展，为了个人的利益一定要促进团队的发展，为了团队的发展就必须保护个人的利益。

对于团队领导以及各级管理者来说，成熟和有效的绩效管理工作可以带给他们的是工作上的轻松和时间上的宽松。之所以这样说，是因为绩效管理工作能够帮助他们规范管理思路，提高管理水平，减轻管理压力，通过建立自上而下、层层分解的目标体系，可以省却他们原本要承担的诸多烦琐任务，使他们可以有更多的精力去考虑战略执行方面的设计，可以考虑管理创新方面的尝试，可以有更多的时间整合信息资源并建立广泛的外部关系。这对于团队绩效的可持续发展以及团队能力的长足进步都是非常有益的事情。

对于团队成员来说，绩效管理工作可以通过绩效协商与目标设定、绩效实施与绩效咨询、绩效辅导与绩效沟通、绩效评价与绩效反馈等方式帮助员工持续改善个人业绩，使每名员工都能明确自己的工作重点、工作目标和工作方向，让每名员工都可以用最有效的方式、尽最大努力来做"正确的事情"，从而确保员工的工作行为以及工作产出可以与组织的目标一致。在这个过程中，通过实施员工改善计划还可以提升员工的个人能力，从而帮助员工实现个人职业生涯的发展，并获得最大化的个人收益。这种工作状态和工作模式，团队成员当然是乐于接受的。

经过以上三个方面的分析可知，团队组织、团队领导及团队成员三个方面的正向力量在绩效管理工作的协同下可以汇合到一起，有了这样强大的合力作为保证，当然可以实现团队发展的绩效目标，并不断培养团队继续成长的力量。

2.2.3　绩效管理可以帮助企业组织有序且高效地运转

绩效管理可以帮助企业组织有序且高效地运转的原因在于一正一反两个方面。

首先，从正向的角度看，绩效管理不是针对某一个单一部门的管理方法，而是针对企业所有部门及全体人员的管理活动，也就是说，只要开展绩效管理工作的企业希望绩效管理工作能够真正发挥作用，那就必须把它当作一个系统去看待，就必须联动所有的部门进行设计。虽然各个部门的绩效计划和绩效指标可能是不一样的，但是在绩效管理工作开展的过程中所坚持的要求、原则和指导思想却不应该有任何的差别。这样，在绩效管理工作的推动下，企业所有的部门都能够形成统一的工作思想，形成共同服务于企业战略目标的工作节奏，就可以共同促进企业组织有序且高效地运转。

其次，从反向的角度看，绩效管理是企业众多管理类别中的一个，而且不是独立的一个，它融于人力资源管理工作，联动企业的战略管理中，并且需要借助企业管理的其他基础性管理工作体系方可发挥作用。如果企业的基础管理体系不健全、决策与执行脱节、岗位与部门职责混乱、制度建设没有章法、薪酬体系随意设计、财务运行机制不规范、组织权力分配不合理，则绩效管理体系就不可能正常地运行，也不可能高效地发挥作用。不能发挥作用的绩效管理不是企业所想要的结果，想要绩效管理能够高效地发挥作用就必须解决以上所列出的各种问题，而解决了以上所列问题以后，企业管理会变得健康有活力，企业组织也就可以实现有序且高效地运转。

正向是动力，反向是压力，一个有追求的企业如果既有动力又有压力，那它就能做好一切事情。

2.2.4　绩效管理工作是企业战略得以实现的基础

如果用一句话来描述企业战略管理工作与企业绩效管理工作的关系，那就是：战略管理工作是自上而下的绩效管理，绩效管理工作是自下而上的战略管理。

一个企业在一个时期之内的战略管理的工作过程，就是推进这个企业在这个阶段追求其总体性目标的过程。如果要实现这个过程当中的总体性目标，就必须将之向下进行分解，从集团总部分解到分公司或是子公司，再由分公司或是子公司分解到职能部门，然后再由职能部门分解到具体的工作团队或是不同的岗位，最后要分解到具体的人员身上，而且是要分解到每一个人员的身上。

也就是说，战略管理的大目标仅仅是一个方向性的指导，要实现这样的大目标就必须建立多层级细化的精准的目标体系。

经过层层分解以后，这个目标体系便可以形成，当这个目标体系形成以后，对接它的实现过程的就是绩效管理的过程。绩效管理的工作目标就是要通过全员的参与来实现这样一个由战略目标分解以后的目标体系。

这种双向对接的工作是全方位的，其中第一步工作就是绩效管理过程中的绩效计划，绩效计划的依据就是前面所说的这种目标体系。如果没有这样的一个目标体系，那么绩效管理就会变成无源之水，沦落为仅仅是绩效考核的手段。而没有绩效管理体系，只有绩效考核手段的绩效管理一般都不会取得成功。

除了是绩效计划的依据以外，企业的战略目标体系还是绩效管理各项工作开展的主线。绩效计划、绩效实施、绩效沟通、绩效辅导、绩效考评、绩效反馈、绩效反思等各个方面的工作都以最终实现企业的战略目标为任务，也都以实现企业的战略目标为工作导向。

同时，如果绩效管理各项工作顺利推进，绩效管理的各层次目标依次实现，则最终会成就和实现企业的战略发展，正如常言"水涨船高"，水涨得越高船也就会浮得越高。相反，如果缺少高效的绩效管理体系设计和运行，战略管理的目标必然就会落空。

这就是"战略管理工作是自上而下的绩效管理，绩效管理工作是自下而上的战略管理"的分析逻辑。

事实上，企业战略管理工作的有效开展一方面离不开绩效管理工作的强力支持；另一方面也需要企业文化的强力支撑。绩效管理与企业文化是企业战略管理的战略实施的重要手段，是一硬一软两种主要方法，是实现企业战略目标的重要保证。

其中，绩效管理为战略管理提供的是物质保证，是基础性的条件，它可以推动员工努力工作，为了职业工作，然后为了自己。

企业文化管理为战略管理提供的是精神保证，是辅助性的手段，它可以推动员工主动性地工作，创新性地工作，为了自己，然后为了事业而工作。

当然，如果运用得好，企业文化管理有可能会产生比绩效管理手段更强大的激励员工努力进行工作的动力，关于这一点前面已经做过分析。

总之，绩效管理与企业文化一样，它们都是企业战略管理工作得以有效开展的基础。如果绩效管理与企业文化这两种方法同时使用，就可以确保企业各种战略目标的实现。而如果两种方法都没有采用，或是使用不当，这样的企业则很难成长，也更难持续性地获得战略性的成功。

关于绩效管理与企业战略管理之间的具体关系，后面会以表格的形式继续分析。

2.2.5　绩效管理是企业竞争优势的来源和保证

前面有多位学者强调了绩效管理的一个作用，那就是它可以确保企业获得组织竞争优势，并且能够帮助企业保持这个优势竞争力。

如果要分析这一点的内在逻辑，可以先看一下企业的竞争优势或是核心竞争力都有哪些，然后再看支撑这些核心竞争力存在的基础是什么，以及这个基础的理论支撑是哪一个。

企业核心竞争力的第一大类型或是第一大来源应该是企业的研究与开发能力。世界范围内最有影响力的企业，大多数是借助企业的研究开发能力来形成自己企业的核心竞争力，并成为各个行业无人可敌的领军企业，美国的波音公司，中国的华为公司都是这样的企业。这样的企业表面上看因有着极其强大的技术研发力量而制胜，而实际上真正制胜的要点却在于非常微观的两个方面：第一个方面是开发革新产品的基础研究能力，第二个方面是新产品的开发与推广速度。

任何一个企业在其发展的过程中都应该具备六种基础性的资源，即人力资源、物力资源、资金资本、信息资源、关系资源和管理资源。而在这六种资源当中，管理资源是极其特殊也是非常重要的一类资源，所有的企业都可以借助它形成企业的核心能力。之所以这样说的原因在于，通过管理资源打造企业核心能力的形成过程其实就是企业加强经营管理活动的过程，它所发挥作用的途径就是企业企业正常开展的经营管理活动。所以说，这种类型的企业核心能力，是一种常态化了的内在能力，是所有类别核心能力当中最为稳定的一个类型，也是所有企业都可以选择的一个为了核心能力而努力的方向。美国的 GE 公司（General Electric Company）和中国的海尔集团，都是这样的企业。

虽然说企业的核心能力是一个企业的主要能力或关键能力，但它却并不是高深莫测、复杂而不可捉摸的能力。对于生产型的企业而言，它们核心能力的生成就在于它们专业化的生产，生产的效率性、创造工艺的持续性向上能力再加上韧性和敏捷的反应速度就足以帮助它们的企业生成核心能力，并基于此而拥有核心竞争力，德国的企业在这个方面表现得尤其突出。

核心能力的集中表现之一就是企业打造了强势品牌，有了强势品牌的企业一般都会在市场上占据竞争优势。

在本书访谈的美国杰出企业家当中，Campos 公司的前首席执行官伊冯女士甚至认为品牌管理是唯一可以形成企业核心能力的路径，而且她和她的公司对于什么是品牌也有一个非常具体的和非常有趣的理解，"你的品牌就是引导你的公司如何去想，去做，以及如何去交流的纪律"，通过 Campos 公司的品牌管理方案，"我们可以从内部挖掘你的品牌的每一个维度，如果你的品牌是为了真实地反映你的组织认为自己是谁，那么就应该从这里开始。然后，我们深入地挖掘你的客户和潜在客户的需求，并在你的市场为他们提供展示自己的机会。"

按照伊冯女士的理解，强势品牌的形成需要众多因素的共同促进，而其中很重要的一点就包括强势的营销。她的这个思想是完全正确的。事实上，一个具有品牌优势的企业无论其具有多么强大的生产能力，具有多么强大的研发能力，具有多么强大的物流配送能力，但最终品牌强势的形成还是要借助强势的营销来完成。过去所说的那种"酒香不怕巷子深"的道理，已经不是一个具有普遍意义的道理。如此，强势营销加品牌管理也可以形成企业的核心能力，这方面的代表有美国的宝洁公司和中国的联想集团。

销售和流通是企业的最基础功能，在过去，虽然也有众多的企业十分重视这两个方面的工作，但是却少有企业把它们当作核心能力去培养。可是互联网的出现，平台公司的大量崛起改变了这个事实。也就是说，在现代社会里，销售和流通的能力也可以成为企业核心能力的源泉，它们也可以造就大量的非常具有竞争力的企业，当下众多热门公司，如阿里、顺丰、京东商城、美团等的成功已经证明了这一点。销售量迅猛增加、快速有效的物流支持加上为顾客服务的品质和效率性可以共同生成这一类型企业的核心能力。

以上列出的五种核心竞争力虽然只是企业核心竞争力众多类型中的一部分，但却是最重要的也是最常见的那一部分。整理这些核心能力所强调的重点工作，第一个是技术人员研发产品的能力和研究创新的速度；第二个是成熟和高效率的基础性企业经营管理活动；第三个是生产的效率性、创造工艺的持续性向上能力再加上韧性和敏捷的反应速度；第四个是强势的营销和大面积的市场推广；第五个是销售量迅猛增加、快速有效的物流支持加上为顾客服务的品质和效率性。分析这五个方面核心能力的重点工作可以看到一幅强化了的绩效管理的工作场面，即人人奋力工作，组织迅速发展，核心能力形成，人人从中获益。

事实上，能够支撑这五个核心竞争力持续存在的因素有很多，诸如环境因素、领导者的因素、企业文化的因素等，但在这些因素当中与企业员工关系最为密切的还属绩效管理的因素，正如前面分析的那样，它是企业组织一切工作得以有序且高效开展的基础。在这个因素当中，个人对利益的追求是关键，因为个人利益的不断获取最终实现了组织绩效发展的任务，从而培养了企业的核心竞争力。关于这一点可以参考姜太公在几千年前说过的一句话，"缗微饵明，小鱼食之；缗调饵香，中鱼食之；缗隆饵丰，大鱼食之。夫鱼食其饵，乃牵于缗；人食其禄，乃服于君。故以饵取鱼，鱼可杀；以禄取人，人可竭"。这句话说的就是"香饵之下必有悬鱼，重赏之下必有勇夫"的道理。借助这个道理可知，在企业管理过程中，企业发展的战略若要成功，则企业必须予员工以利，且要图思予之以大利。可得小利者，人出小力；可得大利者，人出大力；无利可图时，则人不奋力。这是一个极其浅显但也非常管用的道理，它同时也是一个企业能够成功开展绩效管理工作的基础，也是各种核心竞争力可以培育的前提。此外，在这项工作过程中还必须坚守一个原则，那就是针对赏罚也就是绩效奖励和绩效激励的重要原则，即"信赏罚必"。关于这一点还是可以参考姜太公的一句话，即"凡用赏者贵信，用罚者贵必。赏信罚必于耳目之所闻见，则所不闻见者莫不阴化矣。夫诚，畅于天地，通于神明，而况于人乎！"

说到底，绩效管理是一种基于利益为导向的管理方法，它所解决的是基于人性出发的管理之道。关于人性，如果用两个字来概括它的最大特点，那就是"需求"；如果用四个字来概括它的最大特点，那就是趋利避害；针对人性趋利避害的需要，绩效管理应该坚持"明罚于前，重奖于后"的原则，以善用人性趋利避害这一需求。关于奖与重奖的观点，前面姜太公以钓鱼说作喻已经进行了解读，其作用是十分巨大的。无论现代管理演化出多少理念，发明了多少方法，如果背离了人性的基本需求，就不可能解决实际的管理问题。关于这一点，姜太公在几千年前已经看得非常清楚，想得非常明白，而且运用得也非常得心应手。

现代企业家如果被众多的管理理论所困扰，"乱花渐欲迷人眼"，那就只能在企业管理的表面上下功夫；而如果企业管理忽视了基于人性需求出发的绩效管理工作的话，那么很多的管理工作就不能深入下去，最终"浅草只能没马蹄"。这样的企业家就无法带领自己的企业"一马当先"和"万马奔腾"地去发展，不能实现企业战略的"马不停蹄"与核心能力培养的"马到成功"了。

2.2.6　绩效管理是企业文化管理工作得以顺利开展的强力支撑

关于这一点，前面已经做过分析，而且后文还将做进一步的研究。

2.3　组织绩效的内容

组织绩效的内容与绩效管理的过程是两个不同的概念，其中组织绩效是绩效管理所要追求和呈现的结果，而绩效管理则是组织绩效可以实现的手段和路径。

2.3.1　西方学者对于组织绩效的研究

西方学者在组织绩效方面的研究偏重于解读组织绩效的内容与分类，至于组织绩效其他方面的事项则涉猎不多。

以下是几个比较具有代表性的观点。

（1）前面已经提到过的 O'Reilly 等（1991）认为，一个企业的组织绩效表现为四个方面，即财务表现（成长率）、公司声望、股票分析师的推荐、员工的态度。

（2）前面提到的几个学者，如 Prajogo 和 Mcdermott（2011）认为，组织绩效的内容包括四个方面，它们分别是产品质量、产品的创新、过程质量和工艺创新。其中产品质量包括产品的性能、产品的规格和产品的可靠性。产品的创新包括"傻瓜式"（预防为主）的流程、规范化和文件化的指令以及使用统计技术。过程质量包括创新的水平、新产品开发的速度、新产品推出的数量和早期的市场进入者的数量。工艺创新包括技术竞争力、对新技术的采用速度、新技术采用时效或新颖程度和技术变革的速度。

（3）Cheung 等（2012）认为，组织绩效的评价指标应该包括财务指标、内部业务流程、顾客与创新和学习四个方面。

2.3.2　组织绩效的内容

分析以上西方学者的观点，可以看出组织绩效内容应该包括的不同重点，这些重点内容因为不同学者考虑的视角不同而有了不同的界定。这除了说明学者们的研究视角不同以外，还反映了两个问题：第一，不同行业与不同类别的企业组织会有不同的绩效要求；第二，即使是在同一个企业，也会因为企业不同阶段的发展要求而展现出对不同绩效内容的追求。

再者，经过分析发现，以上学者习惯于将组织绩效的内容分为四个方面，这其实没有什么特别的规定性，只是一种研究的传统而已。其中，O'Reilly 等（1991）所认定的组织绩效四个方面的内容分别是财务表现（公司的成长率）、公司声望、股票分析师的推荐和员工的态度。这种对于组织绩效内容的分类无疑具有一定的代表性。

首先看财务表现，即公司的成长率，这是判断一个企业发展是否成功和企业管理是否进步的重要指标，如果其他一切指标的表现都非常良好，而唯独财务表现很差的话，那么无论是企业管理还是企业经营以及企业战略都不能算作成功。当然，财务表现往往既是最终的绩效表现形式，又是其他管理工作效果的集中展现。如果其他方面的工作做得很好，其他方面的绩效指标表现很好的话，财务表现这个绩效指标也应该完成得很好，它们在正常情况下是正相关的关系。当然，也不排除存在不正常情况的可能。

财务表现或公司成长率是任何一个企业都不能忽视的组织绩效的内容，但它绝对不是判断一个企业组织绩效优劣的唯一标准，有的企业在组织绩效评价时只看重财务指标，而忽视其他类型指标的存在，这样的做法是错误的，坚持这种做法的企业其绩效管理的工作也难以获得成功。

其次看公司的声望，公司声望作为组织绩效的内容之一，是全面反映企业经营和管理状态的一个综合性指标，它的形成必须进行向下分解，也就是说公司声望作为一个公司的绩效表现是需要由多个方面的细化指标支撑才能完成的。至于到底应该用哪些细分的指标去支撑公司的声望表现，这要视不同的公司以及公司所在行业的特点及要求的差别而定，不能一概而论。

公司声望是组织绩效内容的一个集中表现，它的好与坏可以直接反映一个企业绩效管理工作的成与败。

再次看股票分析师的推荐，很显然它不是一个普适性的指标，对于那些没有股票或者没有上市打算的企业而言，这一指标是没有用的。此外，股票分析师的推荐也不是组织绩效的一个直接表现，它是企业经营管理过程中结果导向的一个间接反映。当然，这个反映能否客观也需要企业自身和投资者进行审慎地判断。

最后看员工的态度，很明显地，它应该成为又一个重要的衡量指标。事实上，所有的绩效管理工作都是以员工的绩效表现和绩效态度为出发点进行设计的。这又包括了两个方面：一个方面是员工在绩效管理过程中的态度，这是决定绩效产出的重要变量，也是考察员工表现的一个重要因素，针对的主体就是员工自身；另一个方面是员工在组织绩效完成以后的态度，它是反映组织绩效分配是否成功的一个重要指标，也是反映企业整体绩效管理工作水平的一个重要标志，它所针对的主体就是企业组织。

前面所提到的 Prajogo 和 Mcdermott（2011）认定的四个方面的组织绩效内容分别是产品质量、产品的创新、过程质量和工艺创新。这是一种与前述学者完全不同的界定方式，它的出发点是基于企业内部过程管理的考虑，同时又强调了质量和创新两个方面的指标。此外，他们还为组织绩效内容的四个方面分别设计了二级指标，以便于在实际的绩效管理过程中更宜于操作。

其中产品质量这个一级指标之下所包括的二级指标有产品的性能、产品的规格和产品的可靠性等。这完全是从产品管理的角度出发进行的思考，同时，这种思考过程中所强调的产品也可以换成是服务，也就是说，这种二级指标的设计不仅可以用于生产型企业，而且还可以用于服务型企业。下面的其他三个一级指标以及其所下辖的二级指标也具有同样的特点。

产品创新这个一级指标下面包括的二级指标分别是"傻瓜式"（预防为主）流程、规范化和文件化的指令和使用统计技术等。

过程质量这个一级指标下面包括的二级指标分别是创新的水平、新产品开发速度、新产品推出的数量和早期市场进入者的数量等。

工艺创新这个一级指标下面包括的二级指标分别是技术竞争力、对新技术的采用速度、新技术采用时效或新颖程度及技术变革的速度等。

再看一下 Cheung 等（2012）所认定的四个组织绩效的内容，它们分别是财务指标、内部业务流程、顾客与创新和学习四个方面。

其中财务指标等于前面 O'Reilly 等（1991）所认定的财务表现或是公司成

长率。

内部业务流程相当于企业的绩效管理过程。

顾客与创新实际上是两个方面的因素，只不过因为两者的依存关系，即创新是为了更好地服务顾客，顾客的需要就是创新的导向而将两者关联在了一起。

有组织的学习不仅仅是一种绩效表现，而且是持续绩效创造的最为强大的动力，同时，它也是企业组织的资源和员工的福利。

以上是分析和延伸的西方学者对组织绩效内容的认识，事实上组织绩效的构成远不止这么多，它的内容十分丰富，而且涉及的领域极其广泛，具体到一个特定的企业时，如何选择判断组织绩效的内容需要具体企业具体分析。通常情况下，行业与区域特点是一个重要的考虑，企业的发展战略走向与追求是另一个因素，企业发展的历史与传统、企业的资源占有与配置、企业的核心能力与特点等也是需要考虑的重要指标。

此外，企业战略目标体系当中的众多内容也可以作为组织绩效的参考指标。当然，企业战略的目标体系较为复杂，它又包括了成长性指标、效益性指标、资源性指标、创新性指标和社会性指标五个大类，并于每个大类当中，还下设着诸多细分内容。其中，成长性指标有企业的销售额、市场占有率、销售增速、市场增长率、企业的利润水平、利润增速、资产总额、资产增速、产品规模等。效益性指标有投资收益率、销售利润率、存货比率、应收账款周转率、劳动生产率、产品合格率、投入产出率等。资源性指标有资本结构、现金流量、流动资金、应收账款回收期、员工素质提高程度、员工专业技术水平提升程度、员工培训数量和频度、员工流动频率和缺勤率、战略性资源占有情况、客户满意度、客户投诉率等。创新性指标有企业产品创新、技术创新、管理创新的数量及水平、企业技术改造、设备升级的相关目标、企业创新性项目的实施情况、企业研发的广度和深度、企业知识管理的目标等。社会性指标有环保情况、参与公益事业情况、公众美誉度、社会知名度等。

虽然可以被企业采用的组织绩效内容及其指标有成百上千个，而具体到特定企业的时候却绝对不需要那么多，对此一定要做到具体企业具体选择。

2.4　企业绩效管理的过程

关于绩效管理过程的研究，可谓是仁者见仁，智者见智，说法不一。其中比较为大家所普遍认可的就是戴明环，它把企业的绩效管理过程分成四个环节，这四个环节分别是绩效计划、绩效实施、绩效考核和绩效反馈。首先必须承认，这四个环节确实是绩效管理过程中的重要工作环节，是不可或缺的。但是，如果从更加细致的要求出发看待，这四个环节的设计还是不够全面的，它们还没有把绩效管理的所有细节纳入其中。

下面先梳理一下西方学者在这个问题上的看法，然后再做进一步的整理。

2.4.1　西方学者对于绩效管理内容的研究

（1）Aguinis（2009）概述了一个企业进行绩效管理的六个目标，这六个目标分别是战略、管理、沟通、发展、组织维护和文档管理。在适应团队绩效的背景下，战略的作用是连接跨层次的目标，沟通可以为每个人提供与他们的绩效水平相关的信息，发展提供的是绩效反馈和绩效教练，这三个方面是绩效管理系统最主要的工作。此外，Aguinis 还提出了一个更为广泛的对于绩效管理的理解，它包括绩效计划、绩效评估和绩效检验。

（2）Latham 等（2005）的研究认为，绩效管理应该重新专注于绩效训练和绩效目标设定。

（3）前面提到的 Jamie 和 Alan 提出了一个可以让员工全面参与的绩效管理过程模型，这个模型由五个环节构成，它们分别是绩效协议一致、员工参与的绩效促进和实施、员工参与的绩效考核和反馈、员工全面参与和绩效改进。

第一个环节包括两个方面的工作，即目标设计和心理契约。其中特别强调目标设计过程当中的员工参与谈判，它可以让员工在充分理解组织绩效目标的基础上，然后通过沟通设计个人的绩效目标，并让个人目标与组织目标保持一致。

第二个环节即员工参与的促进和实施阶段，其重点是确定和提供员工参与所需要的资源，如前面所指出的那样，这里涉及的资源将支持员工有意义的体验、安全性和可用性。这个阶段的主要活动包括：员工可以全面参与的工作设计，这个过程要充分考虑任务特点和员工的特色；针对员工开展的全过程的绩效辅导，这种辅导可以帮助员工规划自己的工作，突出潜在的困难，此外还会为员工提供建议和情感上的支持，有助于促进他们的全面参与；为员工实现绩效所提供的包括资源在内的绩效支持；在员工参与方面发挥重要作用的绩效领导，领导者不仅可以为员工提供社会支持，还可以通过提供具有挑战性的作业和经验，提供一些控制、自主性、绩效反馈，并允许参与决策；对员工展开关于技能和个人职业规划的培训；等等。

第三个环节，员工参与的绩效考核与反馈是绩效管理的一个关键组成部分，事实上，它是这个过程的基石。在员工参与的背景下，这一过程除了工作绩效以外，还应该包括员工的参与行为评估，如持久性、主动性、扩张作用和适应性等。虽然这一阶段的主要活动是绩效评估和反馈，然而，为了加强参与，信任和公正的看法是特别重要的。

第四个环节和第五个环节之间的逻辑关系是，工作投入对员工绩效影响深远。工作投入所固有的能量和精力让员工充分发挥其潜力。这种精力集中提高了他们的核心工作职责的质量，使他们有能力和动力集中在手头的任务上。

Jamie 和 Alan 研究得出的结论是，现代企业的发展往往难以让上司管理下级的绩效。在这样的环境中，管理者管理绩效发生的环境可能比管理绩效本身更加有效，培育一个员工作为参与发展的驱动性因素的环境可以大幅度地提高绩效。他们的模型和更传统的绩效管理模型的主要区别的重点就是参与。比起那些在每个阶段所产生的更传统的方法来说，专注于参与会产生一个不同的管理方向。例如，参与协议的制订会让员工有其明确的目标，而且这个目标是符合员工的利益、价值观的，并且能够与组织的目标达成一致。参与促进重构了管理者作为教练的角色，管理者的目标是设计任务，提供支持和资源，以确保员工有能力并愿意深入他们的工作中去。员工参与绩效评估和反馈不仅是评估员工绩效的机会，也是员工在工作中表现出参与行为的程度（如持续性、主动性、角色扩展和适应性）以及对员工发展协议的审查。

应该认识到，员工参与是绩效管理过程中的一个重要转变，这就要求监督者和管理者都要接受有关员工参与方面的培训。沿着这些路线，他们将需要了解员工的参与感和看起来一样，以及如何发展和促进它，如何评估它，如何将它考虑在绩效评估和反馈的过程中。作为一个起点，他们应该被教导员工参与以提高工作绩效的重要性，他们要学会为员工提供支持和资源，以确保他们可以充分地参与到他们的工作和组织中去。

（4）Brown 和 Warren（2011）梳理了绩效考核和绩效目标设计的文献，他们认为，绩效考核是人力资源管理的一个重要功能。它的核心目的与薪酬、晋升，甚至裁员的管理职能相关，与员工的激励和发展相关。而绩效目标的设计被认为是最实用和有效地激励全体员工的技术之一。支持这一理论的证据是令人印象深刻的 1 000 多个研究。

（5）Spence 和 Keeping（2011）认为，从理论上讲，绩效考核适用于绩效管理的更大领域，因此，也应注重绩效改进。虽然绩效考核的目标包括绩效改进，但在实践中往往不是这样的情况，绩效考核的内容涉及多个目标和动机。

（6）Rosen 等（2011）研究了团队管理适应性的绩效，并提出了团队绩效管理的原则和行为测量标准，具体包括：捕捉团队绩效自下而上的变化；捕捉影响团队绩效的策略自上而下的变化；捕捉团队改变需求的认识；捕捉团队的自我评价能力；用一个充满活力的方式捕捉团队成员的思想和感觉；捕捉团队长期适应性的一个轮廓。

2.4.2　对西方学者绩效管理过程研究的评述与思考

以上六个方面的学者观点，虽然只是西方学者对绩效管理过程研究中的一个很小的部分，但是从中却可以梳理出现代企业绩效管理过程当中应该包含的主要工作环节。

（1）全面梳理 Aguinis 的研究，可以发现绩效管理过程能够包括的工作环节有绩效计划与绩效目标的设定、绩效管理、绩效沟通、绩效教练、绩效发展、绩效维护、绩效评估、绩效检验和绩效信息的记录与存档九个方面。

（2）分析 Latham 等的研究可知，他们事实上认为绩效训练和绩效目标设定应该是绩效管理工作的重点，以前的企业绩效管理工作是这样做的，现代的企业绩效管理工作偏离了这个方向，所以应该回归到正确的道路上。绩效目标的设定前面已经分析到，而绩效训练是新提出的内容，把它与前述 Aguinis 提出的九个方面工作合并到一起，则绩效管理过程所包括的工作环节就应该是十个方面。

（3）如果从表面上分析 Jamie 和 Alan 所提出的可以让员工全面参与的绩效管理过程模型的话，可以梳理出绩效管理过程的五个工作环节，它们分别是绩效协议一致、绩效促进与绩效实施、绩效考核、绩效反馈及绩效改进。其中，绩效协议一致就相当于绩效计划和绩效目标的设定，但不同之处在于，这个绩效计划和绩效目标的设定可以让员工全面参与并全程参与。这里所说的绩效促进和实施与一般意义上所说的也不同，它的特点在于前面加上了一个前提，那就是员工全面参与的绩效促进和实施。同理，这里所说的绩效考核也是员工全面参与的绩效考核，这里所说的绩效反馈也是员工全面参与的绩效反馈，这里所说的绩效改进也是员工全面参与的绩效改进。员工的全面参与既是这个模型的特点，也是这里所设计的五个绩效管理工作环节的要求。

如果继续深入研究这五个工作环节的更加深入的工作安排，还可以发现另外一些关于绩效管理工作不能忽略的工作细节。在第一个环节里，它的主要工作是目标设计和心理契约两个方面，在这里除了强调员工参与的意义和作用以外没有可以再行提炼的工作内容。第二个环节即员工参与的绩效促进和实施阶段，重点是确定和提供员工参与所需要的资源。这里除了强调员工参与设计以外，还提到了三种绩效管理的工作内容，第一是绩效辅导，他们认为这种辅导可以帮助员工规划自己的工作，突出潜在的困难；第二是绩效支持，即为了帮助员工实现个人绩效，企业组织必须要提供包括资源在内的各种绩效支持；第三是绩效领导，并认为领导者不仅可以为员工提供社会支持，也可以通过提供具有挑战性的作业和经验去培养员工。在第三个环节员工参与的绩效考核与反馈部分，除了认为它是绩效管理的一个关键组成部分以外，还提到了绩效评估这个工作环节，只不过这里所说的绩效评估主要是针对员工的行为进行的评估,评估的内容包括员工工作的持久性、主动性、扩张作用和适应性等内容。在第四个环节和第五个环节之中,并不存在可以进一步细化的工作环节。但是在最后,他们又提到了一个重要的工作内容,那就是针对绩效管理者展开的培训工作,也就是说,不仅员工需要绩效培训,管理员工绩效工作的领导也需要进行绩效培训,"他们要学会为员工提供支持和资源,以确保他们可以充分地参与到他们的工作和组织中去"。

如此总结以上研究所论,可以梳理出绩效管理过程的另一个工作环节设计系统,这个系统也同样包括十个工作环节,它们分别是绩效协议一致、绩效促进和实施、绩效考核、绩效反馈、绩效改进、绩效辅导、绩效支持、绩效领导、绩效评估和绩效培训。

(4)分析 Brown 和 Warren 的研究结论可知,他们认定了两个绩效管理的工作环节,其中一个是绩效考核,这是绩效管理的一项重要工作;另外一个是绩效目标的设计,并认为"绩效目标的设计被认为是最实用和有效的激励全体员工的技术之一"。

(5)分析 Spence 和 Keeping 的观点可知,他们强调了绩效管理的两个工作环节,其中一个是绩效考核,另外一个是绩效改进。他们认为绩效改进如果不单独成为一个工作环节的话,就不能全面发挥它的作用。

(6)分析 Rosen 等的观点可知,他们在研究过程中虽然并没有提出什么绩效管理工作环节研究的新看法,但是基于他们对团队绩效各个方面信息捕捉的思路可以提炼出一个绩效管理工作的环节,那就是绩效信息的管理与使用。

2.4.3 企业绩效管理的 "7P" 框架及其与企业战略管理程序之间的关系

通过以上分析可以得出两个绩效管理的工作设计方案,它们分别包括十个工作环节,且相互之间存在着重叠与交叉。其中,第一个体系所包括的十个方面的环节分别是绩效目标的设定、绩效管理、绩效训练、绩效沟通、绩效教练、绩效发展、绩效维护、绩效评估、绩效检验、绩效信息的记录与存档。第二个体系所包括的十个方面的环节分别是绩效协议一致、绩效促进和实施、绩效考核、绩效反馈、绩效改进、绩效辅导、绩效支持、绩效领导、绩效评估和绩效培训。

把这两个体系当中重叠的部分去除,然后做一个排列则有:绩效目标的设定、绩效训练、绩效沟通、绩效教练、绩效发展、绩效维护、绩效评估、绩效检验、绩效信息的记录与存档、绩效协议一致、绩效促进和实施、绩效考核、绩效反馈、绩效改进、绩效辅导、绩效支持、绩效领导和绩效培训。

很显然这个包括了 18 个方面环节的排列是一个随机的排列，各个工作环节之间没有任何的逻辑关系，其中有些内容还过于笼统，所以这种排列是没有价值的。而有价值的排列应该考虑两个方面的因素，一个是时间的发生顺序，另一个是各个工作环节的衔接关系。基于这两点再次进行初步排列的结果是：绩效领导、绩效目标的设定、绩效协议一致、绩效培训、绩效训练、绩效支持、绩效促进和实施、绩效沟通、绩效教练、绩效辅导、绩效发展、绩效维护、绩效信息的记录与存档、绩效考核、绩效评估、绩效检验、绩效反馈和绩效改进。

这次初步排列的结果基本上描述了一个企业绩效管理工作的全景路线，依循这一路线的指导可以确保企业绩效管理工作取得最后的成功。但是这样一个全景路线所包含的内容实在是过于丰富，过于细致，不便于理解，也不方便操作，所以还需要将之划分成几个大的阶段，以便于企业实际管理过程中的具体运用。基于这种考虑，可以把企业绩效管理的过程按照运行的逻辑顺序划分成如下七个阶段，它们分别是：绩效领导体系与管理架构的设计；绩效协商与运行方案的确定；绩效支持与绩效实施；绩效评估与绩效改进；绩效考核与绩效评价；绩效反馈与绩效申诉；绩效应用与绩效反思。因为英语当中"绩效管理"是"performance management"，开头字母是"P"，而且"阶段"这个词的英语释义是"phase"，开头字母也是"P"，所以在此把绩效管理的这七个阶段可以称作是绩效管理的"7P"框架，或者叫作"7P"绩效管理框架。

正如前面分析的那样，"7P"绩效管理框架是一个丰富的管理体系，在每一个阶段也就是每一个维度当中又包括了非常详细的工作内容。其中，第一个阶段包括绩效领导与管理体系的设计以及绩效管理总体方案的设计两个方面的内容（2 个）；第二个阶段包括绩效协商、绩效目标的确定、绩效计划的制订和绩效指标的设计四个方面的内容（4 个）；第三个阶段包括绩效支持、绩效实施、绩效沟通、绩效培训、绩效训练、绩效教练六个方面的内容（6 个）；第四个阶段包括绩效评估和绩效改进两个方面的内容（2 个）；第五个阶段包括个人绩效考核、团队组织绩效考核、企业整体绩效评价三个方面的内容（3 个）；第六个阶段包括绩效反馈、绩效讨论和绩效申诉三个方面的内容（3 个）；第七个阶段包括绩效奖罚、绩效应用、绩效反思和绩效提升四个方面的内容（4 个）。

经过上述分析可以得出的结论是，一个成熟的企业绩效管理过程应该包括 7 个维度和 24 个方面的工作细节，具体内容可以借助表 2-1 更加直观地进行了解。

表 2-1　7P 绩效管理框架及其工作细节

7P 绩效管理	P1：绩效领导体系与管理架构的设计	P1-1：绩效领导与管理体系的设计
		P1-2：绩效管理总体方案的设计
	P2：绩效协商与运行方案的确定	P2-1：绩效协商
		P2-2：绩效目标的确定
		P2-3：绩效计划的制订
		P2-4：绩效指标的设计
	P3：绩效支持与绩效实施	P3-1：绩效支持
		P3-2：绩效实施
		P3-3：绩效沟通
		P3-4：绩效培训
		P3-5：绩效训练
		P3-6：绩效教练
	P4：绩效评估与绩效改进	P4-1：绩效评估
		P4-2：绩效改进
	P5：绩效考核与绩效评价	P5-1：个人绩效考核
		P5-2：团队组织绩效考核
		P5-3：企业整体绩效评价
	P6：绩效反馈与绩效申诉	P6-1：绩效反馈
		P6-2：绩效讨论
		P6-3：绩效申诉
	P7：绩效应用与绩效反思	P7-1：绩效奖罚
		P7-2：绩效应用
		P7-3：绩效反思
		P7-4：绩效提升

　　如果把企业战略管理的流程制成另外一个表格，然后把这两个表格进行对比的话，则可以从中看出它们之间的很多密切关联。

　　在《企业一体化管理系统》一书中，笔者曾经把企业战略管理的程序也分成了七个阶段，它们分别是战略分析、战略形成、战略准备、战略实施、战略评价、战略控制和战略储备。其中，战略分析阶段包括四个工作环节，即宏观环境分析、中观环境分析、微观环境分析和三层次战略类型的选择。战略形成阶段包括四个工作环节，即构建战略目标体系、划分战略阶段、明确战略重点、构建战略措施体系。战略准备阶段包括三个工作环节，即整合六大资源

（人力资源、物力资源、资金资本、信息资源、关系资源和管理资源）、构建组织体系（战略管理领导机构、战略运行组织保障体系）、外部融合借力。战略实施阶段包括三个工作环节，即战略展开（同步绩效管理）、战略协同（同步企业文化管理）、战略推进（同步制度体系建设）。战略评价阶段包括两个工作环节，即检验战略体系和评价战略管理过程。战略控制阶段包括三个工作环节，即管控战略、及时性纠偏、战略调整。战略储备阶段包括两个工作环节，即六大资源储备与新战略预演。

　　详细内容可以通过表 2-2 进行更加直观地了解。

表 2-2　7P 战略管理框架及其工作细节

7P 战略管理	P1：战略分析	宏观环境分析
		中观环境分析
		微观环境分析
		三层次战略类型的选择
	P2：战略形成	构建战略目标体系
		划分战略阶段
		明确战略重点
		构建战略措施体系
	P3：战略准备	整合六大资源
		构建组织体系
		外部融合借力
	P4：战略实施	战略展开
		战略协同
		战略推进
	P5：战略评价	检验战略体系
		评价战略管理过程
	P6：战略控制	管控战略
		及时性纠偏
		战略调整
	P7：战略储备	六大资源储备
		新战略预演

　　下面把表 2-1 和表 2-2 进行合并，在合并的过程当中基本上不改变此 7P 与彼 7P 的对应关系，原则上也不改变各个细节之间的对应领域，尽管事实上各个 P 与各个细节之间会有交叉，对此暂不做考虑。此外，为了全面比照这两类管理活动

的关系，也暂不补充关于这两类管理的其他内容，如此可以得到表 2-3。

通过表 2-3 不仅可以看出绩效管理工作与企业战略管理工作之间的密切关系，而且还可以看出它们二者之间有机对接的各种组合。

表 2-3　7P 战略管理工作与 7P 绩效管理工作的对接

7P 战略管理与 7P 绩效管理	P1：战略分析	P1：绩效领导体系与管理架构的设计	战略领导机构与绩效管理机构
			三层次战略与绩效管理总体方案
	P2：战略形成	P2：绩效协商与运行方案的确定	战略目标是绩效协商的基础
			绩效目标是战略目标的分解
			战略措施与绩效管理程序
	P3：战略准备　P4：战略实施	P3：绩效支持与绩效实施　P4：绩效评估与绩效改进	绩效支持与物力资源准备
			绩效支持与财力资源准备
			绩效支持与信息资源准备
			绩效支持与关系资源准备
			绩效培训与人力资源准备
			绩效教练与管理资源准备
			战略展开与绩效沟通
			战略协同与绩效评估
			战略推进与绩效改进
	P5：战略评价	P5：绩效考核与绩效评价	绩效考核与检验战略体系
			绩效评价与战略评价
	P6：战略控制　P7：战略储备	P6：绩效反馈与绩效申诉　P7：绩效应用与绩效反思	绩效反馈与管控战略
			绩效申诉与及时性纠偏
			战略调整与绩效提升
			绩效反思与战略储备
			绩效反思与战略预演

2.5　如何高效地开展绩效管理的工作

前面四节分析了绩效管理的内涵，明确了绩效管理的作用，概括了组织绩效应该包括的内容和具体的指标，并梳理和设计了企业绩效管理工作开展的过程与维度，接下来我们要在这个基础上进一步分析"如何高效地开展绩效管理工作"的理念与方法，这是本书针对绩效管理进行研究的重点，也是建构"7P"绩效管理框架的目的。

从大的思路上来理解，一个企业如何高效地开展绩效管理工作可以从两个方面进行设计：第一个方面是要坚守绩效管理工作的高效原则，这可以视作绩效管理工作的理念指导；第二个方面是要立体化地建构绩效管理工作的七维程序和二十四个工作细节，这可以视作绩效管理工作开展的具体方法。

从具体工作分析的角度来看，因为不同的企业具有不同的特点，在不同的时期又会有不同的要求，所以不同的企业在绩效管理设计的细节上无法做到也不应该做到千篇一律，而应该体现也必须体现独具特色的风格。所以，特定企业在建构自己的绩效管理工作体系时，可以在绩效管理工作原则的指导下，有针对性地选用具有共性特点的绩效管理框架，去建构更加适用的绩效管理路径，并采用最具针对性的绩效管理工作措施。

2.5.1　全面坚守绩效管理工作的原则

因为绩效管理工作既具有刚性的特点，又兼有柔性的要求，具体工作开展起来既非常系统，又特别讲求细节，为此，在现实的绩效管理工作过程中一个企业及其领导者必须坚持下述五个方面的原则，以此来作为高效开展绩效管理工作的保证。

1. 全面参与原则

全面参与原则是绩效管理工作应该坚持的第一原则，也是最为重要的一个原则，它既是现代企业绩效管理工作应该具备的特点，也是一个企业绩效管理体系是否成熟的重要判断指标。

对于全面参与可以从两个方面进行理解，第一个方面是企业全体员工的积极参与，第二个方面是企业各级领导和各种高水平人才的必须参与。对比而言，后者是容易做到的，它只是需要最高领导者的一点决心而已；而前者比较难以做到，因为它除了需要领导者的决心以外，更多地还是要考验这个企业领导者与管理者的智慧。对此可以按照先易后难的顺序分析如下。

首先，绩效管理工作一经开展就会成为企业最为基础性的工作，与这项工作关系密切的是所有人员都会关心的利益分配问题。也就是说，任何一个企业只要运行了绩效管理体系，则无论是企业的最高层领导，还是企业的最普通员工，他们的工资、奖金、补贴和其他各种收入就都要与企业的绩效管理工作，尤其是绩效考核与评价工作联系在一起。正是因为这项工作涉及企业全体人员的经济利益，所以它备受企业员工的瞩目。因为全体员工都非常关注，所以就必须保持这项工作的客观、公正和有效。而为了客观、公正和有效地开展这项工作，就必须要求全员参与，全程管理，全员联动，全员受评。基于这一点，可以把全面参与的原则理解为一视同仁的原则，这要求在绩效管理的过程中，绝对不能因为他是高层领导就不需要考核，也不能因为他是普通员工就不需要沟通，更不能因为他是特殊人才就不需要遵守绩效约定，任何人即便有特殊关系也不能置身于绩效管理体系之外。

其次，再看全面参与的第二个方面，即企业全员的积极参与，它是确保绩效管理工作有效开展和高效运行的重要前提。对此，Pulakos（2009）以为，在设计组织目标时，一定要考虑员工个人发展的需要，为了满足员工个人发展的需要就必须让员工全面参与，就必须充分考虑员工的特点、需求、爱好、目标和他们的渴望，并把这些与个人的绩效目标有机地结合在一起。如果缺少了员工的积极参与，那么企业组织将无从了解员工们的特点、需求、爱好、目标和他们的渴望，也就很难把他们的个人绩效目标有机地融入组织绩效目标体系当中，这样一来，员工的绩效目标实现会非常困难，而组织绩效目标的实现也会变得极其不容易。

在 Jamie 和 Alan 的研究结论当中，有这样一句话可以成为所有企业进行绩效管理时应该遵守的最高指导思想，它恰如其分地说明了全面参与原则的重要。这句话就是"现代企业的发展往往难以让上级有效管理下级的绩效。在这样的环境中，管理者管理绩效发生的环境可能比管理绩效本身更加有效，培育一个员工作为参与发展的驱动性因素的环境可以大幅度地提高绩效。"

最后，全面参与除了是绩效管理应该坚持的第一原则以外，它还是成熟的绩效管理体系可以催生的第一企业文化，反映的是"尊重每一个人"的思想。在世界知名企业威瑞森电信公司四个价值观当中有一个便是谈论"尊重"的，即"我们深信那是一个关键的思想，即尊重企业经营各个方面的每一个人员，我们重视多样性，也乐于为个性化搭建发展的平台，并愿意仔细聆听他人所言。"

有了这样一个思想作为指导，那么企业全面参与的工作就能落到实处，企业乐助员工成功，员工乐见企业成功，企业积极组织，员工全面参与，从而员工干劲十足，企业充满活力，这难道不是任何一个企业家都希望在自己的企业内看到的管理效果和发展状态吗？

2. 系统性原则

成熟的绩效管理工作是一个系统性的活动，作为系统性的活动它必须有完整的工作体系作为支撑，所以在此提出系统性的要求，并作为绩效管理工作开展的第二个重要原则。

系统性原则的内容具体体现在绩效管理工作的两个特性上，其中第一个特性是过程的"完整性"，也就是说，一个企业成熟的绩效管理工作必须包括前面所说的七个阶段的重要内容，缺一不可。很多中国企业实施绩效管理不成功的一个主要原因是对绩效管理存在着误解，形成了众多认识上的误区，这些误区的影响，致使很多企业的绩效管理失败、失效，从而让很多企业家误认为绩效管理是没用的，是无法真正推行的。在这些误解当中，最主要的就是片面地理解绩效管理工作的内容，错误地把绩效管理过程中的一个环节或是几个环节当作了绩效管理工作的全部，从而忽略了绩效管理工作的"系统性"和"完整性"。其中最大的一个误解是很多企业要么把绩效考核等同于绩效管理，要么把绩效考核当作绩效管理的唯一工作重点，而忽略了绩效管理体系当中的其他不可或缺的组成部分。这其实并不能算作是一个什么"高明"的错误，但却非常普遍地存在于中国企业的绩效管理实务当中。

体现系统性原则的第二个特性是"联动性"，它要求绩效管理的各项工作之间要环环相扣，相辅相成，彼此配合，相互协同。虽然说绩效管理工作是目标导向的管理模式，但是其中的过程管理更为重要，事实上，过程产生结果，如果没有运转正常且高效互动的工作过程，难以产生令人满意的结果。而绩效管理过程的重要性主要体现在绩效管理工作各个环节的"联动性"上，如果没有各个环节的有效衔接和各个部门的有机配合，绩效管理工作就难以取得最终的成功。例如，如果没有完善的领导管理体系，绩效管理工作的开展就无法形成统一的力量；如果没有绩效目标、绩效指标和绩效计划三位一体的绩效运行方案，则员工的工作开展就不会有清楚的路径，绩效实施的工作就不能顺利推行；如果没有绩效支持、绩效沟通、绩效辅导这些外部力量的支持，员工们的绩效表现就很难达到理想的状态，绩效考核的结果就很难令各个方面满意；如果没有中期的绩效评估与绩效改进，则最终的绩效考核与绩效评价的结果会大大偏离最初设计的目标；如果没有绩效反馈、绩效申诉和绩效应用这些环节，则绩效管理的工作就会虎头蛇尾，难以为继；等等。

通过上述分析可知，系统性原则可以概括为一句话，即"体系完整的要点就在于各个工作环节的完善，以及相互之间的促进与支持"。

3. 开放沟通原则

全面参与、有机联动的一个基础就是企业成员之间能够进行及时和充分的沟通，所以开放沟通是企业绩效管理的第三个原则，它和全面参与的原则共同代表一个企业的绩效管理工作水平。如果一个企业在绩效管理的过程当中坚持了开放沟通的原则，而且允许企业员工全面参与绩效管理的过程，那么就可以判断这个企业的绩效管理工作是高水平的，而且可以预言是一定会成功的。

在坚持开放沟通原则的同时，还要全面体现员工参与的精神。这一个原则在实际的绩效管理过程中有三个方面的表现形式：首先，绩效管理工作正式开展之前的绩效协商，协商以确定员工绩效工作的运行方案；其次，在绩效管理过程中的绩效沟通，可以帮助员工改进绩效实施的方法；最后，绩效考核以后的绩效讨论，讨论以确认员工的绩效表现，并寻找员工在工作过程中存在的不足。

如此，通过事前的双方沟通可以明确彼此工作的方向与路径，借助事中的沟通、教练和辅导可以同步提高双方的能力并寻找更好的工作方法，绩效考核结果的反馈沟通和讨论又能帮助员工与管理者各自查找不足，总结经验，以便来日可以把工作做得更好。这样的系列过程，才是绩效管理的真正用意所在。而有了这样的开放沟通过程，才能最终实现绩效管理与企业员工、部门团队及企业自身发展过程中的最大功效。

一个企业能否在绩效管理过程中坚持开放沟通的原则与这个企业的企业文化有着密切的关系，如果一个企业的企业文化是开放的，是包容的，是和谐的，那么"开放沟通"的原则就会很容易被管理者坚持。关于这一点可以看一下世界知名企业马拉松原油公司的五个价值观之一："我们认为自己是一个坚持高标准商业道德的公司，我们坚守诚信和开放式的沟通，并确保我们的业务公开和透明。"有了这样一个价值观作为指导，那么该公司的开放沟通原则就一定会被严格地执行。

在笔者访谈的美国知名企业家当中，J J GUMBERG 公司的首席执行官 Ira J. Gumberg 为了在公司培育开放沟通的企业文化而设计了一个很有效的方法，那就是培养企业领导与各级管理者以及企业员工的"零距离关系"。

为了实现企业内部的"零距离关系"，以及对于企业员工体现"公开性"，Gumberg 先生采取了一个具体而且有效的方法，他要求自己和企业的高层领导要常态化地与所有员工展开经常性的谈话。他的做法是：一周三次定时召开与员工的见面会，一次会谈六名员工，先分别会谈，而且是非正式会谈，会谈的地点不在办公室，而是选在公司的俱乐部里，会谈以聊天的形式进行，不拘泥于任何内容；然后是集体会谈，会谈的地点就在餐桌旁，边吃边聊，由他请客。在与员工的会谈过程当中，他谈话的重点是告诉员工企业所有的事情，"tell everything nothing hidden"；他要听到员工谈话的重点是他们需要什么，"learn their needs"。

Gumberg 先生告诉我们，不仅他要这样做，他的管理委员会的成员也要这么做，"信任关系就是建立在经常性的交流与沟通的基础上，有了这个基础不仅仅可以进行很好的沟通，而且在这个过程当中还可以交友，如果大家都是朋友，都是兄弟姐妹，还有什么事情做不好呢"。

Gumberg 先生无疑是一个开放和开明的企业家，在这个开明企业家的领导下，一个企业会很容易形成全面沟通的企业文化。而相反的，如果一个企业家是独裁的，是专断的，是听不进去任何建议的，那么这个企业的企业文化就很有可能是冷漠的，是死板的，是保守的，是墨守成规的，是缺乏活力的，在这样的企业氛围当中谈开放沟通无疑就是在"痴人说梦"，即便有开放沟通的形式，也不会有开放沟通的效果。

所以，为了确保企业绩效管理的工作能够坚持"开放沟通"的原则就必须先行营造重视开放沟通的企业文化，同时，如果一个企业在其绩效管理工作过程中如果能够顺利推行并长期坚守开放沟通原则的话，则这个企业就一定能生成开放沟通的企业文化。

这两者之间是相辅相成，彼此促进的关系。

4. 公开性与客观性原则

公开性与客观性原则是组织管理过程中经常说到的一个原则，虽然老生常谈，但又不得不说。一方面是因为它于组织的发展实在是非常重要，另一个方面是因为在很多组织当中它被坚持得并不是很好。此外，公开性原则与客观性原则也可以看作是两个原则，但是因为"公开有利于客观，客观才便于公开"，因此可以将这两个原则合并到一起进行分析，这也符合中国企业在现实管理过程中的思考习惯。

在企业绩效管理过程中坚持"公开性"的原则有很多方面的要求，其中最主要的一个要求是：绩效管理工作的领导与管理机构要面向企业全体员工公开绩效管理工作的相关内容和细节，包括绩效目标和绩效指标的制定、考核计划与评价指标的设计、绩效辅导与绩效训练的流程、绩效沟通与绩效支持的方式、绩效评价的结果与绩效考核的方法、绩效反馈的程序与绩效结果的运用、绩效申诉的程序和绩效处理结果的公示等。这样做的目的是要借助信息的透明以获取全体员工的信任，如果以此赢得了员工的支持，则绩效管理工作的开展将会变得更加顺利和更加有效。

在企业绩效管理过程中坚持客观性的原则也有很多表现，这些表现贯穿在企业绩效管理过程的始终，包括：在绩效管理过程的初期，主要是在选取绩效评价指标时，一定要以企业的实际需要和客观事物的发生规律为依据，绝不能主观想象，也不能因部门、因人、因关系而设定；在绩效管理的过程中，无论是对员工的工作评价，还是与员工因工作方法与业绩进行的沟通，再或者是对于员工绩效信息的采集，都要把持客观性的原则，要避免主观臆断和个人情感因素的影响；在绩效管理的后期，主要是对员工进行绩效考核与绩效评价时，一定要依据员工的真实表现并参考员工绩效发生的原始数据进行，绝对不能掺入管理者对于员工的既成看法，也不可以为了想要获取某种评价结果而去更改数据，更不能发表与实际考核结果完全背离的论断。

在世界知名企业摩根大通的二十条商业原则当中，第十二条就是在谈论管理的客观性和尊重事实"我们必须建构这样的文化，可以基于事实、知识、建设性的争论和热情去追求成功，同时又有勇气去面对常犯的错误，我们必须对自己绝对地诚实。经验告诉我们，如果你问起他们，人们愿意告诉你事情的真相。我们希望成为这样的公司，即彼此之间可以进行这样建设性的交流。然后，这是管理过程当中最为艰难的，我们必须以刚毅和勇气去采取行动，无论它有多么困难。领导既是一种荣耀也是一种权利，他们有责任为正确地做事情树立榜样。我们所有的人都必须致力于接受挑战和解决问题。要做到这一点的关键就是不断地学习，不断地交流思想，能够从所犯的错误当中吸取教训。我们承诺创建可以自我延续的文化，它能够持续不断地帮助我们提高，可以确保我们的公司能够在未来可以健康地发展。一个领导应该学会冷静地思考，诚实地做事，不怕犯错误，且能够重视不断地提高。所有的报告必须是准确的，所有的相关事实必须进行汇报，充分的开放式应用必须形成固定的发展模式"。

5. 差别性与统一性相结合的原则

差别性原则是绩效管理工作过程中，尤其是在绩效协商与绩效运行方案的形成和绩效考核与绩效评价这两个阶段应该坚持的一个重要原则，它也可以称作是唯一性原则，但却绝对不是特殊化原则，这两者之间有着本质上的区别，不能混为一谈。

说它是唯一性原则是指在绩效管理过程中要针对不同的人员、不同的部门、不同的团队设计不同的绩效计划、不同的绩效评价指标、不同的培训与培养方案。这时的唯一性所强调的就是针对性，对此可以从员工与团队部门两个层次进行分析。首先，针对不同员工的工作特点以及需求和要求应该设计更加适用于他的指标计划。也就是说，在绩效管理体系设计时，可以针对每一个员工的绩效工作指标和绩效考核评价指标做出差别化的安排，最好能够做到"一人一议"。这是为什么强调部门主管是员工绩效管理第一责任人而非人力资源部门是第一主管单位的原因，也是为什么很多企业绩效管理工作做得不实，做得不到位的一个关键所在。即便做不到一人一议，也一定要做到"一个小组一议"，切不可大而化之，大而论之，不加区分。其次，针对不同部门的工作性质和工作任务的差异应该设计更加适用于这个部门的工作指标计划。例如，针对生产部门可以更加强调量化的指标，对于研发部门则要考虑周期性的评价，对于行政管理部门可以采用定性与定量相结合的方法，等等。

说它绝对不是特殊化的原则是指在绩效管理工作过程中坚持差别化原则的同时，还要同步坚守统一性的原则。也就是说，无论是唯一性还是针对性，都不能背离统一性这个前提，都不能违反公平和公正的要求。在实际的绩效管理过程中，无论是先期的绩效指标的选取，还是后期的绩效考核指标的采用，只要是相同的工作任务、相同的工作岗位、相同的工作数量就一定要使用相同的标准，坚持统一的要求。这时的统一性也可以理解为前面叙述全面参与原则时所说的一视同仁。

既要有所差别又要体现统一，这似乎是矛盾的，而解决这个矛盾的指导思想就是，"在目标统一的前提下坚持指标上的差别，在指标统一的时候坚持行动上的差别，在标准统一的前提下坚持绩效奖罚与绩效应用的差别"。

2.5.2　绩效领导体系与管理架构的设计及总体运行方案的确定

绩效领导体系与管理架构的设计是完整的绩效管理工作的第一个阶段（Phase 1），它要为整个的绩效管理工作提供发展动力、权力保证和战略发展的方向。在这个阶段的绩效管理工作应该包括两个方面的内容，它们分别是绩效领导与管理体系的设计以及绩效管理总体方案的确定。

对于中国企业来说，这个阶段的工作是一个至关重要的环节，它甚至决定了企业绩效管理工作的成败。之所以这样说的原因在于，很多的中国企业要么没有绩效管理，要么有绩效管理但却不成体系，企业家或者听说了绩效管理工作的可用，或是感觉到了绩效管理工作的必须，但是却不知道应该如何去做才能发挥绩效管理的重要作用。于是，在没有充分准备的情况下，在没有建立起完善的领导与管理体系的时候，就安排人力资源部门去设计绩效管理方案，编排绩效考核的评价指标，执行年度一考的评价任务。结果可想而知，单纯由人力资源部门推动的绩效管理工作就变成了人力资源工作的一个分支内容，成为企业组织绩效考核的重要手段，结果是其他部门没有参与进来，企业员工也不甚了解考核指标的目的，出现问题时没有人员和机构能够从中协调，从而使绩效管理工作沦为公司的三流管理工具，没有办法发挥其促进企业工作全面开展，确保企业战略目标不断实现的任务。

基于以上考虑，笔者认为企业绩效管理工作的第一步应该成立绩效管理领导委员会，这个组织可以与企业战略管理指导委员会归并使用，也可以单独成立，其成员应该包括企业的高层领导、人力资源部门领导、各业务部门的领导、各个分公司与子公司的主要领导、企业分管领导和外部专家等。

与战略管理指导委员会一样，在这个领导机构当中必须设立一个专门的副总经理（有人力资源总监的就让人力资源总监担任），由他主要负责绩效管理工作的全面实施；企业的一把手必须亲自领导并参与绩效管理工作的全过程；人力资源部门承担办公室的职责，并要发挥主要组织者和协调者的作用；外部专家非常关键，他们必须是专业人士，而且要深度参与绩效管理体系的设计工作；各个业务部门是绩效管理工作的运行主体，它们除了在人力资源部门的配合下搞好绩效考核的工作以外，还要承担起完成绩效计划、绩效辅导、绩效实施、绩效沟通、绩效反馈、绩效提升等方面的任务。

关于这一步工作，也可以参考一下摩根大通集团二十条商业原则当中的第六条，即努力建构最好的内部管理和控制。针对这一条，摩根大通的解读是："高效管理的关键就在于卓越的内部控制，它与所有的业务活动紧密关联，并表现为一系列的规则、预期和督察活动。这些可以帮助保护我们的声誉，而声誉是我们最为重要的资产，密切影响着公司的绩效表现和我们战略合作伙伴的最大收益。我们承诺建立优秀的控制系统，以及可以鼓励和回报风险管理的企业文化，对此在公司各个方面与各个层次上都会有一个非常清楚的框架。我们希望公众、管理者和我们的战略合作伙伴对我们充满信心，始终相信我们是这个世界上最安全和最优秀的银行企业。"

企业绩效管理工作的第二步就是在企业绩效管理领导委员会的集体讨论之下确定企业的绩效管理总体运行方案，这个方案是一个战略性的方案，它要明确企业绩效管理的指导思想、主要目标、重点任务、组织架构体系、总体运行方案与企业战略目标的对接、人员的配置等方面的内容。

2.5.3 绩效协商与运行方案的确定

1. 总体思路

绩效管理的第二个阶段（Phase 2），即实质性开展绩效管理工作的第一个阶段是"绩效协商与运行方案的确定"，这里所说的方案与第一个阶段所说的方案不同，第一个阶段制订的是企业绩效管理工作运行的"总体方案"，而这个阶段制订的是每个员工及其所在团队的"具体工作方案"。

在这个阶段当中，又包括绩效协商、绩效目标的确定、绩效指标的设计和绩效计划的制订四个方面的内容。这四个方面的工作存着内在的逻辑关系，其中，绩效协商是这个阶段的工作重点，也是主要的工作方式，而绩效目标的确定、绩效指标的设计和绩效计划的制订是绩效协商的主要工作对象，同时也是它的主要工作目标。基于这样一种逻辑关系，也可以把这个阶段的工作划分为三个环节，即员工全面参与协商的绩效目标的确定、员工全面参与协商的绩效指标的设计和员工全面参与协商的绩效计划的制订三个方面。"员工全面参与协商"是这个阶段的主要特点，三个具体运行方案的形成是这个阶段的主要任务。

在绩效目标的确定环节，应该确定的绩效目标又可以分成两个层次来理解，其中一个层次是员工个人的绩效目标，另一个层次是团队组织的绩效目标。团队组织的绩效目标源自于企业战略目标体系,员工个人的绩效目标来自于团队组织目标的分解,并通过主管与员工的共同协商而确定。关于绩效目标确定的思想,可以参考摩根大通集团二十条商业原则当中的第四条,即建立最高水平的绩效标准。针对这一条,摩根大通的解读是:每一个公司、每一个领导团队和每一个员工都应该建立他们自己的绩效标准,而我们的标准要坚持最高水平的要求。我们永远不要羞于和最好的公司进行比较,也不要羞于从中找出我们的不足,"努力成为最好的"是激励我们不断提高的主要动力。此外,我们应该知道个人的绩效总是很难判断的,管理人员的责任就是必须要在一定的范围内评价员工的绩效表现。领导者是否诚实,管理者是否雇用和培训了优秀的员工,管理者建立的管理系统和程序是否可以长期加强公司的力量而不是一时奏效,管理者是否建立了真正的管理团队,管理者是否在本质上建构了持续的和长期的价值观,对于这些事情的回答和决定是需要勇气和判断能力的。

同理,在绩效指标设计的环节也需要分成两个层次进行考虑,其中一个层次是个人的绩效指标,另一个层次是团队组织的绩效指标。团队组织的绩效指标从分析团队组织的绩效目标开始,它一方面类同于团队组织的绩效目标与员工个人绩效目标之间的一个过渡或是中间层次分解,另一方面它强调的是团队绩效目标的向下分类。如果一个团队组织的规模比较小,所承担的绩效目标比较单一,则团队组织的绩效目标和绩效指标就会变成同一个内容。如果一个团队组织的规模比较大,所承担的团队绩效目标比较多元,就需要多个绩效指标进行支撑。个人的绩效指标从分析个人层次的绩效目标开始,同时还要结合分解以后的团队组织不同绩效指标的要求,并要考虑员工个人具备的能力、岗位要求、工作任务及主管可以提供的资源和支持等多方面的条件,并最终经由主管和员工双方协商确定。员工个人的绩效指标体系一经确定以后,它就可以成为员工工作的方向和主管与人力资源部门督促与考核员工的依据。

绩效目标和绩效指标确定以后,主管和员工还要共同协商工作开展的具体计划,这个计划主要是指员工个人的计划。这个计划从大的方面看包括员工的工作计划和员工的能力提升计划两个方面;从细节上看它又包括行动路线图、时间节点、工作内容、配合人员、所需资源、需要进行培训的内容、主管的作用方式等。

以上协商的结果最终要以绩效协议的形式落实到纸上,并由双方签字备案。

2. 绩效协商与员工参与

如果把绩效目标、绩效指标和绩效计划看成是三位一体的绩效管理运行方案,则这个阶段的工作就变成了一个环节,即绩效协商。绩效协商是一个完整的工作环节,而三位一体的运行方案是其工作的成果。

　　什么是绩效协商呢？它其实就是绩效管理者与被管理者基于绩效目标、绩效指标、绩效计划而进行的沟通和谈判，在这个过程当中首先要坚持的一个原则就是前面所说的"全面参与原则"，这是一个前提。这样做是为了追求绩效管理工作的统一性和员工个人绩效成果的最大化。其中，统一性不是同一性，不是否定前面所说的差别化原则，它是要追求员工发自内心地与企业保持一致这样一种管理境界。为了实现这一点，就必须自绩效管理的源头起让员工参与绩效管理的全过程，以此来确保主管与员工之间，员工与企业之间在思想上、理念上、认识上和行动上的高度一致。在这个阶段，如果没有绩效协商，不让员工参与绩效目标的确定和绩效计划的制订，而只是让他们被动地接受绩效指标的任务，被动地服从绩效管理的指挥，则其必然会有抵触情绪，会有消极不作为的行动，这样就难以保持整体绩效管理工作的统一性和高效率，绩效管理的工作也就失去了意义。

　　前面曾经分析过 Jamie 和 Alan 的绩效管理过程模型，他们直接把员工的全面参与作为一个重要前提提出，并认为他们的绩效管理模型和传统的绩效管理模型的主要的区别就是员工的全面参与。在他们所设计的管理模型的第一个工作环节当中，特别强调了目标设计过程中的员工参与谈判，认为"这可以让员工在充分理解组织绩效目标的基础上，然后通过沟通设计个人的绩效目标，并让个人目标与组织目标保持一致"。此外，他们还从管理者和被管理者两个角度举例分析了员工全面参与绩效管理的益处，发现对于员工来说，"如果让员工参与协议的制订会让他们有明确的目标，而且这个目标往往是符合他们的利益和价值观的目标，并且能够与组织的目标达成一致"。从管理者的角度来看，"参与促进重构了管理者作为教练的角色，他们的目标是设计任务，提供支持和资源，以确保员工有能力并愿意深入他们的工作中去"。

3. 绩效目标的确定

　　关于绩效目标的确定，除了在第一条总体思路设计时说到的内容以外，在这里还要重点强调的就是绩效目标与企业战略目标体系的关系。笔者在 2015 年出版的《企业一体化管理系统》一书中对此有过这样的描述，"绩效管理作为企业战略实施效果的实现手段，必须全面对接企业战略的目标体系，并以此深入反映企业的战略意图，任何偏离企业战略目标的绩效管理最终都将失败"。如果一个企业战略管理成熟的话，则在其战略目标体系形成的同时就会同步生成企业的绩效目标管理体系，或者说企业的战略目标体系就是企业全面的绩效目标体系，二者没有任何区别。所以，要保证绩效管理反映企业的战略意图，首先就必须吃透企业的战略目标及其具体安排，而不是重新生成一个绩效目标体系。如果没有进行战略谋划，而又有意于进行绩效管理的企业，则必须先回头把战略管理的"功课"补上，然后再去研究绩效管理目标如何设计。如果一个企业既没有战略谋划，也没有形成战略目标体系的安排，那么这个企业的绩效管理工作将无法展开，即便有所行动，也不知所为何来。

关于绩效目标再补充两点西方学者的看法。

前面说过的 Brown 和 Warren 梳理了绩效目标设计方面的文献，他们认为，绩效目标的设计被认为是最实用和最有效的激励全体员工的技术之一。这一理论的核心研究结果包括：①制定了具体的、有挑战性目标的员工比那些制定了容易的、模糊目标的员工绩效表现会更好；②目标承诺是驱动绩效表现的关键；③只有员工参与设计、给出承诺，并认可这些目标时，绩效奖励、绩效报酬和绩效反馈才能发挥提高绩效水平的作用。

关于绩效目标的设计，Schaufeli 和 Salanova（2007）认为，为了确保组织和个人有明确的相互期望，可以建立三步走的程序：首先，询问员工的价值观、喜好和目标。其次，制定员工发展协议（employee development assignment，EDA），并为这些目标提供有保证的资源。最后，监控目标达成，并在必要的时候调整目标和资源。

此外，在绩效目标的确定过程当中还有两个方面是非常重要的。

第一，这项工作要确定的不只是一般员工的绩效目标，还要确定包括最高领导在内的所有高层管理人员的绩效目标，"全员参与，全面管理"是这个工作过程当中应该坚持的重要原则。

第二，当每个人的绩效目标确定以后，公司还可以分别与之签订绩效承诺书，关于这一点可以看一看波音公司的做法。在波音公司的企业文化体系当中有这样一条内容，这个内容概括起来就是两字，即"承诺"（compliance），具体的说法和做法是这样的：遵守外部管理规定和内部强大的政策与程序，不仅可以让我们能够做正确的事情，而且还非常有利于我们未来的成功。为了确保这个领域的工作，我们就必须从公司的各个层面做出承诺并且要评估承诺的效果。其中，公司的高层领导有责任去界定、分析、提出和明确关键的承诺事项，他们通过承诺与风险管理委员会去开展这项工作，而这项工作由分管内部控制的副总裁亲自领导。这样的监督与管理体系可以保证公司能够识别风险并确保一致性的行动，以保持承诺的有效性，它同时还可以促进跨公司的讨论和支持紧急的风险管理活动。作为主要领导的各级管理者承诺，他们必须全面地看待员工的承诺并与员工的承诺紧密地关联在一起，为此他们要接受各种各样关于承诺事情的培训以不断地提高他们在这个方面的管理能力。每年，各级管理者会为他们的下属进行一个在线的承诺训练。在这个基础上，可以系统化地生成每一名员工的个性化的培训计划，以帮助他们顺利地完成各自的绩效目标。波音公司利用这种面向未来的路径和方法去评估内部控制的有效性和实现各种承诺的过程。从公司的最高领导到最新招进的员工，只要是公司的成员就必须把信守承诺作为每一件要做和将做之事的核心要素。

4. 绩效指标的制定

在深度解读公司的战略目标体系,并分解出团队组织和个人的绩效目标以后,绩效管理接下来的工作就是运用公司战略分解法将多层次的绩效目标体系逐层分解为绩效管理指标,这个转化过程可以按照纵向顺序分为三步。

第一步,在总体战略目标解读的基础上,在绩效管理领导委员会的主持下,公司要召开绩效管理评价会议,要分析在整个公司层级上有哪些成功的关键因素,并将这些关键因素仔细整理然后按重要性进行排序。

第二步,在单个部门层级上,要考虑实现这些成功的关键因素,某个具体的部门能做出哪些贡献,并把这些贡献内容按其重要程度进行排序,然后把位置靠前的贡献内容用绩效指标进行匹配,如此可以得到部门绩效管理的关键指标。这一步工作可以使用部门职责分析和工作流程分析的方法完成。

第三步,在单个职位层级,要考虑某个职位在完成部门贡献时必须输出哪些关键的工作成果,并匹配以岗位绩效指标。这一步可以使用岗位职责分析的方法完成,同时也要兼顾每个岗位工作中可能遇到的特殊问题。

在绩效指标的制定过程中要把握这样几个要求:绩效指标的内容必须与企业战略规划相关,与企业的战略目标相对应,与员工的岗位职责相匹配,与各类团队的指标任务相挂钩。绩效指标的难易水平应该适中,既要具有一定的挑战性,又要具备可操作性,对于这样的指标,员工经过努力可以完成,不认真对待则有可能完不成。绩效指标的效度必须是具体的,要切中特定的工作指标,不能太笼统;必须是可以衡量的,既要将绩效指标数量化或者行为化,又要确保验证这些绩效指标的数据可以获得;必须是可以达到的,在付出努力的情况下可以实现;是实实在在的,可以被证明和观察;绩效指标的完成必须要有明确的时间要求。

5. 制订绩效计划

绩效目标和绩效指标确定以后,各级管理人员应在人力资源部的配合下,基于部门的绩效目标与绩效指标,再结合员工个人的绩效目标与绩效指标,就其岗位职责和工作方案进行充分沟通和讨论。在取得共识后,形成岗位说明书和工作任务书,交人力资源部备案,以作为主管督促和帮助员工开展工作的指导以及人力资源部门对员工进行考核的依据。

在绩效计划制订过程中,主管应该发挥的作用包括:同员工一起分解部门目标;帮助员工了解部门工作计划的轻重缓急和关键成功要素;帮助员工共同制定个人的目标和工作标准;由双方在员工完成计划的最终稿上面签字;如果需要提供帮助,要将承诺附到计划后面。

在制订员工的个人工作计划时，应该遵循如下几个步骤：员工依据当年的岗位职责和工作绩效考核指标，在团队组织绩效计划的指导下，确定自己的年度计划、各季度计划和月份及周的工作计划；管理人员对下属员工的个人工作计划进行审查，根据部门工作计划对其下属员工的个人工作计划进行必要的调整；管理人员与员工对工作计划进行详细讨论，充分沟通意见，计划最终需由管理人员和员工共同确认。

在制订个人绩效提升计划时，应该遵循如下几个步骤：结合上一年度员工绩效考核的结果及本年度员工的个人工作目标，分析员工在工作能力和工作态度方面需要改进的方面；针对以上需要改进的方面，确定本年度发展目标；细分年度发展目标到季、到月、到周；明确达到发展目标所需资源、培训学习及其他相关条件。

2.5.4　绩效支持与绩效实施

第三个阶段（Phase 3），即绩效支持与绩效实施，这无疑是企业绩效管理工作的重点，也是开展绩效管理工作的价值所在，在这个阶段又包括了绩效支持、绩效实施、绩效沟通、绩效培训、绩效训练、绩效教练六个方面的工作内容。

其中，绩效支持是绩效实施的前提，它的作用是为员工有效地开展工作提供资源上的保障，这种保障包括物质条件上的支持、必备的资金、有形的资源、工作环境、办公条件、必要的信息等。或者这些条件可以是常规性的准备，但是为了确保每一位员工的每一次绩效实施工作的针对性，还是要在常规性的基础上加一点差异化。

绩效实施是企业员工和团队组织按照前面设计的方案进行工作的过程，"按计划做事"是其主要的特点，在工作过程中有所创新必须受到鼓励。如果一个企业的绩效管理方案是完善的，每一个员工的绩效运行方案是成熟的，那么绩效实施工作就会变成顺理成章的事情，在这样一个重要的工作环节里，员工反而可以保持轻松的心态和放松的工作状态。不过，心态的轻松和状态的放松不等于不认真、不努力、不严谨，而是在认真准备之下，完善组织中的员工的另外一种进取表现，在这样的表现下最容易产出创新性的成果。相反的，如果一个企业的绩效管理方案不成熟，员工个人的绩效运行方案不清楚，则这样的企业和这里的员工如果还有进取精神的话，就会表现出格外的忙碌，甚至是天天加班。天天加班的企业家可能是优秀的企业家，但是天天加班的企业则不可能成为优秀的企业。经常加班的人可能是敬业的人，但是必须通过加班才能完成工作任务的人一定不是优秀的人，至少应该不是一个善于计划的人。个人如此，企业组织也是这样。

　　绩效沟通是主管与员工之间基于员工绩效完成方法、完成状态、完成条件的交流与协商，在这个环节员工可以随时去找主管沟通，主管也要定时去找员工沟通，借助双方的沟通可以寻找和发现员工在工作过程中存在的问题、好的做法，以及还需要补充的其他方面的内容、需要进一步完成的任务等。

　　绩效培训、绩效训练和绩效教练这三个方面的工作都属于主管对员工进行绩效辅导的内容，它们之间的差别在于：绩效培训侧重于提高员工的综合知识和专业理论水平；绩效训练侧重于员工技能的培养；绩效教练侧重的是主管可以给予员工的场外指导。如果说前面的绩效支持强调的是企业给予员工的有形支持的话，这三者要给予员工的则是无形的支持。事实上，无形的支持比有形的支持更为重要。

　　在绩效实施的过程中，各级管理者的作用十分重要，他们应该成为员工的绩效伙伴、绩效教练和绩效公证员。他们要在绩效管理的过程中鼓舞士气、实施培训、予以激励、有效沟通、合理授权、提供帮助、检查监督、指导改进。因为各级管理者的作用如此重要，所以针对他们的绩效管理工作也同样重要。如何才能充分发挥各级管理者的重要作用呢？这里有三点需要强调：第一，要把员工的绩效表现和绩效收益与对应主管的绩效水平与绩效利益捆绑在一起，要让他们"一荣俱荣，一损俱损""同进退，共荣辱"；第二，对于各级管理者也要有相应的绩效管理办法，这个办法要融入企业绩效管理的体系之中；第三，要注重对于各级管理人员在绩效管理各个阶段所需要的各种能力的培训，以绩效考评的培训为例，因为绩效考评是高度感情化的过程，在考评的过程中，考评者难免会受到主观因素的影响，导致考评出现偏差。减少考评者主观因素造成误差的办法就是对考评者进行培训，培训的具体内容包括：企业绩效考评的含义、用途和目的；企业各个岗位绩效考评的内容；企业的绩效考评制度；企业绩效考评的具体操作方法；企业考评评语的撰写方法；企业考评沟通的方法和技巧；企业考评的误差类型及其预防，以及对于不能坚持考评原则、不认真执行考评任务人员将如何进行处罚；等等。

2.5.5　绩效评估与绩效改进

　　绩效评估与绩效改进是企业绩效管理工作的第四个阶段（Phase 4），也是中间阶段。

　　为了确保绩效目标的实现，防止绩效考核的时候绩效工作还没有完成，或是完成得并不理想，在绩效管理的过程之中必须要进行阶段性的绩效评估工作。这里所说的绩效评估不同于最终的绩效评价，绩效评价评价的是绩效结果，而绩效评估评估的是绩效工作的发展过程。

在笔者访谈的美国知名企业家当中，国际维度发展公司的前董事长 William C. Byham 把绩效评估工作称为绩效审计。他认为：对于如何选择优化绩效管理的方法以驱动绩效发展，可以从两个方面进行考虑，其中第一个方面是从绩效管理审计开始做起，第二个方面才是探索绩效管理解决方案。第一个方面的工作是基础，没有了这个基础，第二个方面的工作就会成为无源之水、无本之木。

同时他还认为，在第一个方面的工作过程当中，企业首先要问自己一个问题，即"上次回顾企业绩效管理的流程和系统是什么时候？"如果已经是很久以前的事了，那就不难理解为什么企业当下的绩效管理工作效率会如此低下。事实上，回顾绩效管理的过程也就是绩效审计的过程，而绩效审计可以为一个企业当下的绩效管理工作提供一个快照，它是通过回答以下一些问题实现的，如哪里运转得好，哪些方面需要改进，人们如何看待这个过程，管理者和直接的报告是否有不同的观点，等等。

在这个方面，国际维度发展公司设计了一个简短的调查问卷，它可以有助于企业确定自己在绩效管理方面的优势和差距，可以帮助企业做出明智的决定以改变现在的绩效管理流程。

事实上，有了阶段性或是中期性的绩效评估工作作为基础，就可以即时地改进绩效工作的方法，并且纠正绩效管理过程中存在的管理者在管理方面的错误或是被管理者在工作过程中存在的偏差，这样的一个过程可以称作绩效改进。而绩效改进与后面所说的绩效提升也不同，绩效提升是在绩效评价的结果出来以后要进行的下一轮绩效工作的能力提升或是方案优化，而绩效改进本身则是在绩效工作运行过程中针对绩效管理方法和绩效运行能力的强化。

绩效评估的依据主要是绩效指标，尤其是阶段性的绩效指标，此外它还要考虑企业内外相关此项工作的环境与条件的变化以及新的技术、新的方法和新的理念的应用。

绩效改进的工作由管理者推动，被管理者积极参与，在这个过程中双方的沟通与协商是基础，而且任何改进措施都必须经由双方的认可方能执行。

2.5.6 绩效考核与绩效评价

绩效考核与绩效评价是绩效管理工作的第五个阶段（Phase 5），是整个绩效管理工作过程中重要性仅次于绩效实施的工作内容，它包括个人绩效考核、团队组织绩效考核、企业整体绩效评价三方面的内容。其中对于个人绩效和团队组织绩效要侧重使用绩效考核的方法，而对于企业整体的绩效则要侧重使用绩效评价的方法。在这三个方面的工作当中，重点是要做好个人绩效成果的考核与评价，其他两个方面的工作以此为基础。

关于绩效考核与绩效评价，前面提到的 Spence 和 Keeping 认为，从理论上讲，绩效考核适用于绩效管理的更大领域，因此，也应该注重绩效改进。但是，虽然绩效考核的目标包括绩效改进，但在实践中往往不是这样，绩效考核的内容涉及更多的目标和动机。为了更好地进行绩效评价，绩效管理者应该明确三个目标：实现和保持与下属的积极关系；实现和保持他们自己和他们工作组的积极形象；实现和维护支持组织规范和目标的行为。

分析以上观点可知，绩效考核的目标是多元的，它可以影响到绩效管理的各个工作环节，所以十分重要。绩效评价的关键在于绩效管理者应该积极发挥正向的引导作用，为此他们要做到与员工保持积极的甚至是亲密合作的关系，要保持诚信的形象和公正的态度，要坚持原则并能够按照既定的绩效运行方案做事情。如何才能做到这一条呢？有两点需要注意，其一是要将各个方面的利益结合到一起，其二是要建立可以促进这个方面工作的积极向上的企业文化。

在企业绩效考核与评价的具体工作时间安排上，应该体现"即时性"的特点和前面所说的"常规性"的原则，为此要以周为最小的考核时间单位。也就是说，管理人员要依照绩效计划、绩效考核指标定期对员工每周的任务完成情况进行考核，并以评价分析计划完成情况为重点。工作内容主要包括：与员工共同确认计划完成的比例，分析没有完成计划部分的原因，找出进一步工作过程中可能存在的问题和困难，提出拟采取的修正行动，并分析下一步的工作还需要什么条件支持。然后把每周的评议结果汇总，形成月度考核报告，并将双方确认的考核情况上报人力资源部，以作为年中及年末绩效考评的依据。

在绩效考核过程中，企业要根据自身的具体情况选择不同岗位的考核方法，在这个过程中要体现前面所说的"差别化"的原则。在考核主体上，要以直接上级考核为主，横向领导参与考核为辅，人力资源部门居中协调，以此来确保考核的"实效性"，同时防止出现主管与员工因为利益趋同而相互勾结的现象。不同的绩效指标需要有不同的考核周期，客观性指标考核周期应该短一些，主观性指标考核周期则要相对长一些。不同的考核对象其考核周期应有所区别，其中，生产人员和专业技术人员的考核周期要短，一般按月考核；销售人员和管理人员的考核周期要长一些，一般按季度考核；中高层管理人员可以按季度考核，也可以按年度进行考核；项目员工可以根据项目的时间确定考核周期。此外，考核的流程应尽量简单，易于操作。

年度考核是绩效考核的重点，它应该包括能力考核、态度考核和工作业绩考核三个方面的内容，而且业务人员和职能部门人员三个部分的权重需要确定各不相同的比例。人力资源部门根据累计的考核结果对员工的能力、态度、工作业绩三个方面进行打分；业绩考评中的岗位 KPI（key performance indicator，关键绩效指标）由主管上级直接打分；工作计划完成指标由工作周计划完成情况统计而来；员工的能力和态度指标的考核者，要依据工作关系图加以确定。

在绩效考核与评价的过程中要把握业绩与态度并重的要求。也就是说，在实际的考核与评价过程中，绩效管理者既要考察一段时间内员工可以量化的业绩，也要考核其完成工作过程中所表现出来的态度以及应该具备的素质。业绩考核考核的是工作结果，态度考核考核的是工作效果，态度端正，方法得当，则结果与效果都会良好。为此，企业在设计绩效考核体系的时候，要将业绩考核指标和态度考核指标同时考虑在内，并要对两类指标进行不同的权重设计。此外，在完善员工业绩与态度统一的过程中，应该认识到：有着良好业绩的员工，多数态度都是端正、积极的。但是，不是所有的好业绩都来自于端正的态度，有些也是通过不择手段，甚至是通过投机取巧或伤害企业和同事的利益得来的，对于这一点绝对不能姑息。

绩效考核与绩效评价在美国企业中是一个非常通用的方法，美国企业家从 1906 年开始运用它们去管理自己的公司，在 1994~1996 年，美国学者发表的关于"绩效评价"的论文就有 3 600 多篇，由此可见，它也是一个非常成熟的绩效管理的手段。可是在中国，还有很多的企业没有建立这种绩效评价的体系，这实在是一种遗憾。

2.5.7　绩效反馈与绩效申诉

绩效反馈与绩效申诉是企业绩效管理工作的第六个阶段（Phase 6），很多企业在绩效管理过程中不重视这个阶段，这是非常错误的做法。既然有很多企业不重视这两个环节，那就说明它们还没有意识到这项工作的"重要"。为此，在分析绩效反馈与绩效申诉的工作程序之前，应该先解读一下绩效反馈与绩效申诉工作的"必要"。

事实上，绩效反馈的重要性不仅仅体现在它对绩效管理工作的影响方面，而且还表现在它对整个企业管理工作的促进方面。对此可以看一下 Kurtulus 的观点，他认为，有足够充分的科学研究可以证明绩效反馈对工作动机的积极影响，这些研究表明绩效反馈从技术上和行为上深深地影响着员工并在他们的工作动机上不断表现出来。通常意义上说，这种影响可以包括五个方面的内容，即绩效反馈可以减少绩效模糊；绩效反馈可以加强管理者与下属之间的关系；绩效反馈可以帮助企业组织更容易实现发展目标；绩效反馈可以支持个人的发展；绩效反馈可以帮助个人和企业更好地适应变化。

分析并延伸 Kurtulus 的观点可知，"绩效反馈可以减少绩效模糊"，这种绩效模糊的减少在两个层面：其中被减少的第一个层面是员工个体的绩效模糊，这样的结果可以确保每一个人都能清楚地知道自己的工作业绩和工作状态，而且还可以了解其他人的绩效成果以及组织的绩效表现。"知己"可知自己的能力与不足，"知彼"可知他人的优点与缺点，学习他人所长，避免他人所短，强化自己所能，克服自己的不足，这样就能帮助每一个员工都飞快地进步，组织绩效也能因而大幅度地提高。Audia 和 Locke（2003）认为，事实上那些在前期绩效表现比较差的员工更希望得到及时的绩效反馈，这可以帮助他们消除未来绩效表现的不确定性。绩效反馈除了可以帮助员工减少绩效模糊以外，还可以帮助企业部门、各个战略单元及企业组织减少绩效模糊，不模糊以后的结果当然就是清楚，各个企业部门清楚地知道自己的绩效水平，各个战略单元清楚地知道自己的绩效能力，企业组织清楚地知道自己的绩效表现，才会有利于企业进一步绩效工作开展，以及企业战略性工作的全面推进。

关于"绩效反馈可以加强管理者与下属之间的关系"，可以从两个方面来理解：第一个方面是，绩效反馈可以消除有可能存在于管理者与下属之间的矛盾。在蒙牛集团的企业文化理念当中有一条认为"矛盾的 98% 是误会"，而消除误会的最好办法就是加强双方之间的沟通与交流。绩效反馈就是一种沟通方式，而且是一种制度化的和常态化的交流机制，借助它的有序运转能够帮助企业管理人员及时消除与下属之间存在的以及有可能产生的矛盾，从而可以促进双方正向关系的良好互动。第二个方面是借助绩效反馈，管理者可以帮助下属全面分析绩效得失，并展开相对应的绩效支持和绩效辅导，以利于下属进一步提升能力，并取得理想的绩效成果。这对于下属是既受益又得利的事情，其当然愿意；而对于管理者而言，水涨则船高，下属业绩好就代表着他们的业绩好。在这样一种工作状态下，管理者和下属都能够有利可得，有乐可享，相互之间的关系自然密切，而这种密切的关系反过来又会进一步促进工作的积极开展，这又会形成一种良好的互动。总是处于良好互动之中的双方，一定会有而且一定会经常保持良好的关系。

关于"绩效反馈可以帮助企业组织更容易实现发展目标"的分析与组织绩效实现的一般性逻辑是一致的，也就是说，绩效反馈只要使每个员工的绩效水平都有所提高，其结果一定是促成了企业组织的优秀绩效表现。此外，绩效反馈所反映的不仅仅是员工个人的绩效成绩，它还要反映各个部门、各个战略单元及企业组织整体的绩效成果，这种清楚的反馈所提供的是进一步决策的信息，它要完成的依然还是知己的战略使命。

关于"绩效反馈可以支持个人的发展"已经在前面几条当中分析过了，其中最为主要的内容可以概括为两个方面：第一个方面，绩效反馈可以克服绩效模糊，可以使每一名员工都能对自己有一个比较清楚的认识；第二个方面，绩效反馈可以帮助管理者与员工之间建立良好的互动关系，有了这种关系作为前提，双方都能把工作做好。能够清楚地认识自己并能够把工作做好，这样的员工当然就能获得不断的发展和长足的进步。

关于"绩效反馈可以帮助个人和企业更好地适应变化",其原因主要有两点：一是员工借助绩效反馈可以知自己之不足,企业借助绩效反馈可以知与时代和社会之差距,知不足而改,知不足而进,知不足在哪里而知如何改进,这是个人和企业能够更好地适应各种变化的关键所在。二是绩效反馈一方面反馈的是绩效成果,另一方面反馈的是绩效过程,绩效成果代表着战略目标实现的程度,绩效过程反映着战略推进的过程,此一个阶段的战略目标和战略管理过程的得失,自然会成为彼一个阶段战略决策与战略发展的依据。

分析完了绩效反馈的重要性以后,接下来就要设计绩效反馈与绩效申诉的工作程序。按照绩效管理工作推进的逻辑顺序,在绩效管理七维框架当中,把绩效反馈工作放在倒数第二个阶段,这样做主要是为下一个阶段最终绩效结果的应用做准备,而有了这个阶段的工作准备,就能保证绩效结果应用的客观性和公正性。正是为了切实保证全面公正的原则,所以才在这个阶段分别设计了绩效讨论和绩效申诉两个工作环节。绩效讨论的主要目的是通报绩效考评结果,并最终确定绩效考评结果的有效性,如果绩效管理双方存在小范围的分歧,双方就可以通过讨论沟通以消除分歧。而如果双方的分歧过大,没有办法通过沟通和协商解决的话,就要进入绩效申诉的工作环节。

经此分析可知,在这个阶段的绩效管理工作事实上是被分成了绩效反馈、绩效讨论和绩效申诉三个方面的内容。但是,这三个方面的工作并不一定都要开展,尤其是最后一个方面的工作,如果前面两个环节的工作开展得非常成熟的话,那么这个环节的工作就不需要登场了。

在具体方式选择上,对于没有争议的绩效考评结果进行反馈可以采用书面通知的形式,对于可能存在争议的绩效考评结果可以采用面对面沟通的方式,对于已经存在争议的绩效考评结果则可以通过小范围讨论的形式。在此过程中,管理人员应该及时将考核结果提供给员工；员工有权力对考核结果提出自己的意见；对于存在分歧的地方双方应该及时沟通和协商。在进行绩效反馈沟通时要把握以下几个原则：一是及时反馈以确保时效性；二是要具体反馈,切忌泛泛而谈；三是要突出重点,针对性强；四是就事论事,坚持客观性的原则；五是要着眼未来,而不是紧盯过去；六是要强调双向沟通,相互之间要注意聆听对方的想法。

此外,在进行绩效反馈沟通时,各级管理人员要把握如下一些技巧：绩效考评者要做好充分准备,要全面掌握员工的绩效计划、职位说明书、绩效考评表、绩效档案,要安排好面谈的时间和地点。双方要共同营造融洽的沟通氛围,要选择在一个无打扰的环境中进行,在这个过程中不应该被电话和外来人员打断；管理者与员工要建立融洽的关系,不要让员工觉得有压力,如在正式沟通之前,可以先谈谈与反馈内容无关的话题,以拉近彼此的距离。在正面反馈时,双方要坦诚沟通，不可过于谦逊，更不可夸大其词；对员工所做的某件事可以有针对性地提出具体的表扬；要给员工提出一些建设性的改进意见。在负面反馈时，应该具体描述员工存在的不足，对事不对人，描述而不做判断；客观、准确、不指责地描述员工行为所带来的后果；要以聆听的态度听取员工本人的看法；要与员工探讨下一步的改进措施。在面谈的过程中，管理者要注意观察员工的情绪，要适时进行有针对性的调整，要确保面谈可以按计划稳步进行；要注意全身心地倾听，鼓励员工多说多谈；在面谈结束之后，要形成双方认可的备忘录；对没有形成共识的问题，可以约好下次面谈的时间，以进行二次面谈。

此外，绩效考核讨论会的工作不单纯是绩效考评结果的通报与沟通，在这个过程中，管理人员和员工还可以共同讨论其在全年工作中取得的进步和需要改进的地方。当然，这个阶段的绩效讨论会与下一个阶段的绩效讨论会有所不同，这个阶段的讨论偏重于个人，下一个阶段的讨论偏重于集体。

原则上，企业的绩效管理领导委员会要对所有的绩效考评结果进行某种形式的审查，对于有着较大分歧的绩效考评结果要为员工建立可以申诉的系统，以允许员工在评价结果最终确定之前，能够通过书面或口头的方式对其认为不正确的评价结果进行申诉。如果进行绩效申诉的人员很少，则可以由委员会成立专门的小组进行审核；如果进行绩效申诉的人员很多，则绩效管理领导委员会的全体人员都要参与到这项工作中来，并在此过程中寻找绩效管理工作过程中存在的缺点和不足。

2.5.8　绩效应用与绩效反思

绩效应用与绩效反思作为第七个阶段（Phase 7），其目的在于绩效结果的应用。这个应用可以分成四个层次，其中，第一个层次是所谓的事后算账，也就是要基于绩效考核与绩效反馈的结果对全体员工进行绩效奖罚；第二个层次是绩效应用，也就是要根据员工的绩效表现为员工或者提薪，或者降薪，或者晋级，或者晋升，或者辞退，或者流转；第三个层次是为绩效反思提供依据；第四个层次是为绩效提升提供支持。经此分析可知，绩效管理工作的绩效应用与反思阶段又可以划分成四个工作环节，即绩效奖罚、绩效应用、绩效反思和绩效提升。

其中，绩效奖罚与绩效应用的工作可以组合到一起进行。在公司的年度绩效考核与反馈完成以后，人力资源部门要在绩效管理领导委员会的授意下，基于考评结果对员工实行大规模的年终奖励。这种奖励要以公开的形式进行，要大张旗鼓而不可悄无声息。

事实上，大张旗鼓且大规模地进行奖励，其意义不仅在于奖罚本身，更在于进一步激励员工的士气，鼓励先进，鞭策落后。关于这一点在《吴子》兵书当中有着非常精彩的记录，可以作为一种思考和借鉴。语见《吴子》之"励士"篇：

武侯问曰："严刑明赏，足以胜乎？"

起对曰："严明之事，臣不能悉。虽然，非所恃也。夫发号布令而人乐闻，兴师动众而人乐战，交兵接刃而人乐死。此三者，人主之所恃也。"

武侯曰："致之奈何？"

对曰："君举有功而进飨之，无功而励之。"

于是武侯设坐庙廷，为三行，飨士大夫。上功坐前行，肴席兼重器、上牢；次功坐中行，肴席器差减；无功坐后行，肴席无重器。飨毕而出，又颁赐有功者父母妻子于庙门外，亦以功为差。有死事之家，岁被使者劳赐其父母，著不忘于心。

行之三年，秦人兴师，临于西河。魏士闻之，不待吏令，介胄而奋击之者以万数。

武侯召吴起而谓曰："子前日之教行矣。"

起对曰："臣闻人有短长，气有盛衰。君试发无功者五万人，臣请率以当之。脱其不胜，取笑于诸侯，失权于天下矣。今使一死贼伏于旷野，千人追之，莫不枭视狼顾。何者？忌其暴起而害己。是以一人投命，足惧千夫。今臣以五万之众，而为一死贼，率以讨之，固难敌矣。"

于是武侯从之，兼车五百乘，骑三千四，而破秦五十万众，此励士之功也。

年度奖励的类别可以分为年度奖金、晋升工资、晋升职级、晋升职务和特别奖金等多种方式。员工每季的考评得分与季度奖挂钩，员工的年度考评得分与年终奖挂钩。对于绩效考核优秀的员工，可以提高其薪酬等级；对于绩效考核偏差的员工，可以根据具体情况，对其进行降薪处理。根据考评结果，对确实不能胜任工作的员工，可依法定程序终止劳动关系，并在内部进行通报，以达到"惩一戒百"的效果。通过对员工在一定时期的连续绩效分析，可以选出绩效较好、较稳定的员工作为公司晋升培养的对象。

年度的奖励完成以后，企业全体人员可以分成不同的层次再度召开绩效讨论会，这一次的绩效讨论会与上一次的绩效讨论有所不同，上一次的绩效讨论会讨论的重点是员工个人的绩效成果，而这一次的绩效讨论会讨论的重点是各个部门和团队组织的绩效表现，是对上一个年度的团队绩效工作进行反思，以便于从中总结经验，吸取教训，并形成文档记录以作为下一个年度团队组织绩效工作目标和工作计划的依据。在此基础上，各个部门、各个团队组织及员工个人还要分别提出具体的绩效提升方案，以作为下一个年度各层次绩效工作开展的指导思想。

中国老百姓有句俗话讲"编筐编篓，贵在收口"，所以在绩效管理工作过程中，一定要把这最后一个阶段的绩效应用与绩效反思工作做好，否则将会给员工一个"雷声大，雨点小"的感觉，十分不利于下一个年度绩效管理工作的开展。如果管理人员不再重视绩效管理，员工也不再期许，如此上下就会失去努力工作的动力。

2.6 企业绩效管理的辅助性政策

在企业绩效管理过程当中，为了更好地强化重要的工作环节，充分利用绩效管理的成果，需要制定一些辅助性的管理政策以指导具体工作的开展。这些政策涉及绩效管理工作的各个方面，并与人力资源管理的工作密切相连。以下是其中的一部分政策描述，可以算作本书对于这个内容的举例说明。

1. 人才培养计划

人才培养计划是一个企业最应该看重的管理计划，这个计划的核心思想在于注重从内部培养和提拔人才。

下面以宝洁公司为例进行说明。在宝洁中国的网站上有这样一条说明，即"宝洁公司是当今为数不多的采用内部提升制的企业之一。内部提升制已经成为宝洁企业文化的显著表现形式，是宝洁用人制度的核心，也是宝洁取得竞争优势的一个重要源泉。随着宝洁公司的成长而一道成长的员工的自豪感和主人翁意识保持了公司的凝聚力"。通过这句话就可以清楚地看出"人才培养计划"对于一个企业的全面发展和可持续发展是多么的重要。而这样重要的计划，在其执行的过程中必须要关联绩效奖罚和绩效应用的工作开展。也就是说，这个政策的核心要点应该包括这样一个内容，即根据"绩效考核"的结果以及员工平常的绩效表现选择有发展潜力的人员进入后备干部培养系列，为企业的进一步发展不断地发现人才、培养人才和储备人才。

通俗理解以上所说就是：只有那些绩效表现良好的员工才能够进入企业的人才培养计划。

当然，人才培养计划的制订和实施是事关企业可持续发展的大事，其中涉及的细节内容会非常丰富，所以需要专门进行研究。

2. 人员培训计划

这个计划与人才培养计划相关，但又不完全相同，其主要的区别在于人才培养计划关注的是有发展潜力的人员、企业的青年精英、有上进心的人员等；而人员培训的对象则是企业的全体员工，无论其上进与否，无论其能力高低，无论其有意愿还是没有意愿，为了更好地完成绩效任务，全面推进企业的绩效实施工作，他们都要参加企业的人员培训安排，因此也可以把这个计划称作企业全员培训计划。

在员工管理过程当中，或者说是在整个人力资源管理体系里，培养和培训员工都是一项重要的工作，它的重要性已经为广大的企业家所认识，但是并没有赢得所有企业家的重视。有的企业在培训员工方面不舍得投入，有的企业对于员工的培养没有规划，它们更多看重的是眼前的利益，而忽视了这种可以帮助企业现在和未来更加成功的最有价值的投入。

当然，全员培训不代表全体人员同时受训，也不等于所有的人员都要接受相同内容的培训。在具体实施培训工作的时候，主管机构应该关注不同员工的特点和不同岗位、不同部门的需求，从而有针对性地开展分类培训工作。

培训的重点内容可以包括技能培训、知识培训、能力培训和综合培训等。

在这里需要强调一个观点，即"针对人员培训的工作怎么强调都不过分，为了提高人员的绩效能力而做的培训投入无论多大也都不要嫌多"。下面看一下埃克森美孚石油公司在这个方面是如何做的，"为了确保在行业里技术领先的优势，我们百分之七十五的投资都投向了职业培训和技能培训"。这是不是一个大手笔？这是不是一个很高的比例？百分之七十五的投资都投向了员工的培养和培训工作，举目整个世界的企业，能有多少公司可以与之匹敌？他们为什么要这样做？因为他们想确保在行业里技术领先的优势。他们这样做有效果吗？看一下他们世界第一石油公司的称号就知道答案了。

3. 人员晋升计划

人员晋升计划是与绩效应用密切相关的一个辅助性政策，如果没有这样一个政策的存在，则绩效应用的水平以及绩效管理工作的全面开展都将受到极大的影响。

人员晋升的内容包括职务晋升和职级晋升两个方面，前者要解决的是管理人员的职业发展问题，后者要解决的是非管理人员的上升通道问题，这两个问题都是企业员工关心的大问题，它们比多拿一点奖金、多获得一些表扬这样的"绩效奖罚"对于员工的激励和鼓励作用要大得多。

具体晋升的办法以及具体职务层级和职级层次的设定要视企业的规模及其特定情况而定，在此可以给出的一个原则是，"以多层次保宽通道，以大幅度激励保效果"。

4. 人才的分类计划

这个计划的主要内容是针对不同类型的人才设计界定的标准以及根据不同标准的人才界定设计多等级的分类管理说明。这个说明主要是为了绩效计划的制订以及绩效考核与绩效评价标准的选用而设计的。分类管理与分类考核是其主要特点，为所有类别的人员，如管理人才、技术人才、生产人员、市场人才及各种专业人才找到职业发展的上升通道是其主要目标。

5. 人员奖励和激励计划

这个计划主要是为了更好地进行绩效管理，充分发挥绩效考核与绩效评价的作用。具体计划的制订需要视不同企业的规模、特点和特定的需要而论，但是有一些共性的内容应该在这个计划当中有所体现，包括各种奖励的类别和标准，月度奖励、季度奖励、年度奖励的发放程序与等级额度等。

6. 人员的分类岗位计划

这个计划是为了更好地辅助绩效计划的制订以及绩效目标的确定和绩效指标的选择而设计的辅助性政策，具有普适性和全面性的特点。在这个说明当中，除了要充分且清楚地界定出每一个工作岗位的工作职责、任务说明和匹配能力以外，还要清楚地规定出特定时期的工作目标、个人发展目标、具体的工作程序，以及需要企业绩效支持的详细内容等。

7. 福利浮动管理计划

这个计划制订的出发点是要考虑全体员工的福利安排，与之相对应的是企业组织的绩效表现，在实施的过程中要体现的是浮动管理的特点。借助这一计划，要让全体员工清楚地知道个人的福利是与企业的效益相关联的，"企业发展好，个人福利多，企业发展慢，个人福利自然减少"。此外，在这个福利计划当中，还可以允许每个战略单位、部门、团队有属于本单位、本部门和团队内部的福利安排，它们同样与各个战略单位、部门和团队的绩效收益是相关联的，而且也是必须相关联的，从而借此培养员工的"团队意识"和"集体观念"以及"组织统一"的思想。

8. 人员的内部流动与调整计划

顾名思义，这个计划主要针对的是两个类型的员工群体。

其中之一是通过绩效考核发现非常具有培养潜力的员工，让他们经过多岗位的流动以后形成更强的综合能力，从而可以胜任各种各样的工作安排。此外，参加这一计划的人员如果绩效表现一直很好的话，就可以进入前面第一个计划，也就是人才培养计划，以及第三个计划，即人员晋升计划的人员备选行列。关于这一点可以参考宝洁公司在其企业文化当中的相关描述，"与内部提升制密切相关的另一项制度是宝洁的轮岗制度，即员工能够在足够的工作年限之后改变工作岗位，到不同的部门或者不同的区域继续工作，即跨国轮岗或跨部门轮岗。在轮岗问题上公司会尊重员工的想法，并努力提供更多的机会来实现其个人选择"。

其中之二是通过绩效考核发现不适合当前岗位的人员。为了帮助他们找到更加适合的工作和更加具有对应性的发展平台，需要对他们的工作岗位进行适度的调整，以充分发挥他们的所长，克服他们的所短。如果经过多轮调整以后，还是不能完成绩效任务的则要考虑将其纳入人员辞退计划，让他们及早地离开企业去另谋合适的发展之路。

9. 人员沟通管理规范

这是为了更好地在绩效管理过程中发挥绩效协商、绩效沟通和绩效反馈工作的作用而设计的人员沟通要求及其规范。有了这样一个规范的存在和严格的执行，就可以确保各种类型的沟通工作能够常规地进行，有组织地进行，高效率地进行，从而确保"沟通随时发生，而且沟通无处不在"。

10. 人员申诉制度

这是为了配合绩效申诉工作而设计的管理制度，设计这个制度的目的就是要以制度规范的形式将绩效申诉变成常规性的工作，而不是可有可无或者一时有一时无的临时安排，从而可以保证绩效申诉工作的权威性、严肃性、公正性和客观性。

在这个制度当中，可以考虑设计五级申诉体系，第一级可以限定在主管层面，第二级可以发生在人力资源部门层次，第三级可以推进到集团分管领导的层次，第四级就是上达到最高领导面前，如果最高领导的裁定还是无法说服当事人的话，那就进入第五个层次，也是最高一个层次，即由企业绩效管理的最高领导机构绩效领导与管理委员会集体裁决。

11. 人员管理体系与权限分配计划

这是针对绩效管理七维框架体系中的第一维而设计的管理说明，它要清楚地界定各个小组、不同的团队、主管部门、分公司、子公司、人力资源部、分管高层领导、最高领导、绩效领导与管理委员会的决策权限与管理权限，要交代清楚各个层级绩效管理者的权力、权限、职责、任务、目标的分层与匹配关系。

12. 全员参与创意创新的体系设计及管理方案

这是一个高级绩效管理方案，可以融入绩效管理体系的全程，在这个方案设计当中应该包括的关键词有企业创新大会，企业创新专业委员会，创新管理专职人员，常设制度，定期汇总，不定期收集、选择、评审、采用、奖励等。

13. 人员的信息化管理规定

这是为了更好地进行绩效管理而设计的针对各个工作环节的信息支持政策，它不仅要采集企业全体人员的基本情况、历任部门、重点业绩、主要特长等静态信息，而且还要采集每一名员工、每一个管理者的动态的绩效表现。它要辅助的不仅仅是绩效考核工作，而且还包括绩效管理过程当中的其他工作环节。

14. 团队绩效管理计划

这是为了更好地发挥团队组织的作用，更好地激励团队绩效的发展而设计的管理计划。

15. 企业内部创业计划

这是为了企业更好地适应环境的变化和"互联网+"时代下对于企业经营模式创新的要求而设计的管理计划。这个计划的主要特点是鼓励员工创新、创业，最终目标是非常规地提高员工的个人绩效，并借助这种绩效水平的提高以不断地大幅度地提升企业组织的整体绩效表现。关于这一点可以参考海尔集团的做法，如企业创客化、组织小微化、产品定制化、产业网络化等。

第3章 4S企业文化对绩效管理的影响

　　有企业管理的地方就一定会有人与人之间的互动，有人与人之间互动的地方就一定会有企业文化的产生，但有企业文化产生时却不一定会促进企业管理工作的开展，但是如果这个企业文化是被精心提炼和认真设计的，那么它就一定能够促进企业管理工作的推进。也就是说，优秀企业文化的功能就是可以"高效地影响和促进企业管理的各项工作"，如果做不到这一点，那么这个企业文化管理就是不成熟的，这个企业文化体系就是不优秀的，这个企业的企业文化就是为了文化而文化，而根本没有实现落地的任务和目标。

　　绩效管理工作是企业管理当中最微观的也是最重要的管理活动，它关系着每一名员工的利益，影响着每一名员工的进取，决定着企业各个方面工作的成败，它与战略管理工作、核心能力管理工作、企业文化管理工作、品牌与资本管理工作、人才管理工作并称企业管理工作的六大重点，而这六大重点工作同时也是"企业一体化管理系统"的主要构成内容。

　　基于以上两条陈述可以做出以下逻辑分析。

　　因为企业文化可以影响和促进所有的企业管理工作门类，而绩效管理工作是企业管理工作当中的重点内容，所以，企业文化可以强力影响和全面促进企业组织的绩效管理工作。

　　关于这一点企业界早已感同身受并有所行动，而在学术界也一直被广为重视并被广泛证明。在西方学术界，关于企业文化与绩效管理两者之间关系的研究成果如汗牛充栋，不可胜数，而且这些研究成果几乎一边倒地偏向了企业文化对于绩效管理的影响。

　　从总体上看，企业文化对绩效管理的影响是趋向两极的，也就是说，它可能会极大地促进绩效管理工作的开展，或者也有可能会极大地妨碍绩效管理工作的推进。在这两个极端点之间，企业文化影响绩效管理作用的大小，取决于其与"7P"绩效管理框架的互动机理，以及特定企业对"4S"企业文化体系的内容设计。

　　知道了企业文化对于绩效管理的影响作用，了解了企业文化影响绩效管理的互动机理以后，就可以设计企业文化对绩效管理工作的支持机制，这是本章要研究的重点，也是企业界更为关心的内容。如果用八个字来概括这个内容的话，那就是"双向影响，分层促进"。其中的"双向影响"强调的是企业文化与绩效管理的互动作用；"分层促进"强调的是企业文化的"4S"体系，即表象文化、精神文化、亚文化和在生成文化对于绩效管理工作有着不同的影响方式以及因此会产生不同的影响结果。

　　这里要特别强调的一点是，任何一个企业如果希望企业文化能够积极且全面地影响绩效管理的工作，都必须首先建立起完整的"4S"企业文化体系，也就是前面所说的"四直"企业文化结构，并且要在建构这个体系的同时，考虑到它与"7P"绩效管理框架相互结合的需要。否则，企业文化本身就是不健全的，则所可能影响绩效管理的功效就不会是完整的；如果不能从源头上建立起企业文化与绩效管理两项工作相结合的基础，而后期却要强力促成两者之间的有效联动，那么开展工作一定是非常困难的。

3.1　企业文化对绩效管理的影响作用

3.1.1　美国学者们的观点

　　关于企业文化对绩效管理的全面影响，美国学者从不同的角度进行了广泛的论证，本书从中选出一些观点进行深入分析，以期可以从中梳理出企业文化对绩效管理影响作用的初步看法。

　　（1）Kandula（2006）认为，一个企业能够取得好绩效的关键是它具有一种强大的企业文化。积极的和强大的企业文化可以使每一个人都能取得优秀的绩效，实现个人的辉煌。相反的，一个企业拥有消极的企业文化或是很弱的企业文化，那么企业组织将无法激励优秀的员工去获得出色的绩效。所以说，企业文化在绩效管理中具有积极的、直接的作用。

　　（2）Denison（1990）认为，考虑到环境因素，积极和持久的企业文化对员工个体和组织绩效都有着显著的正向影响。

　　（3）Murphy 和 Cleveland（1995）认为，对于企业文化的研究将十分有助于加强对绩效管理的理解。

　　（4）Magee（2002）认为，如果不考虑企业文化的影响，包括绩效管理在内的组织行为可能会适得其反不会成功，因为企业文化与组织行为两者是相互依存的关系，其中一个发生了变化，必然会影响到另外一个。

（5）Ehtesham 等（2011）认为，企业文化与绩效管理实践有着显著的正相关关系。企业文化特质当中所强调的参与、一致性、适应性和使命等企业文化内容在企业组织当中发挥着积极影响绩效管理的作用。

（6）Schein（1992）认为，企业文化就是指企业的价值观和信仰，它为组织成员提供行为规范，而这些规范是组织所期望的，也是组织成员应该跟进的，组织成员跟进以后会有利于实现个人的绩效，所有个体绩效的成功最终会推动组织绩效目标的完成。

（7）综合 Homburg 和 Pflesser（2000），Gregory 等（2009），Zheng Yang，O'Reilly 等（1991）的观点可知，企业文化作为一种社会力量，很大程度上是无形的但却是非常强大的。经验证据表明，企业文化对市场行为、市场业务和财务业绩具有显著的影响，并会影响到员工的态度与组织效能。它对知识管理和组织效能的影响比组织战略和组织结构更加重要。一个企业的企业文化会强烈影响员工的行为，这种影响力会超越正式的控制系统、程序和权威。因此，企业文化是一个强大的手段，它可以促进企业组织取得其所需要的发展结果。

3.1.2　对美国学者观点的评述与思考

在弄清楚"企业文化对于绩效管理到底有没有作用"之前，是没有办法去做"企业文化是如何支持绩效管理"研究的，要先知道有用，然后再去思考如何去用，这是一个应用性研究的思考范式。而以上学者的研究结论全面地回答了这个问题，综合他们的观点得出的答案是，"企业文化对于绩效管理不仅是有作用的，而且是有大作用的，这种作用缺之不可"。

此外，以上学者在他们的研究过程当中，不仅提出了企业文化对于绩效管理重要的结论，而且还从各个方面论证了这种重要性的种种表现，这对本书后面的研究将会产生非常积极的影响。

（1）分析 Kandula 的观点可知，他不仅"几乎全面地"概括出了企业文化对企业绩效管理工作的影响作用，而且还十分清楚地描述了企业文化影响绩效管理的"一般性逻辑"，对此我们可以分成三个方面来理解。

第一，Kandula 认为，企业文化与组织绩效有着天然的和必然的联系，"一个企业能够取得好绩效的关键是它具有一个强大的企业文化"。在这句话当中最为重要的关键词就是"关键"这个词，它表明了企业文化对于绩效管理所发挥的不是一般性的促进作用，而是关键性的促进作用；这个因素的影响不是可有可无的，而是必须存在的。在这句话当中还有一个重要的关键词就是"强大"，它说明，企业组织绩效的高低首先取决于企业文化形式的有无，其次取决于企业文化内容的优劣，优秀和强大的企业文化才是决定企业组织绩效发展的最为关键性的因素。相反的，如果一个企业没有优秀的企业文化，或是有企业文化而企业文化的表现很差，那么这个企业就会很难取得好的绩效表现。

第二，企业文化影响企业绩效的逻辑是"一个积极的和强大的企业文化可以使每一个人都能取得优秀的绩效，实现个人的辉煌。相反的，一个企业拥有消极的企业文化或是很弱的企业文化，那么企业组织将无法激励优秀员工去获得出色的绩效"。这个逻辑表面上的意思是企业文化可以直接影响每一个员工的绩效表现，积极和强大的企业文化与个人的绩效表现呈正相关的关系，不优秀的企业文化与每一个员工的绩效表现呈负相关的关系。而在这个逻辑表面之下的意思则是，优秀的企业文化不仅促成了每个成员的高绩效水平，而且会让他们有辉煌的个人表现，这是个人追求的最大目标；所有成员的辉煌表现最终成就的是企业组织的辉煌，而组织的辉煌又会让员工有更大的动力去追求更进一步的发展。消极的企业文化不仅不能促成每个成员的高水平绩效，而且还会把那些原本优秀的员工变成庸才，使之空有一身本领却没有办法施展，这最终伤害的不仅仅是员工的个人绩效，而且还会给企业组织绩效带来灭顶之灾。

如果用最易懂的方式顺向理解以上两层意思就是：企业文化的最大作用是可以激励员工不断地提高自己的绩效能力，这是"重点"；能力提高以后员工们可以持续地改进自己的绩效水平，这是"关键"；而当全体员工的绩效任务都能高水平地完成以后，组织绩效就会有一个很好的表现，这是最终的"目标"。

第三，企业文化在绩效管理过程中起着直接的作用，它与绩效管理应该建立或是必然要建立的是一种天然的、积极的关系。因为这种关系，企业文化无须借用其他管理形式就能够促进绩效管理工作的开展，同时，无论在什么情况下企业文化都会发挥它对绩效管理的影响作用，而不会受到其他因素的干扰和阻碍。

（2）分析 Denison 的观点可知，它一方面也认为企业文化对企业的绩效将会产生深远的影响，另外他还将企业文化的这种影响非常明确地分成了两个层次，一个层次是企业文化对个人绩效的影响，这是基础；另一个层次是企业文化对组织绩效的影响，这是目标。或者也可以这样理解他的思想，即企业文化不仅会影响个人的绩效发展，而且也会影响企业组织的绩效表现，并且这两种影响之间存在着一种相互支持和彼此影响的紧密联系。

此外，Denison 也为这种企业文化设定了一个条件，这个条件他用四个字分成两个词语进行了概括，那就是"积极"和"持久"。而"积极"的意思一如 Kandula 所说，当然这里也可以把它扩展理解为"优秀的"、"成熟的"和"强大的"，而"持久"的意思 Kandula 没有提及，在这里则可以把它理解为"长期的"、"稳定的"和"可持续的"等。后一个特点是企业文化最重要的特点之一，一旦它被固化为企业的思想和理念以后就轻易不会更改。最后概括一下 Denison 的这个条件设定就是，只有"积极的"和"持久的"企业文化才能全面发挥正向影响企业绩效的作用。言外之意还包括，那些"消极的"和"昙花一现式的"企业文化则不会发挥这种作用。

（3）分析 Murphy 和 Cleveland 的观点可知，虽然他们针对这个问题的表述比较含蓄，但是他们在强调企业文化与绩效管理密切关系的同时，也告诉了人们另外一个重要的思想，那就是企业文化可以帮助组织成员更好地理解绩效管理工作，这种理解可能包括对于绩效管理工作动因、目标和工作重点的体会，有了这样的理解可以帮助员工从思想认识上找到应该更好地进行工作的动力。很多企业的绩效管理工作在开始阶段没有绩效协商，在工作过程中没有绩效沟通，在一个绩效管理工作循环结束以后没有绩效反馈，这就是典型的命令式绩效管理模式，根本没有"以员工为本""注重员工参与"等企业发展理念。如果员工不理解也要执行，从而会自内心深处产生反感，甚至是憎恶情绪，这对于员工个人的绩效是一种伤害，对于企业组织的绩效更是一种破坏。

（4）分析 Magee 的观点可知，他从更大的领域和更为宽泛的层面分析了企业文化的作用，对此可以从两个方面进行解读。

首先，他认为企业文化会影响企业组织的全部行为而不是一部分行为，它可以决定企业组织所有行为的成败而不是一个管理类别的成败。在这些组织行为当中，最先受到影响的就是企业组织的绩效管理工作，"如果不考虑企业文化的影响，包括绩效管理在内的组织行为可能会适得其反地不会成功"。

其次，他又认为，"企业文化与组织行为两者是相互依存的关系，其中一个发生了变化，必然会影响到另外一个"。这句话的意思是说，企业文化与组织行为是双向影响的关系，企业文化可以影响组织行为，组织行为也同样可以影响企业文化。基于这一点进行推论可知，企业文化与绩效管理的关系也是双向的，企业文化可以促进绩效管理的工作从而影响组织绩效的结果；绩效管理也会影响企业文化的发展，并为企业文化内容的生成与改变提供现实的依据。

（5）分析 Ehtesham 和 Muhammad 的观点可知，他们对于企业文化与绩效管理的关系分析也是体现在两个方面：一方面，他们肯定企业文化与绩效管理是一种"正相关"的关系，也就是说，如果企业文化优秀，那么绩效管理工作就能顺利推进并取得成功；另一方面，如果企业文化不优秀或者不成熟，那么绩效管理的工作就将很难顺利展开并取得预期的效果。这种观点与前面几位学者的观点完全一致。

但与前面几位学者不同的是，Ehtesham 和 Muhammad 不仅提出了企业文化可以正向影响绩效管理实践的观点，而且还进一步分析了到底是哪些企业文化内容在发挥这种作用。"企业文化特质当中所强调的'参与'、'一致性'、'适应性'和'使命'等企业文化内容在企业组织当中发挥着积极影响绩效管理的作用"。分析这句话可知,两位学者认为,在一个企业的企业文化内容当中应该包括四个方面的重点,它们分别是企业的使命、企业成员的参与、企业组织思想上的"一致性"和企业管理对于外部环境的"适应性"。事实上,他们强调的这四个方面的企业文化内容中的后面两个也是企业文化管理的作用,对此 Schein 曾经做过充分的描述,下文还将对此进行深入的分析。

两位学者认为,有了这样四个方面的企业文化内容作为保障,企业绩效管理的工作就能开展得很顺利,而且组织绩效的目标也一定能够顺利实现。

(6)分析 Schein 在这里对企业文化及其作用的描述,可以进一步验证他对企业文化理解的权威性,作为美国学界最为知名的研究企业文化管理的专家之一,他对企业文化各个方面的分析往往都是最为全面和最为精细的,这样简短的一句话,就被他概括性地注入了多层意思。

其中,第一层意思无疑是在说企业文化是什么,关于这一点前面已经做过分析。

第二层意思强调的是行为规范,在他看来,这是组织成员处世理事的方式和路径,而且企业员工的个人绩效水平与这些行为规范相关,有了这些行为规范的指导和约束,所有的员工都有机会完成自己的绩效任务。

第三层意思在于对这种行为规范的解读,它们首先是员工要奉行的且是必须要奉行的;其次是组织所期望的,或者就是组织所设计的;最后是所有组织成员都会跟进的,这当然也包括新加入企业的成员。如果用最为平常的思路去想一下:做事情的方式是对的,所选择的路径没有错,那么最终的结果当然会是好的。

第四层意思在于说明个人绩效与组织绩效的关系,关于这一点,他和前面几位学者的观点一致,也是认为"所有个体绩效的成功最终会推动组织绩效目标的完成"。也就是说,如果企业全体成员都能够按照企业文化所规定的行为规范进行工作的话,那么个人的绩效就能与组织的绩效成功对接,个人绩效的完成就能促进组织绩效的顺利实现。

(7)分析 Homburg 和 Pflesser,Gregory 等,Zheng Yang,O'Reilly 等(1991)的观点,可以得出如下几条结论。

第一,无形的企业文化可以发挥有形的影响力量,这种影响直接作用于企业发展的方方面面,并最终会促进企业组织不断实现其绩效管理的目标。

第二,企业文化对组织绩效的影响始自于对员工态度的影响,员工的态度决定了员工的行为方式,员工的行为方式决定了员工的工作水平,员工的工作水平决定了员工的绩效表现,所有员工的绩效表现最终又会影响到企业组织的绩效成果。

第三，企业文化对企业绩效的影响还体现在十分具体的工作表现上，这些工作表现包括市场行为、市场业务和财务业绩等。

第四，企业文化对知识管理和组织效能的影响比组织战略和组织结构更加重要。

第五，企业文化虽然不是正式的控制系统，但是它比正式的控制系统、程序和权威还要有影响力，这种影响力是企业组织内生的，是潜移默化的，是深远的，也是不可替代的。

3.2　企业文化影响绩效管理的内在机理

企业文化影响绩效管理有着内在的逻辑，这个逻辑表面上看是三条，第一，不同的企业文化类型会带给企业绩效管理不同的影响，相同的企业文化类型对于不同企业的绩效管理会形成不一样的影响作用；第二，企业文化可以直接影响企业成员个人的绩效能力，有了绩效能力的不断提升，企业成员个人的绩效水平也会不断得到提高；第三，企业文化通过影响每个组织成员的个人绩效表现，从而会最终影响整个组织的绩效产出。虽然这些思想都是企业文化作用于绩效管理的主要逻辑，但是这些逻辑是如何发生的，它们的实际影响过程如何，其影响因素有哪些，对此还需要做出进一步的分析，而这种分析的结果必然会生成企业文化，从而影响绩效管理的内在机理。

3.2.1　西方学者的研究成果

（1）前面提到过的学者 Taylor（2014）梳理了西方学者曾经提出的关于企业文化是如何影响绩效管理的分析模型，并认为以下三个是比较突出的：第一个是 1996 年提出的网格组理论；第二个是 2005 年提出的企业文化五成分理论，包括权力距离、不确定性规避、个体主义与集体主义、男性与女性、长期取向与短期取向；第三个是1983年提出的竞争价值分析框架。

（2）前面提及的学者 Prajogo 和 Mcdermott（2011）认为，企业文化应该分成四种类型，即群体文化、发展文化、等级文化和理性文化，而这四种类型的企业文化会对不同的企业绩效类型产生不同的影响作用。具体情况如下：面向柔性化和外部客户，并且强调转变、创新和成长的发展文化，它与产品创新、产品质量及过程创新呈正相关的关系。也就是说，一个企业如果重视产品创新，重视产品质量，重视过程创新，那么绩效管理体系应该围绕这三个目标进行设计，而相对应地应该选择发展文化为之提供支持力量。面向灵活性和内部活动，并且强调授权、信任、承诺、参与管理、团队协作的群体文化与过程创新、过程质量呈正相关关系。也就是说，如果一个企业的绩效管理更加看重过程创新和质量管理时，它相应地就要设计偏向群体文化类型的企业文化体系。面向控制和内部活动的等级文化与过程质量呈正相关关系，以控制和外部活动为导向的理性文化与产品质量、过程质量呈正相关关系。所以，如果一个企业特别重视过程质量，那么它就应该强调等级文化；如果一个企业十分看重产品质量和质量管理过程，那么它就应该强调建立理性文化。同时，因为相同的绩效管理要求，也可能会对不同的企业文化类型有所需求，所以，有时也可以把多种企业文化类型融合在一起进行设计。

（3）前面提到的另外一些学者 O'Reilly 等（1991）认为，企业文化对于企业组织的绩效有着广泛的影响，包括对公司财务业绩（收入增长）、声誉、分析师的股票建议、员工的态度等方面的影响。有趣的是，不同的企业文化差异与不同的企业绩效相关。其中，更具创新性的文化会使企业有更高的销售增长，更多的官僚文化会让企业组织更高效，更具支持性的文化会使企业组织有更高水平的员工满意度，但同时又会出现较低的销售增长。企业文化更强调适应性的组织，其绩效会比那些不太强调适应性的组织更好。企业文化强调结果的企业组织，其绩效表现会比不太强调结果的组织更好。企业文化更注重细节导向的企业组织，其绩效表现好于不太注重细节的企业组织。

（4）前面提到的 Barney 认为，为了确保企业能够有一个持续卓越的财务表现，企业文化需要在三个方面发挥其支持性的作用。首先，企业文化必须是有价值的，它必须能够引导一个公司所做的事情和行为的方式，可以形成高销售、低成本、高利润率，或以其他方式增加公司的财务价值。因为优越的财务表现是一种经济观念，要产生这样的表现，企业文化必须有正面的影响力量。其次，企业文化必须是独有的，它必须具有自己的属性和特征，要能够与其他公司有所不同。最后，这种企业文化必须是不可模仿的，如果其他公司试图模仿这些文化，他们将在某些方面诸如声誉、经验等方面落后于他们试图模仿的公司。一个公司如果拥有了这样有价值的、罕见的和不可模仿的企业文化，那么它就具有了持续的竞争优势，这样的公司将会享受其企业文化所带来的积极的经济后果。

（5）Dobre 认为，强大的企业文化有助于组织预期和适应环境的变化，因此积极的文化应该可以加强和支持组织的长期绩效表现。企业文化的四个特点（适应性、使命、一致性、参与性）对绩效管理实践有着显著的正向影响。其中，一致性对于绩效管理有着最大的影响，这意味着有效的企业文化应该强调高度协调、高度一致和适当的整合。一致性是稳定性和内部均匀性的一个重要来源，作为行为在组织的核心价值观中有其根源。考虑到这些变量和组织绩效之间的关系，因此，重要的是要留住能够认同组织目标和价值观的关键员工。因此，企业组织要为这些员工提供就业保障和职业发展空间。以这种方式，企业组织将不仅可以降低员工的流失率，而且也会因为这些已经习惯了公司的价值观、信念和规范的员工，确保企业可以形成一个更强大的企业文化。

3.2.2　对西方学者研究成果的评述与思考

通过分析 Jeannette 的观点可以看出三个方面的信息：第一，企业文化确实对绩效管理有着全面的影响，否则不会引起那么多学者的关注；第二，针对企业文化影响企业绩效管理进行研究的视角很多，研究的成果也很丰富；第三，众多的学者对企业文化影响绩效管理的研究比较注重其应用价值。

分析 Daniel 等的研究成果可知，他们在这个问题上提出了两个观点，并且更加强调的是第一个观点。

他们提出的第一个观点是，不同的企业文化类型会对不同类型的绩效管理产生不同的影响。由这一观点可知，不同类型的绩效管理需要不同类型的企业文化提供支持，不同企业文化对绩效管理的影响作用大不一样。这从另外一个角度证明了前面提出的观点，以及后面会进一步论证的内容，那就是"企业文化与绩效管理是一种双向影响和相互支持的关系，任何认为只有企业文化会影响绩效管理工作，而绩效管理工作不会影响企业文化的观点都是不对的，这对于现实企业管理工作的指导也是不利的"。

为了证明这个观点，他们将企业文化分成了四个类型，即发展文化、群体文化、等级文化和理性文化，关于这一点前面已经做过分析，此处要借鉴的是他们对这四种不同类型企业文化特点的描述，以及其对于不同绩效管理的要求和影响。

其中，发展文化的特点是面向柔性化和外部客户，并且强调"转变""创新""成长"，与这些企业文化特点相对应的绩效管理应该注重"产品创新"、"产品质量"以及"过程创新"；群体文化的特点是面向灵活性和内部活动，并且强调"授权""信任""承诺""参与管理""团队协作"，与这些企业文化特点相对应的绩效管理应该注重"过程创新"和"过程质量"；而等级文化的特点是面向控制和内部活动，与这些企业文化特点相对应的绩效管理应该注重"过程质量"；而理性文化的特点是以控制和外部活动为导向，与这样的企业文化特点相对应的绩效管理应该注重"产品质量"和"过程质量"。

他们提出的第二个观点是，企业文化的类型与企业的绩效管理要求不是单一的对应关系，为了满足特定绩效管理的要求，有时需要把多种企业文化类型融合在一起进行设计。至于到底应该如何进行融合，要视特定企业的特定需要而定，而"针对性"和"实用性"是这项工作最为重要的原则。

O'Reilly 等（1991）认为，企业文化对企业绩效的影响有着非常具体的表现，这可以分成两个方面。

第一个方面，特定企业的企业文化会影响这一企业具体的绩效活动和绩效表现，这些活动和表现包括公司的业绩也就是企业收入的增长、公司的声誉、分析师对自家企业的股票建议及企业员工的态度等。

第二个方面，不同的企业文化类型会影响不同企业组织具体的绩效结果，为此他们列举了六个方面的例子，这六个方面的例子同时也是他们所看重的企业文化的六个类型：①"更具创新性"的企业文化会使企业有更高的销售增长；②"更具官僚主义"的企业文化会让企业组织更加高效；③"更具支持性"的企业文化会使企业组织有更高水平的员工满意度，但同时又会出现较低的销售增长；④"更强调适应性"的企业文化，会使组织绩效比那些不太强调适应性的组织更好；⑤"更强调结果"的企业文化，会使组织绩效表现比不太强调结果的组织更好；⑥"更强调细节"的企业文化，会使组织绩效表现好于不太注重细节的企业组织。综合他们提出的这六个类型的企业文化对绩效管理的影响可以再度提炼一个结论，即为了企业绩效管理工作的稳定和快速推进，一个企业应该培育"重视创新""强调组织统一""全面支持员工发展""保持组织适应性""结果导向""关注细节"的企业文化。

Barney 对于企业文化影响绩效管理的分析是最为直接的，他所分析的指标就是一个企业持续卓越的财务表现，而企业之所以能够获得如此持续卓越的财务表现主要归功于企业文化的影响。而为了能够让企业文化持续稳定地发挥促进企业财务表现的作用，这个企业的企业文化应该具备三个方面的特点，它们分别是有价值性、独特性和不可模仿。

其中所说的有价值性是指企业文化对绩效工作的正向促进作用；独特性是指特定企业的企业文化必须与众不同；不可模仿是指不能模仿，如果一个企业模仿其他企业的企业文化，则会在声誉和经验等方面落后于他们试图模仿的公司。结论是，如果一个企业建构了有价值性、独特性和不可模仿的企业文化，那么它就可以发挥促进绩效管理的作用，并能为企业组织绩效目标的实现提供强大的动力。

分析 Dobre 的观点可知，他的研究传达出了三个方面的信息：第一，他认为企业文化对组织绩效的影响体现在其"长期性"上，也就是说，优秀的企业文化能够促进企业组织的长期绩效成长，这是任何一种力量都没有办法相比的。第二，企业文化具有四个方面的重要内容，它们分别是"企业使命"、企业对外部环境的"适应性"、企业管理的"一致性"和企业员工的"参与性"，这四个内容都对企业的绩效管理发挥正向的促进作用。第三，"一致性"是企业文化四个内容当中对绩效管理的影响作用最大的一个。这种"一致性"就是前面所说的"统一性",它不仅可以确保企业组织的高度稳定和高度协调,而且还可以确保企业成员在组织核心价值观上始终保持一致,从而反过来又会促进企业文化形成更加强大的统一力量。

综合以上学者们的观点可见,大部分的研究成果都是在关注具体企业文化类型对企业绩效的影响,但却少有人从企业内容体系和层次划分的整体角度去系统研究企业文化到底是如何影响绩效管理工作的。虽然多数学者强调了企业文化对于企业绩效的长期影响作用,但是,对于这种影响作用发生的机理以及如何工作的机制所进行的研究还不多,还缺少可以指导操作的研究结论。

3.3　企业文化与绩效管理是双向选择的关系

在具体探讨企业文化是如何影响绩效管理工作这个问题之前,首先要再次明确一个观点,那就是"企业文化与绩效管理之间是双向选择和双向影响的关系",它们之所以会有这样一种关系是因为"企业文化与绩效管理之间天然存在着可以进行相互支持的内在逻辑"。明确了这个观点以后,才能更好地寻找企业文化管理与绩效管理两类工作之间的内在联系,才能在企业文化与绩效管理之间建立起高效的联动机制。

对此,中国学者陈淳铌(2015)认为,企业文化对绩效管理体系的实施、运行起隐性的指导作用,影响并决定绩效管理方式。反过来,企业文化最终通过绩效评价和价值分配体系来发挥其功能。因此企业管理者应当正确处理它们之间的关系。

段好勇(2004)认为,企业文化与企业绩效管理密不可分,基于企业文化的绩效管理应当以企业文化为导向,塑造出科学合理的绩效管理理念;以企业文化为核心,建立独具特色的绩效管理体系;以企业文化为宗旨,开展终身学习型绩效管理工作;以企业文化为依托,采取个性化的绩效管理方式。

潘媛媛和刘平(2012)认为,绩效管理和企业文化之间存在着千丝万缕的关系。企业在进行绩效管理时必定会渗透和体现着企业文化,同时也在潜移默化地接受着企业文化的影响,毋庸置疑,绩效管理的有效运作离不开企业文化的引导和保障。

也就是说,企业文化影响绩效管理首先是一个"被选择"的过程,也就是说,针对不同的企业特点,结合绩效管理的不同要求,企业组织和各个战略单元应该相应地去选择不同的企业文化内容以为绩效管理工作提供支持。或者换一个角度说，在企业绩效管理工作全面推进的过程中会自动生成可以指导各个环节高效地开展工作的思想和理念，这些思想和理念经过长期使用被验证是有效的，以后就会被固化为特定的企业文化内容。

van Dooren 等（2010）在2010年采用 Douglas 的网格组理论对此进行了研究，并得出了不同类型的企业文化适用于不同类型的绩效管理的结论，延伸这一结论，就是不同类型的绩效管理工作需要选择不同类型的企业文化内容作为支持。根据前面的研究可知，企业文化自身有着极其丰富的四层次内容，绩效管理也有着非常丰富的七维工作程序，不同的绩效管理工作因为不同工作内容的需要相对应地会自动寻找不同内容的企业文化给予支持，而不能所有的企业都采用相同的企业文化去影响绩效管理所有环节的工作，也不能一个企业在所有的时期都采用相同的企业文化设计去支持企业绩效管理在不同时期当中的发展要求。

他们对此进行了举例说明，如果一个企业的企业文化是强调"个人主义"的文化，也就是非常强调个人的努力、个人的技能和个人竞争的信仰，那么相对应地就可以采用"以激励为主"的绩效结构。相反，如果一个企业的企业文化是强调"平等主义"的文化，也就是强调高度的组织归属感，则可能与个人激励相反，应该强调"绩效对话"而不是"绩效激励"。

分析他们的举例，还可以看出其中所包含的另外一层意思，也就是说，为了适应企业文化的发展，企业组织也应该采取"相对应"的绩效管理思想和绩效管理方式。这就是一体两面的事情，企业文化要适应绩效管理发展的需要，有什么样的需要就应该设计什么样的企业文化内容；绩效管理也要迎合企业文化发展的需求，有什么样的需求就应该设计什么样的绩效管理体系。

在企业文化与绩效管理的双向选择过程中，企业应该坚持这样的一个指导思想，即"双方趋近，相互补充，共同完善"。为了绩效管理工作的有效开展，需要选择设计相应的企业文化内容以作为支持力量，但是也不能只是为了支持绩效管理工作的开展就全面设计与之相对应的企业文化内容，有时为了企业文化发展，或是为了企业文化体系当中某些内容落地的需要，也会反向要求设计相对应的绩效管理的工作程序。

在本书的研究过程当中，笔者访谈了很多的企业家和学者，其中匹兹堡大学的 Fred 教授在谈到绩效管理与企业文化的关系时，把它们放大到企业战略管理、人力资源管理、绩效管理和企业文化四个层面进行了分析。如果把这位曾经在多家跨国企业从事过人力资源管理工作的教授的思想整理一下的话，可以梳理出如下七个方面的观点，以供中国企业参考。

（1）发展规模比较大的企业，尤其是跨国企业在建构其企业文化的时候应该考虑"全球化"的视角，在全球化的市场竞争过程中，一个国家的文化会影响到企业的文化，同时也会影响到企业的竞争战略与经营策略。特别是大国的国家文化对企业文化的影响是非常明显的，这些企业在参与全球竞争的时候，也会同时向外输出它们的企业文化以及国家文化。反过来，这些企业的企业文化又会影响到它们在全球组织当中的绩效水平。

（2）企业文化的设计与绩效管理体系的建立必须围绕企业的战略进行，为了实现企业的阶段性战略目标，绩效管理的目标以及指标必须与企业的战略目标相匹配，绩效管理的工作必须与战略管理的工作相对应，同时，在这个过程中应该培养更加适用的企业文化，以帮助企业员工实现其绩效目标，并最终帮助企业实现其战略目标。

（3）绩效管理与企业文化管理的工作必须围绕人力资源的工作展开，人力资源部门的工作就在于借助企业文化向员工说明企业存在的原因和发展的目的，以及员工在为谁工作，他们为什么要努力工作。此外，人力资源部门要借助绩效管理指导员工的具体工作过程，给他们创造学习的机会和发展的空间，帮助他们提高自己的能力并据此而不断提升个人的绩效水平，从而最终帮助企业促进组织绩效的发展。

（4）绩效管理工作应该考虑员工的个性化特点和多样化的需求，并力争满足他们的这种多样化的需要。因为员工的需求非常多元，所以这给绩效管理工作带来了挑战，这就要求人力资源部门不断地创新工作方法，不断地设计更加适用的绩效考核指标。

（5）企业文化管理与绩效管理作为企业战略管理的两个重要方法，它们必须整合到一起使用才能发挥各自最大化的作用。此外，在设计企业文化体系和建构绩效管理机制的时候，一定要从组织管理的整体出发，这样就会更加有利于实现企业文化与绩效管理两者的统一。

（6）为了确保企业战略目标和组织绩效目标的不断实现以及企业的可持续发展，就必须在企业内部培育"分享"的企业文化，让企业全体成员都能够分享企业发展的获利；必须培养企业员工的"参与意识"、"敬业思想"和"献身精神"。要做到这一点，以企业家为首的高层领导团队必须"以身做责"。美国很多大企业的首席执行官和高管因为占有了企业大部分的收益，每年领取高额的薪水，这无疑已经拉大了他们与企业员工的距离，这种距离既是收入上的距离，也是心理上的距离，有了这样的距离对于企业的进一步发展将会产生非常不利的影响。

（7）企业文化管理应该在源头上告诉企业员工，"我们是谁""我们要做什么""我们为什么要这样做"。然后通过各种形式和不同内容的企业文化设计和管理，不断地对员工强化这些思想，以让它们由企业的思想变成员工的思想，帮助员工实现"企业让我做"到"我自己就想这么做"的转变。

3.4 企业文化 4S 体系对绩效管理的全面影响

因为企业文化是柔性的，是分层次的，所以它对绩效管理工作发挥的作用是无形的，也是立体的。下面首先给出"4S"企业文化体系影响绩效管理的总体说明，然后再借助概念剖析、场景再现、情景模拟和案例分析等方法，分别说明企业文化中表象文化、精神文化、亚文化和在生成文化对于绩效管理的不同影响机制和具体的影响表现。

3.4.1 总体说明

针对企业文化对于绩效管理的影响，有两种不同的理解方式，一种是狭义论式的理解，一种是广义论式的理解。

其中，持狭义论式理解的人首先坚持的是狭义论的企业文化观，具体表现就是他们认为一个企业的企业文化就是这个企业的精神文化而不包括其他方面的内容。以此观点作为基础，他们同时也认为企业文化对绩效管理的影响主要源自于其精神文化的内容，也就是说，精神文化当中所强调的理念、价值观和信仰为员工的行为提供了精神上的指导，有了这种精神上的指导和激励，员工们会更加努力地工作，会有更多的热情和创意投入各自的工作岗位中去，从而会不断提高个人的绩效水平，在客观上促进了企业组织绩效的整体提升。众多学者认可并反复论证这种精神文化对于绩效管理工作的柔性指导和精神激励的作用，认为它是企业文化对于诸多企业管理工作正向影响的一个重要方面。

分析狭义论式的理解可知，这种观点本身没有错，精神文化作为企业经营哲学的主要内容，它为员工提供的是"如何想"与"如何做"的指引，有了这种指引，员工就可以清楚地知道应该"如何去想"和应该"如何去做"，如果大家都是一样的想法，一样做事情的方式，那么企业文化统一企业管理的效果也就出现了。所以说，精神文化确实应该成为企业文化影响绩效管理的主体。

但是，事情总是有其两面性，当一个企业精心设计了完整的精神文化，在思想和理念上全面引导员工"如何去想事情""如何去做工作"时，员工们却"不这样想"，也"不这样做"那应该怎么办呢？或者说，那些有觉悟、有追求、有思想、愿意服从的员工会按照企业精神文化所界定的内容去想去做，可是，还有那些觉悟不太高、志向不太大、不是很喜欢服从以及非常有个性和有自己想法的员工呢？如果他们就是不按照这种统一的理念去思考，也不按照统一的路径去工作又当如何？再次强调精神文化的引领作用，去教化、去劝导、去说服，会有用吗？效果不一定理想。

基于这样一种理解，笔者认为，在企业文化对绩效管理的影响方面应该持广义论式的观点，也就是说，为了更好地促进绩效管理工作的开展，应该全面发挥企业文化"4S"体系的综合作用，要借助"4S"企业文化体系为绩效管理工作的运行营造一个全方位、立体交叉的发展氛围。当企业文化这四个层次的内容可以协同发挥作用的时候，便可以对企业的绩效管理工作产生"强大的"以及"强化的"促进作用。

当然，这四个层次的企业文化在形成整体协同的前提下，它们对企业绩效管理的影响方式和影响力度是不一样的，也就是说，企业文化不同层次的内容对于绩效管理会有自己不同的发生机制，也正是如此才能发挥它们相互补充、整体协同的作用。

其中，正如前面狭义论式所说，精神文化要发挥的是主导性的作用，作为企业文化体系的核心内容，精神文化又包括六个具体的要素，它们分别是企业愿景、企业使命、企业宗旨、核心价值观、企业精神和企业理念，这些内容对整个企业组织的影响都是全面和深远的，对绩效管理工作的影响当然也是全面和持久的。只不过，在这六个方面的内容当中，企业的核心价值观、企业精神和企业理念这三个方面对绩效管理工作的影响更为直接，正是借由这些内容可以告诉企业员工应该"如何去想，如何去做"；而另外三个方面的内容企业愿景、企业使命和企业宗旨则可以帮助员工更好地理解企业应该"如何去想，如何去做"，或者也可以告诉员工企业"正在想什么"和"正在做什么"以及"未来还想做什么"。

表象文化和亚文化要发挥的作用就是弥补前面狭义论式当中精神文化对绩效管理的影响柔性有余而刚性不足的缺点。

其中，表象文化之制度表象文化与行为表象文化会以制度规定和规范说明的形式告诉企业成员"必须要做的事情"和"必须要如何做事情"的路径，以及做得到会有什么奖励，做不到会有什么样的处罚。没有规矩不成方圆，有了规矩就可以成为方圆，而且这个规矩是个讲道理的规矩，道理就在前面的精神文化当中。

亚文化是各类精神文化的次级表象，因为它的亚分级的特点，它与企业的员工最为接近，也最容易为员工所接受，所以它对个人绩效的影响作用最大，从而对整个组织的绩效产出影响也最大，因为有了"亚文化"的分解和补充，精神文化的引领作用也就会得到强化。

在生成文化，顾名思义就是还没有最终形成的企业文化，它主要是亚文化的前身，也有可能会形成新的精神文化。当然，不是所有的在生成文化最终都能够被企业组织所采纳，所以，还有个筛选和评价的过程。但是，这并不妨碍它在生成过程中对企业绩效管理，尤其是对员工个人绩效和小群体绩效的影响作用。

3.4.2　表象文化对绩效管理工作的影响

表象文化对绩效管理工作的影响是非常直接的，这主要取决于其内容的"直感性"，也就是说，所有的员工每天都能感受到它的存在，而且也容易受到它的影响。

表象文化对绩效管理工作的影响基于它的三个分类而有所不同，三个分类是物质表象文化、制度表象文化和行为表象文化。下面可以分别看一下它们是如何影响企业绩效管理工作的，以及又是如何影响个人和组织绩效成果的。

1. 物质表象文化对绩效管理工作的影响

物质表象文化是指企业文化有形的实体或是具有物理属性的表述，作为企业文化尤其是精神文化和各种亚文化的表现形式，它所发挥的是日常性的和规范性的影响作用。它们就在那里，每个企业成员每天看得见它们，感知得到它们，所以它们的影响是潜移默化的，是直接的，也是最为持久的。

下面不妨做一个情景模拟，借以说明物质表象文化是如何影响员工个人绩效表现的，并且借助这个情景模拟也能看出一个企业组织是如何借助物质表象文化去管理员工个人绩效和团队绩效的。

情景模拟故事当中的主人公是一个企业当中的中层管理人员，在这里可以姑且称它为小 D。

小 D 早上开车去公司上班，进入公司大门第一眼所见到的是公司红白两色相间的漂亮的办公大楼，大楼的主体是现代建筑，楼顶进行了古代风格的装饰，又高又宽，很有气势。在楼顶正中间，醒目地悬挂着公司精心设计的 Logo（标识），那个 Logo 厚积薄发、一飞冲天的造型让他想起了公司的重要理念。在 Logo 的左侧用楷体大字书写着公司的核心价值观，而 Logo 的右侧也是一行大大的楷体字，只不过书写的内容是公司的企业精神。小 D 很快地看了一眼文字内容，在头脑当中条件反射式地出现了老板在讲述这些内容时激情四射的样子，因为天天听领导讲，天天要看到这个漂亮的办公大楼，这些文字已经深深地印在他的大脑当中，而且他也熟知这些文字的由来以及它们所要表达的思想。

在大楼门前两侧分别摆放着形态威风的石狮子，个头很大，被擦洗得干干净净，坐在高高的基座上，注视着远方。正对着大门的花坛上矗立着国旗和公司的旗帜，迎风飘摆。宽敞的院落里种着各式各样的鲜花和风景树，人行道和车行道被精心地安排在其中。在鲜花和风景树之间还分散着一些大树，大树下面是碧绿的草坪，几只小鸟从晨睡中醒来，在那里欢唱着什么，仿佛是在迎接他的到来。

小 D 跟门前值班的同事打了个招呼，然后把车子停到地下车场。

这时候公司各个部门的同事已经陆续到来，大家穿着统一的西装，打着不同颜色的领带，有说有笑地涌入了办公楼的大门。进入大门，正面墙上是大幅的气势非凡的万里长城图，两侧悬挂着一副对联。每次看到这副对联，小 D 都觉得有趣，因为这副对联是老板亲自所拟并找有名的书法家书写上去的，上联描述的是企业使命，下联描述的是企业愿景，用语对仗工整，意思表达清楚，与长城之画对应，且语气还带有一点俏皮。

左侧墙上是公司历年所获得的各种荣誉，右侧墙上是公司季度绩效考核英雄榜。看到左侧墙，小 D 感觉非常光荣，因为在那一长排的企业荣誉证书中有一个就是他带领团队为公司挣回来的，为此，他和他的团队在公司的年会上还受到了企业老板当众为他们戴大红花的奖励，那天自己的妻子和儿子都在现场，当时的感觉简直就是无与伦比。此外，奖金也很可观，每个人都得到了一个大大的信封，而他那个看上去还要更厚实一点，这着实让他喜笑颜开。

不过看到右侧墙他的心里掠过一丝小小的压力，公司十五个部门，绩效考核分成五个档次，每个档次三个部门，只有处于前面三个档次的部门可以上这个英雄榜，另外两个档次的部门会出现在一个英雄仍需努力榜上。这个英雄榜三个月刷新一次，小 D 所在的部门已经两次榜上无名了。以前他们部门可是这个榜上的常客，那时，他们部门里所有的同事走过这个英雄榜时，个个都是昂首挺胸，志得意满的样子。可这半年以来，大家虽然努力不减，但是其他部门却进步飞快，这让他们多少感觉有点无奈。今天小 D 在这个英雄榜下停了一会，下定决心，要召集所有同事再次开会讨论一下对策，毕竟原来那些做法好像只能维持现状却不能提高水平。另外，小 D 还下定决心，这一次一定要邀请企业老板和分管领导参加，一定要听听他们的建议和看法。前几天，他还安排人去刺探其他部门的情报，这一次要一并分析一下其他部门进步如此迅速的经验，知己知彼，方可百战不殆。

上了二楼就是小 D 的办公室，这一长长的楼道两侧一共分布着公司五个部门，所有的办公室都是通透的，每个办公室之间是一米到两米高的盆栽树景，每个部门的界限是半米宽的一条人造小河，这个河的河水每两个小时流动一次，水中还养着很多小鱼，甚至还有青蛙。除了吊兰，各个办公室的花多数都不一样，用以区分不同的部门。楼道两侧除了卫生间以外，还有一个用玻璃窗封闭起来的运动室，每天上午 10 点和下午 4 点是开放的时间；有一个可以远程视频的会议室，邻窗，也是玻璃墙；一个休息室，休息室里摆放着宽大的沙发，有书，有棋，还有茶水和咖啡。

这次为了让每个人畅所欲言，小 D 决定把开会的地点放在休息室，让每个人来个头脑风暴。这一次，一定要把部门绩效提上去，否则的话，一年之内不上英雄榜，不仅会影响部门的绩效和形象，而且还会影响到个人的绩效和收入，所以，为了集体的名誉和效益，为了个人的奖励和收益，一定要群策群力，大干一场才行。

情景模拟到这里，我们不再详述小 D 是如何开会的，以及会后部门成员又是如何拼搏的，但是我们可以预期或是预测一下结果：小 D 的部门经过讨论提出了新的工作思路，采用了新的工作方法，提高了部门的绩效水平，然后又重新登上了英雄榜。被挤下去的部门的领导也像小 D 一样，经历着小 D 的思想过程，采用了小 D 的解决办法，然后也再一次提高了绩效水平，再一次回到了英雄榜。这些部门你争我赶地工作，最终确保了组织绩效目标和企业战略目标的不断实现。

回头再看一下这个情景模拟，是什么促成了小 D 的心路历程和工作过程呢？是什么催生了企业如此样式的发展格局呢？答案当然是企业的"精神文化"和"绩效管理"工作共同发挥了主导作用。但是如果"精神文化"和"绩效管理"的理念没有很好地借助"物质表象文化"去表达，没有通过有意义和有意思的物质表象去宣传，则"精神文化"的作用就不可能全面且准确地发挥，"绩效管理"工作的理念也不会被员工如此深刻地体会。在此场景里，这个公司的"物质表象文化"是经过精心设计的，而且与"精神文化"进行了充分的结合，并且与"绩效管理"的工作密切地进行了联动，所以它才能够如此高效地引领着企业员工的思想和行为，并且不断地创造着个人的高绩效成果、团队的高绩效成果及企业组织近乎完美的绩效表现。

2. 制度表象文化对绩效管理工作的影响

制度表象文化的产生源自于制度文件对员工行为的约束和指导，制定和执行制度的目的有三个：第一，确保组织成员能够按照企业统一的要求进行工作；第二，给予员工实际工作程序和方法的指导；第三，确保企业绩效目标的完成和战略目标的实现。

分析第一个目的可知，如果借助制度文件和长期执行制度文件而形成的制度表象文化的影响，可以确保全体成员都能够按照企业既定的要求进行工作，那么企业组织相应地就会形成协同发展的合力，客观上就可以达到通常所说的"心往一处想，劲往一处使"的境界，有了这样一种境界，那么企业组织的绩效目标就能够实现。

分析第二个目的可知，制度文件既是一种规定同时也是一种指导，它可以指导企业成员知道"什么应该做""什么不应该做""什么事情应该如何做""什么事情不能如何做"，有了这样的指导组织成员就能够很好地开展工作，这样不仅对企业组织的整体发展有利，而且对企业成员的个人绩效也有益。试想任何一个制度的出台，无论是财务管理制度还是人力资源培养制度，无论是生产管理制度还是物流采购制度，无论是市场开拓奖励制度还是企业文化管理制度，它们都会经过企业领导和部门负责人甚至外部专家的反复推敲和论证，都会经过长时间的检验和应用，这样几个循环下来的制度规定往往都是比较成熟和有效的，有了它们作为指导，企业成员自然会把工作做好，员工的工作做好了，个人的绩效目标自然也就实现了。

分析第三个目的可知，它实际上是一个主要的目标，而这个目标的实现取决于前面两个目的的实现，其中的内在逻辑是：有了成熟的制度规定和严格的执行，企业所有成员的个人绩效都能够实现；所有成员在实现自己的个人绩效时是按照制度文件的统一要求进行的；而统一的制度文件正是为了实现企业发展的组织绩效和战略目标而设定的。

下面介绍三个可以反映一个公司制度表象文化的企业场景，它们未必都是好的，但却是笔者亲眼所见现实发生的。之所以举出这几个例子，就是要帮助读者更直接地感受一下制度表象文化对企业管理工作以及企业绩效管理工作的影响。同时想强调的是，所有的企业在制定制度之时，或是在执行某项制度之际一定要非常慎重，有时制度本身可能已经不是那么重要，重要的是长期执行这项制度而形成的制度表象文化，它可能会给人留下正面的印象，也可能会给人留下负面的印象，它可能会正向地发挥作用，也可能表面上看是正向的作用，而长期看负面的作用更大。

场景一：

某企业是一家制造加工产业当中的民营企业，2015 年在新三板上市，企业发展得很好，势头很足，正在雄心勃勃地向着多元化的战略目标进军。企业家虽然是工人出身，没有什么文化，但是却能高度重视企业文化，高度重视制度管理。

每天下班之时，公司的大门前会排起一个汽车长队，所有开车上班的员工不论什么级别，都要下车打开后备箱，然后有两个保安模样的人会对之进行检查，看看是否有夹带公司财物和产品配件外出。之所以会有这样一个场景，是因为公司有这样一条制度；之所以会有这样一条制度，据说是因为企业家不相信员工会不偷东西；之所以企业家不相信员工们会不偷东西，是因为他以前在工厂做工的时候就经常往外拿东西。

企业家的思想是企业文化的源头，有了这样的企业家思想就有了这样的制度，有了这样的制度就会出现这样的制度表象和企业文化氛围。

这种"制度表象文化"有用吗？笔者打听了一下，还真是管用。尽管检查人员每天并没有十分上心地做这件事情，对于职位比较高的人，以及个人关系比较好的人，他们也几乎不看，但是几年下来，公司还真的没有丢一件东西，这也算是为公司省钱，从另一个角度帮助企业提高了绩效水平。

笔者好奇地再做进一步打听，发现企业员工对这个制度持两种态度：第一种态度认为，这种做法很可笑，因为公司所设计的四条企业精神当中有一条就是诚信，而这种做法摆明了就是对人的不信任，每天都不被信任的员工怎么才能对企业诚信？公司如何才能培养出诚信的企业精神？第二种态度认为，这是无所谓的事情，公司愿意有什么制度就有什么制度，他们挣的是工资，没有必要操心那么多事情，让他们做什么他们就做什么好了。

笔者是局外人，除了感觉到这种制度所产生的表象文化有趣以外，也不能评价太多，事实上也难以评价太多。无论如何，从短期看这种制度是管用的，是有利于企业绩效的，毕竟多年没有丢东西，公司没有为此蒙受损失；而从企业文化建设的长远角度看呢？从上下游企业之外来人的角度看呢？从企业长期多元化发展战略的角度看呢？……

场景二：

某企业是一家大型国有改制企业，员工几千人，业务领域十分广泛。

在公司大门前，每天早上八点会有两个人拿着照相机在那里拍照，照什么呢？照人和照车。照什么样的人和车呢？据说是照迟到的人和迟到人开的车，照完了以后干什么呢？相对应的在公司大楼的一面墙上，被照下来的人和车就会在那里闪亮登场了。然后又如何呢？据说是要扣钱，扣多少钱呢？没打听到。

为什么要做这件事情呢？据说是因为公司的一项制度，其实就是考勤管理制度，或者说是考勤管理制度的补充办法。为什么要出台这样一个办法呢？是因为公司每天迟到的人太多。这个办法管用吗？管用，自从出台了这样一个办法以后，迟到的人明显减少了。

之所以想起了这样一个场景，也是因为觉着此种考勤管理制度所反映的制度表象文化很有趣，在好奇之际，生出五点思考。

第一，管用的制度也许就是好制度吧，但是，管用的制度不一定就能够生成好看的制度表象文化，如果是让人感觉不好看的制度表象文化能够长远地发挥作用吗？

第二，现代企业的考勤制度有很多种，难道真的需要用这种使人出丑的非常古老的方式吗？这种制度所反映的是一种什么样的企业文化呢？它能够促进企业的绩效吗？

第三，每个员工进入公司的第一件事情就是思考：我今天真幸福，没有因为迟到而被拍照，或者我今天真倒霉，因为迟到而被拍了照，如此开始的一天，会让员工以什么样的心情投入工作呢？每天都是以这种方式开始的企业又能培养出什么样的企业文化呢？

第四，一个企业已经被逼得使用下策来对员工进行考勤了，可见这个企业的员工平时是一种什么样的工作态度，而员工没有积极的工作态度是谁的责任？没有积极工作态度的员工又怎能创造出高水平的绩效成果？

第五，如果员工都热爱这个企业，即使没有考勤制度，也不会有人迟到，在笔者所熟悉的企业家当中，就有人管理着这样的企业；而如果员工不热爱这个企业，即使他人到了又能怎样？上网购物、看电影、微信聊天、与同事扯闲篇，又能为企业创造什么效益呢？

制度表象文化可以反映制度管理的水平甚至是企业的整体管理水平，而没有系统的企业文化管理体系作为支撑的制度设计或是制度管理都将成为没有源头的水，只能发挥头痛医头，脚痛医脚的作用，不可能促进企业整体经营水平和整体绩效水平的提高。

场景三：

某企业是一家民营企业，企业家是个年轻人，有着创业的激情和脚踏实地的工作作风，人才难得，企业发展得也不错，员工几千人，每年的产值十几个亿。

每天下班前的30分钟到40分钟，整个办公大楼的楼道里便难得见到一个人影了，出差到各地的员工也会放下手中的事务。这是为什么呢？是提前下班了吗？是早退了吗？当然都不是。原来，所有的人都被一根无形的绳子拴在了办公室里，拴在了办公桌前，或是拴在了手提电脑或是移动电话上。这根绳子是一个制度，叫"管理人员分层级定点汇报当天工作完成情况与隔日工作计划安排的管理制度"。

从这个制度的名字实际上已经可以看出这项制度的内容，制度指导的对象是各个层级的管理人员，指导的具体内容是如何向分管的领导汇报自己当天的工作完成情况和第二天的工作安排。制度内容中有两个关键词，一个是分层级，即基层管理人员向主管汇报，主管们向部门经理汇报，部门经理向分管的副总汇报，副总向老总汇报，自下而上的汇报完成以后还会有自上而下的工作指导以及重要事项的讨论；另一个是定点，也就是我们前面看到的"人在楼似空"的时间，即每天下班前的 30 分钟到 40 分钟。汇报所借助的平台有两个，一个是 QQ 群，另一个是微信群，借助腾讯公司的这两个即时通信工具，在相同的时间和不同的空间里，公司所有的管理人员会实现一个立体的和全面的交流与沟通。此外，公司的重要通知、企业老板的重要指示、当下要学习的管理书目、优秀员工代表和优秀管理人员的经验分享等内容也会在一个集体的群里出现。

这个制度无疑是一个很好的制度，由这个制度所培养出来的制度表象文化是一种很好的表象文化，它对企业的内部沟通与管理，对企业的组织绩效和长远发展都会产生积极和深远的影响。

此外，这个企业能够充分借助现代信息交流的方法以完善企业内部管理的制度，如此做法是非常值得提倡的。笔者就加入了一个企业的微信群，这个群里主要是公司的中高层管理人员，大家每天在这上面交流当天的工作心得、学习收获与管理经验，无形之中已经成为公司一个非正式的培训平台。

3. 行为表象文化对绩效管理工作的影响

制度表象文化主要是通过制度规定的形式对"人之如何做事"提出明确的要求，并基于这种要求的长期体现而形成企业独特的发展氛围。而行为表象文化主要是通过规范说明的形式对"人之如何做人"提出明确的要求，然后也是基于这种要求的长期体现而会形成一个企业的特定发展氛围。这两者之间的共同点在于，它们都是借助制度规范的形式要求员工按照企业需要去"为人"和"做事情"，并在此基础上形成企业发展所需要的内部环境。这两者之间相通的地方在于，制度表象文化的存在会影响行为表象文化的产生，企业成员的多数行为能够反映企业组织的制度规定。它们之间的不同之处在于，制度表象文化具有比较刚性的特点，这主要是因为制度的特点就是刚性的，是需要原则性的，是要求企业成员必须遵守的；而行为表象文化具有比较柔性的特点，它的主要作用就是指导企业成员按照统一的思想和统一的方式去为人处世，做到了也就做到了，没有做到时也不一定会犯错误。

下面可以借助一个企业具体的行为规定来说明企业的行为表象文化是如何影响企业的绩效管理工作的，通过这个例子可以看出，员工的具体行为以及这些行为所反映的行为表象文化对企业的绩效成果有着重大的影响作用。

某集团公司为了鼓励企业全体成员养成每天总结工作心得，坚持天天学习的行为习惯，特别印制了"成功日志"发给每一位员工，并相应地出台了具体的行为管理规范以作为员工的行动指导，下面就是这个行为规定的具体的内容。

集团关于使用成功日志的若干规定

一、成功日志将作为干部提拔、人才选拔和绩效考察的重要依据。

二、面向管理人员的成功日志的发放、回收、存档、管理等工作由董事长亲自指导，由战略发展部具体负责。

三、面向员工的成功日志发放、回收、存档、管理等工作由集团战略发展部指导，由各个子公司安排专人负责。

四、成功日志的记录周期为一年，在每一个年度的第一天之前要确保当年的成功日志发放到个人手中，在每一个年度的最后一天回收每个人的成功日志进行建档。

五、成功日志回收以后，将成为个人和企业共有的资源，如果个人想查阅自己的成功日志，需要借阅和归还。

六、成功日志的记录由集团统一设计格式，要求每个人在记录时，字迹工整，条理清楚，工作安排具体细致，经验总结翔实有用，月度工作分析全面，年度报告重在梳理心得，注重总结一年得失和经验教训。

七、集团每个年度将开展一次针对全体管理人员成功日志的评比工作，评比委员会主席由董事长担任，委员主要由企业外专家担当，依据评价结果设 10 000 元奖励资金，设立一等奖一名，二等奖二名，三等奖三名，分别给予 3 000 元、2 000 元和 1 000 元的奖金，并颁发奖状。评价结果在后五名的，第一年将给予警告处分，第二年将降职使用。

八、干部调换岗位或升职以后，继任者必须借阅前任的成功日志，进行深入的学习。

九、集团每年度会召开一次基于成功日志记录的管理人员管理经验与管理心得交流会。

十、本规定的解释权归战略发展部。

回头再看一下这个成功日志的设计，封面上印着企业的核心价值观和醒目的成功日志四个大字，封底上印着企业的发展愿景。

翻开第一页是企业老板在这一年的致辞，文字当中充满了激励自我和激励员工的情感；翻开第二页是企业的精神文化体系，包括了企业使命、企业愿景、企业宗旨、核心价值观、企业精神和企业理念的具体内容；翻开第三页是企业的亚文化体系，也就是基础理念的具体介绍。

从第四页开始进入员工记录篇，再翻六页以后是第一个周的工作总结。表 3-1 是一个管理人员每周召开工作例会和针对一周工作总结所要填写的具体条目，为了节省篇幅，我们把两页的空间压缩成了一页，但是具体内容并没有改变。

表 3-1   第（   ）周例会（52 周，每周两页，共计 104 页）

例会时间		会议召集人	
上一周工作完成情况		未完成工作原因分析	
本周重点工作	重点工作之一		
	重点工作之二		

续表

例会时间		会议召集人	
本周重点工作	重点工作之三		
重要时间节点（在何时 完成何事）	1 4	2 5	3 6
一周工作计划			
需要学习的知识或技能			
需要合作的同事或部门			
已经具备的条件或基础			
还需要获得哪些方面支持			
本周工作小结			
阅读的管理书目		主要收获	
本周工作经验与教训分析			
本周学到的知识和提高的 能力			
需要在哪些方面得到培训			
向其他部门或其他管理 人员学习情况			
其他情况			

表 3-2 是这个管理人员要记录的每个月的工作心得和总结，为了节省篇幅，我们把两页的空间压缩成了半页，具体条目如下。

表 3-2　第（　　）月工作总结（12 月，每月两页，共计 24 页）

本月完成的重要工作	1 2 3 4 5 6 7 8		
本月所获得的工作经验			
本月学习到的知识和技能			
本月工作过程中存在的不足			
下一个月度的工作重点及安排			
本月学习的管理书目及心得			

表 3-3 是管理人员年度要记录的内容，为了节省篇幅，我们把四页的空间压缩成了半页，具体条目如下。

表 3-3　年度工作总结（共计 4 页）

本年度完成的主要工作			
本年度个人工作经验总结			
本年度学习到的知识和技能			
本年度工作过程中存在的不足			
本年度得到的奖励			
下一个年度的工作展望			
本年度学习管理书目及心得（对前面十二个月的读书总结）			

借助每天记录成功日志这一行为，集团公司希望所有的管理人员以及所有的员工都能养成用心工作、动脑工作、有创意地工作，并且善于总结工作和善于评价自我的风气，能够培养企业积极上进和坚持学习的"行为表象文化"。

试想，如果每位员工都能够做到天天思考、天天总结、用心工作的话，那么对于个人的绩效势必会产生积极的促进作用，对于组织绩效的完成势必会形成强大的推动力量。

此外，所有人员的成功日志最终是要归档的，是要为企业所共享的，如果一个部门的领导更换以后，只要新任领导花一个星期左右的时间认真学习前任的成功日志，那么他将很快熟悉所负责的工作岗位，会少走很多的弯路，这对于个人而讲是宝贵的一笔财富，对于企业培养人才和培养干部而言也是很大的一份资源。

如何确保企业成员能够认真填写成功日志，而不会流于形式，敷衍了事呢？使用成功日志的若干规定的第一条说得很清楚，"成功日志将作为干部提拔、人才选拔和绩效考察的重要依据"，这一条是基础，表明了企业将它与个人的短期绩效收益和长远的绩效发展相结合的态度，有了这一条作为要求，这项工作执行起来就有了保证。然后公司又配以第七条规定和第九条规定，这使此项工作又具有了一定程度上的强制性。第七条说明，这件事做好了是可以获得奖励的，奖励的额度虽然不大，但那是一种荣誉；而做不好却很麻烦，如果有的人可以不在乎前面奖励的话，但却绝对不能不在乎后面的处罚措施，第一年如果没做好是"丢面子"的事，第二年如果还没做好那就是直接"丢利益"的事，这可不能掉以轻心。第九条说明，这件事做好了又是一件非常"露脸"的事，在公司全体成员面前介绍自己的管理经验，与大家一起分享管理心得，这绝对会让人感觉很光彩。此外，能够在全体领导面前介绍自己创新性的管理思想以及有创意的工作方法，这自然会给他们留下深刻的印象，这对于个人的职业发展又会是有百利而无一害。

以上分析说明，如果一个企业想成功推行一个行为，强力打造一种行为表象文化，就必须在规范说明上将它与个人的利益和个人的长远发展进行有机的对接，只有这样实实在在结合个人利益进行设计，才能使理想中的组织行为变成现实中的员工行动，才能真正发挥促进个人绩效和组织绩效共同发展的作用。

个人坚持一个有益的行为，会帮助个人成功；企业坚持一个有益的行为，会帮助企业成长，那些看上去有益，但是又很小的行为，如果因为能够被坚持，如果因为组织对它们管理得当，它就会形成一种习惯，变成一种文化，最终会帮助企业生成巨大的效益。

这就是行为表象文化对于企业绩效管理和组织绩效提升的促进作用。

关于行为表象文化能够影响组织绩效的道理，中国先贤们早在几千年前就已经掌握而且运用得炉火纯青。在此不妨以《史记》当中所记载的广为世人所熟知的"信陵君窃符救赵"故事中的一个片段为例加以说明。

故事的背景是长平之战以后，秦国继续猛烈地攻打赵国，赵国的平原君是魏国信陵君的姐夫，两人与齐国的孟尝君和楚国的春申君共称战国四公子，都是当时有名的大贤人。赵王向魏王求救，魏王向赵国发兵，但是因为受到了秦王的恐吓而不敢有所行动。在这种情况下，作为魏王和平原君夫人弟弟的信陵君窃取兵符，败秦救赵。在这个过程中有两个非常关键的人才发挥了重要的作用，一个是为信陵君出主意的侯生，一个是帮助信陵君从魏将晋鄙手中夺取兵权的朱亥。这两个不世之才之所以能够为信陵君所用，正是信陵君平日"尚贤亲士"的思想和由这些思想激发的行为表象文化促成的。下面这一段描述，可以看作是信陵君作为一个领导者在重视人才方面的行为表象及其背后所展示的"行为表象文化"，读之可以让现代领导者受益良多。

魏有隐士曰侯嬴，年七十，家贫，为大梁夷门监者。公子闻之，往请，欲厚遗之。不肯受，曰："臣修身洁行数十年，终不以监门困故而受公子财。"公子于是乃置酒大会宾客。坐定，公子从车骑，虚左，自迎夷门侯生。侯生摄敝衣冠，直上载公子上坐，不让，欲以观公子。公子执辔愈恭。侯生又谓公子曰："臣有客在市屠中，原枉车骑过之。"公子引车入市，侯生下，见其客朱亥，俾倪，故久立，与其客语，微察公子，公子颜色愈和。当是时，魏将相宗室宾客满堂，待公子举酒；市人皆观公子执辔。从骑皆窃骂侯生。侯生视公子色终不变，乃谢客就车。至家，公子引侯生坐上坐，遍赞宾客，宾客皆惊。酒酣，公子起，为寿侯生前。侯生因谓公子曰："今日嬴之为公子亦足矣！嬴乃夷门抱关者也，而公子亲枉车骑迎嬴，於众人广坐之中，不宜有所过，今公子故过之。嬴欲就公子之名，故久立公子车骑市中，过客，以观公子，公子愈恭。市人皆以嬴为小人，而以公子为长者，能下士也。"

於是罢酒，侯生遂为上客。

3.4.3　精神文化对绩效管理工作的影响

正如前文所说，企业文化的精神文化对企业管理工作有着全面和重要的影响，而其中的企业理念、企业精神和核心价值观可以为企业员工提供精神上的总体指引，有了这种精神上的指引和激励，就可以确保企业全员积极地工作，用心地工作，有创意地工作，从而不仅可以创造出高水平的个人绩效，而且还会最终促成高水平的组织绩效。

下面以一个现实企业的具体企业文化为例，来逐条分析精神文化的六大核心内容对绩效管理的不同影响作用。之所以选择这家企业，有四点原因：第一，这家企业的精神文化和亚文化的内容与结构和我们所设想的企业文化的内容与结构极其一致；第二，这家企业的精神文化与亚文化的很多内容具有可以通用于众多企业的地方，事实上，这家企业在进行企业文化设计时也参考了很多企业的企业文化管理经验；第三，这家企业的具体企业文化内容当中融入了大量的中国传统文化思想；第四，这家企业的企业文化针对每一个内容条目进行了深入的补充说明，这对于帮助企业员工全面理解企业文化的用意发挥了重要的作用，同时它也可以成为其他企业在这个方面的学习榜样。

下面是这个企业的情况介绍及其企业文化的精神文化和亚文化的内容。

青岛宝博集团是一家多元化经营的集团公司，其业务领域涵盖动物营养品生产、动物油脂化工原料贸易、饲料及饲料添加剂的生产与制造、饲料行业专用工艺设备生产、工业机器人生产及其自动化集成系统制造、现代工业机器人应用研究等。2015 年集团实现销售收入超过 20 亿元人民币。下面是几个子公司的发展情况。

（1）宝博集团的发展始于贸易，2006 年开始动物营养品添加剂如蛋氨酸、苏氨酸、赖氨酸等产品的经营。现在已经与国内诸多饲料企业建立了长期、紧密的合作关系，产品已在六和、温氏、双胞胎、海大、漓源等国内知名上市公司和集团企业中使用。2015 年开始涉足新型动物油脂类化工原料的经营，是目前国内首个具备中美贸易资质的企业。

（2）2010 年设立生物科技公司，拥有自主知识产权的发明专利 1 项——羟基蛋氨酸钙制备方法。公司致力于发展成为集饲料生产、畜牧养殖、肉食加工冷藏业务于一体的食品综合性公司。

（3）在国家鼓励智能制造及新型产业发展的大背景下，2009 年在青岛国家级高新技术产业开发区成立的青岛宝佳自动化设备有限公司，已经发展成为集团的核心成员企业。该公司目前拥有几十项自动化方向国家授权的发明专利及实用新型专利。公司以智能工业机器人生产及自动化集成应用整体解决方案为主营业务，辅以拥有自主知识产权的固体、液体蛋氨酸（饲料添加剂）添加设备生产。公司成立来，不断地加强管理，现在是青岛市高新技术企业、青岛市智能工业装备工程研究中心、山东省省级企业技术中心。公司的智能码垛机器人品牌"宝智"荣获了青岛名牌的称号，并且在 2013 年 10 月~2014 年 5 月，相继通过了 ISO 9000、ISO 14000、ISO 18000 质量、环境、职业健康体系认证。公司的工业机器人自动化集成系统在各行业广泛应用，并得到认可，公司因此相继成为山东省饲料行业协会副会长单位、中国粮油学会和中国钾盐（肥）协会常务理事单位、青岛市食品协会副会长单位、那智不二越机器人中国那智会会长单位等。2015 年公司还成为中国机器人产业联盟理事单位，被评为优秀创新企业。2016 年，公司与海尔、双星、红领等企业联合发起成立互联网服务商联盟，并成为副理事长单位。

（4）随着国内市场的发展需求以及客户个性化的需要，2016 年，集团与战略合作伙伴那智不二越公司进一步加深合作，合资建设宝佳那智（青岛）机器人应用有限公司，以下简称"研究院"。研究院作为青岛市高新区首家专业机器人应用研发机构，既符合国家发展智能制造产业的战略方向，也完善了青岛市高新区机器人特色产业园的产业布局。研究院现拥有中国最大、最先进的 NAZHI 机器人技术中心展示厅和应用试验测试区，已经引进那智不二越公司在机器人制造与应用技术上处于国际领先水平的专家人才，致力于为现代企业提供自动化应用整体解决方案。研究院致力于前瞻性的开发，力争引导中国工业机器人自动化应用的方向与未来。

（5）在国家鼓励现代农牧养殖发展的号召下，2015 年集团成立了青岛宝恒机械技术有限公司，专注于为现代饲料企业提供过程工艺专用设备，并帮助其提高产品品质和工艺水平。与此同时，宝恒公司引进了欧洲先进的农牧设备生产技术，正在进行综合性大型养殖设备的生产及推广应用工作。

下面是这家公司精神文化的主要内容。

青岛宝博集团企业文化

一、企业使命

"感恩客户和社会，以最公平的价格提供最高质量的产品和服务"。

基于社会而生存，因为客户而发展，没有他们的支持，就没有我们存在下去的基础，所以我们要对客户和社会经常怀有感恩之心，受之滴水，报以涌泉，这是我们企业持续发展下去的精神信条。

为了涌泉相报于客户，我们将会一如既往地以最公平的价格，持续不断地为他们提供最高质量的产品，然后一起将高品质的产品和服务提供给客户，以共同实现我们对社会所坚守的一份责任，并证明我们存在于社会的重要价值。

二、发展愿景

用心树宝博品牌，努力创百年企业。

打造宝博集团极具竞争力的独特品牌是我们一如既往的追求，在追求的过程中用心、用力、用智是关键。我们深信：只要每个宝博人都能用心做事，那我们的目标就一定能实现。

创立百年企业是我们宝博集团的远大理想，为此，我们每个宝博人都要付出汗水，付出创意，团结协作，共同打拼。我们深信：只要坚持不懈地努力，我们就一定能够做成百年企业，企业也会因此而百年辉煌。

三、企业宗旨

以市场为导向，以创新为驱动，以质量为根本，以效率为核心。

（1）以市场为导向。

市场是企业发展的生命线，得市场者得天下，失市场者失天下。为此，我们一方面要紧跟市场的发展走向，主动满足客户的高品质和多样化的需求，做客户贴心的合作伙伴。另一方面，我们还要借助创新所提供的动力，积极探索客户未来的需要，想其所想和未想，急其所需和将需，努力且用心做到与客户共同成长和共同进步。

（2）以创新为驱动。

为了满足客户当下所需，我们要通过不断的创新为他们提供高层次的产品，同时，还要借助"互联网+"的强大力量不断创新服务的方式和模式。为了与客户建立更为长远的合作关系，我们要借助系统创新和微创新的力量，不断超越自我，不断实现自我突破，以更加前瞻性和更具应用性的视角引导客户的需求，与客户共同创造和分享创新性产品所带来的效益与价值。

（3）以质量为根本。

以市场为导向的发展基础是产品和服务的质量，质量强者得市场，无质量保证者失市场，这是我们要始终牢记的发展信条。以创新为驱动的发展模式的前提依旧是质量，没有质量的创新必然是失败的创新，而成功的创新必将为客户带来更高质量的产品和服务，这也是我们要始终牢记的发展理念。

（4）以效率为核心。

开拓市场，创新驱动，质量护航的基础是效率。没有效率的市场开发不会带来效益，没有效率的创新不会创造价值，没有效率的工作也不会生产出高品质的产品。当我们的效率高时，我们的效益就会大，当我们的企业效益大时，企业全员的收入就会增加，所以，每个人高效率地工作所创造的企业高效益最终将会使企业全员受益。"要么不做，要做就要把它做好"，应该成为我们全体宝博人的信仰。

四、企业精神

敬业，诚信，创新，共赢。

（1）敬业是一种态度，态度决定行动。

敬业是一种态度，是对自己、对他人、对家庭、对企业、对社会的一种感恩和一种责任，它决定着你的行动和行动以后所产生的后果。以感恩的心坚守这种责任就会有所回报，来自企业源源不断的回报，来自同事和朋友真诚的回报，来自家人无私的回报。有了这样一份回报，你才能踏实地工作和快乐地生活，你就会因为敬业而感觉到稳定和持续的幸福。

（2）诚信是一种品质，品质决定成功。

以诚信待人，可以赢得他人的尊重，而广受他人的尊重会让你每天都心情舒畅，这是人生应该追求的理想状态。此外，只有你对人诚信了，才会受人诚信以报，有了这种相互之间的信任，所有的合作就能愉快地进行。所以诚信不仅是一种品质，还是一种资源，是一种财富，是每个人不断成功的重要保证。

（3）创新是一种动力，动力决定速度。

墨守成规地工作会让人感觉枯燥乏味，而有创意地工作会让人精神振奋，它同时也是敬业的一种最高表现。个人追求创新可以不断地、快速地进步，企业不断创新就会创造更多的价值和更快地创造价值，而这些以创新为动力所创造的价值必将为企业全员所分享，个人也会因为不断地创新而更快地追求成功。

（4）共赢是一种境界，境界决定未来。

做事情的逻辑不是你好了别人才能好，而是别人好了你会更好，而大家都好了，天下就没有做不成的生意和事业。企业有生意，员工有保证；个人有事业，家庭有保证；客户有发展，未来有保证；未来有希望，所有人的幸福生活就都有了保证。所以，追求共赢不仅是一种境界，还是个人与企业今天不断成功和明天也成功的源泉。

五、企业核心价值观

努力创造价值，全面分享成功。

六、企业总体理念

及时决策，快速执行，团队协作，奖罚分明。

初观这家公司的企业文化，感觉其精神文化所设计的内容比较全面，比较规范，也比较系统。在这个设计当中，除了清楚地界定了精神文化的六大核心内容以外，为了帮助员工们正确地理解这些内容的出处和意向，还附加上了很多延展性的说明，并且融入了很多中国传统文化的思想元素，这些都是笔者比较推崇的做法。

下面具体分析一下它们对企业管理和绩效管理的不同影响。

1. 企业使命与绩效管理

通常而言，企业使命要界定的是企业发展的根本方向，是企业的根本大法；而企业绩效管理强调的是最为细致的工作安排，它所界定的是企业微观的运行路径，这两者一个在天上，一个在地下，似乎不可能产生直接的关系。但事实上，能否将企业使命与企业的绩效管理进行有机对接，关键要看企业使命内容的界定是否更具操作性。

宝博集团的企业使命是"感恩客户和社会，以最公平的价格提供最高质量的产品和服务"。

通过分析这一使命首先可知，说明企业的业务发展和经营管理的总体思想，界定了企业"应该成为什么样的企业"这一哲学命题，完全符合本书在第一部分所界定的相关企业使命的要求。

其次，这个企业使命的界定就是一个具备操作性的说明，它比较平实，不抽象，好理解，便于执行，有了这样的一个使命作为指导，不仅企业管理者能够清楚自己在工作过程中应该坚持什么样的导向，而且普通员工也能明白自己每天的工作主要是为了什么而进行。"为了感恩客户，就要为客户提供最高质量的产品""为了感恩社会，就要以公平的价格为社会提供最高质量的服务"。

很多企业在设计自己的使命时，喜欢用"高大尚"的语言，这也没错；但是，如果只注重"高大尚"，只考虑文字描述好听、华丽、壮观、有气势，但却脱离企业经营实际，不能与地气相接的话，它就没有任何的作用，就没有办法指导企业的具体工作，其中自然也包括绩效管理工作。

关于这一点，在访谈美国的路桥资本公司时，其公司的创始人和领导者马克（Mark）为企业提出的使命给我们留下了深刻的印象，他的企业使命就以非常朴素的方式界定了公司的发展方向："我们努力使宾夕法尼亚西部成为一个繁荣的地区，让它的经济发展更快，社区更加富有活力。为此，路桥资本公司致力于帮助那些还不够富裕的人群提升资本和教育，帮助他们点燃商业和工作增长的引擎，支持企业家扩大他们服务的范围，并能够不断地加强我们所在地区的力量。"

此外，虽然企业使命与极接地气的绩效管理工作之间最好有企业不同阶段的战略管理工作发挥连接与协调作用，但是如果公司的企业使命能够直接指导到具体的绩效管理工作的话，那么它就可以与战略管理目标一起成为企业绩效管理体系设计和绩效管理工作推进的双重导向，这无疑将会使企业的绩效管理工作有更加清楚的思路和目标。

下面是对另外四家世界知名美国企业的企业使命描述，无论它们的文字是长是短，都十分精准地概括出了企业的发展领域和企业成员应该努力的方向。

（1）通用集团的企业使命是"通过技术与革新改善质量"。

（2）微软公司的企业使命是"公司致力于帮助全球的个人用户和企业，展现他们所有的潜力"。

（3）沃尔玛超市的企业使命是"我们存在的目的是为顾客提供等价商品——通过降低价格和扩大选择余地来改善他们的生活，其他事情都是次要的"。

（4）美国石油公司的企业使命是"美国石油公司是一家在全球范围经营的、综合性的石油化学公司。我们发现、开发石油资源并向用户提供高质量的产品与服务。我们高度负责地从事经营活动，以得到一流的资金回报，同时兼顾长期增长、股东收益和履行对社区和环境的责任"。

分析到此能够得出的结论是：如果一个公司的企业使命既能够说清楚企业的根本发展方向，又能够直接指导企业的具体管理工作的话，就可以认定它是优秀的企业使命界定；相反地，如果一个公司的使命不能帮助人们解读这个公司的发展方向，也看不出这个企业的经营领域，更搞不清楚这个公司在具体工作过程中坚持的原则，那么就可以认定其企业使命的描述是失败的。

但是，很多企业的使命往往就只有一句话，这一句话又包括了太多的内涵，所以为了更加有效地发挥企业使命对绩效管理工作的指导作用，通常要对公司的企业使命进行解读，以便于员工理解和接受。

基于以上目的，宝博集团对其企业使命做了进一步的说明，表述如下。

基于社会而生存，因为客户而发展，没有他们的支持，就没有我们存在下去的基础，所以我们要对客户和社会经常怀有感恩之心，受之滴水，报以涌泉，这是我们企业持续发展下去的精神信条。

为了涌泉相报于客户，我们将会一如既往地以最公平的价格，持续不断地为他们提供最高质量的产品，然后一起将高品质的产品和服务提供给客户，以共同实现我们对社会所坚守的一份责任，并证明我们存在于社会的重要价值。

经过这样一番解读以后，它不仅说明了企业"为什么要这样做"和"如何去做"这两个关键性问题，而且还把它上升到了一定的人生价值与社会价值的高度，从而可以为员工个人的发展提供一股强大的"使命感"和"责任动力"。有了这样的描述，公司的企业使命与企业绩效管理之间就建立了更为紧密的联系，使它既可以成为一切绩效管理工作顺利开展的总的发展方向，又为具体绩效管理工作的开展设计了清晰的发展路径。

这就是企业使命与企业绩效管理之间应有的关系。

如果一个公司的企业使命不能实现这种与绩效管理工作对接的话，那么绩效管理的工作就很难帮助企业使命完成落地的任务，这样的使命描述也就容易脱离现实发展的需要，而不能有效或是高效地发挥对企业各项管理工作的指导作用。

如此，很容易成为一纸空谈。

如此，让员工感觉企业使命之说只是一句口号而已，无用。

2. 企业愿景与绩效管理

企业愿景就是一个企业长期发展所要追求的比阶段性战略目标还要远大的长期目标和长期规划，如果说绩效管理的特点之一是扎根大地的话，那么企业愿景的特点之一就是冲破蓝天。当然，扎根大地不等于不懂憬蓝天，冲破蓝天也不等于非要脱离大地，如何把握其中的辩证关系是对企业愿景和绩效管理设计者的一个巨大考验。

结合企业愿景冲破蓝天的这一特点，宝博集团设计的企业发展愿景是"用心树宝博品牌，努力创百年企业"。

　　分析这个看似很常规的企业愿景可知，它算得上是一个比较远大的战略目标，在这个目标当中公司以一百年作为时间约定，以成就百年品牌作为企业发展的理想和梦想。正如前面所说的那样，企业愿景虽然要有冲破蓝天的豪气，但同时也要有扎根大地的底气，为了体现这种底气，在具体的文字描述上有两个关键词很重要，这两个关键词一个是"用心"，另外一个是"努力"。用心把事情做到最好，努力才会有所回报，这是最终愿景能够实现的重要前提，也是确保如此企业愿景可以扎根的第一重考虑。此外，在这个企业愿景描述的公司发展蓝图当中又可以分出两个阶段，第一个阶段是"树宝博品牌"，第二个阶段才是"创百年企业"，只有第一个阶段的工作做好了、做实了，才有完成第二个阶段目标的可行性和可能性，这是确保企业愿景可以扎根的第二重考虑。

　　如此远大的目标，必须要借助不断推进的战略管理工作才能逐渐完成和实现，而不同阶段的战略管理工作又是企业不同时期绩效管理工作的依据和发展主线，由此推导可知企业愿景与绩效管理发生的是间接的关系。但是，为了让这种间接的关系更具有直接的联系，还需要对这一句话的企业愿景做一番解读，以让它可以对日常的管理工作发挥更加明确的指导作用，而不是仅仅停留在理念层面或是口号的层面。为此，宝博集团在其企业文化当中对自己的发展愿景做了这样的解读：

　　打造宝博集团极具竞争力的独特品牌是我们一如既往的追求，在追求的过程中用心、用力、用智是关键。我们深信：只要每个宝博人都能用心做事，那我们的目标就一定能实现。

　　创立百年企业是我们宝博集团的远大理想，为此，我们每个宝博人都要付出汗水，付出创意，团结协作，共同打拼。我们深信：只要坚持不懈地努力，我们就一定能够做成百年企业，企业也会因此而百年辉煌。

　　经此一番解读以后，公司的企业愿景切实从空中落到了地上，可以与地上的绩效管理工作进行真正的对接了。"打造宝博集团极具竞争力的独特品牌是我们一如既往的追求"这句话说的是目标；"我们深信：只要每个宝博人都能用心做事，那我们的目标就一定能实现"这句话强调的是可以预知的结果；"在追求的过程中用心、用力、用智是关键"这句话强调的是工作的导向和具体的要求。"创立百年企业是我们宝博集团的远大理想"这又是目标；"我们深信：只要坚持不懈地努力，我们就一定能够做成百年企业，企业也会因此而百年辉煌"，这既是可以预期的结果，也是更为远大的目标。"为此，我们每个宝博人都要付出汗水，付出创意，团结协作，共同打拼"，这又是对工作的导向和具体的要求。

有了这两重的工作导向和具体的要求，企业愿景对绩效管理的指导作用就变得非常具体了。

通过分析以上企业使命企业愿景与企业绩效管理的关系，还可以得出三点结论。

第一，从表面上看，企业使命、企业愿景作为企业文化深层次的内容，它们与企业的战略管理工作发生直接的关系，与企业的绩效管理工作通过战略管理而发生间接的关系，但实质上，只要企业使命和企业愿景的思想提炼得好，表述内容设计得好，跟进的文字解读得好，它们就可以与绩效管理工作产生直接的联系。

第二，虽然有的企业视企业使命为自己的根本大法，视企业愿景为自己的远大蓝图，但是这并不妨碍它们的"两重性"作用：它们的第一重性作用就是宪法和蓝图的作用，关于这一点应该从文字描述上有所体现，这样才能对内号召，对外宣传，从而发挥 Schein 所说的企业文化应该具备的"对内"和"对外"两个方面的重要影响。它的第二重性作用就是可以用来指导企业的具体工作，这当然也包括绩效管理工作在内，为了发挥这种作用，就必须对这两者的表述内容做出进一步的文字解读，这种解读至关重要，如果没有解读或是解读得不够清楚，它们就没有办法发挥出第二重的作用。

第三，企业绩效管理工作体系设计的总体指导思想必须是企业使命和企业愿景，而具体的指标体系设计必须参照企业阶段性的战略管理目标，这是一个两层次的安排结构，在每一个层次的安排上必须体现不同的侧重点。只有企业的绩效管理工作能够按照企业使命和企业愿景的思想展开，公司的发展才能获得持续不竭的动力，企业文化的"精神文化"才不至于与现实的企业发展脱节。

3. 企业宗旨与绩效管理

宝博集团的企业宗旨不是常规意义上只描述企业与股东、员工、客户、社会和环境之间的关系，而是"以市场为导向，以创新为驱动，以质量为根本，以效率为核心"。这样的宗旨描述是非常具体的，它可以与企业的绩效管理工作发生直接的联系。其中，"市场""创新""质量"和"效率"，这四个关键词本身就可以成为绩效计划设计时的一级关键指标。

为了实现这个企业宗旨和体现这样四个关键指标，企业各个单位的绩效管理工作应该做到四个坚持：①坚持以市场为导向，坚持市场导向就要面向市场设计绩效计划，并且为了服务于面向市场的绩效目标而选择绩效指标；②坚持以创新为驱动的发展思想，为了体现这个思想，在绩效管理过程中要把能否创新、是否创新、能否创造性地工作作为绩效运行方案的运作导向，并在这一目标的引导下去选择相关的绩效指标和考核指标；③坚持以质量为根本，就是要将对质量的评价作为绩效考核的工作重点，这里所说的质量不仅仅是指产品的质量和服务的质量，还包括各个生产单位、研发单位和其他职能部门的工作质量和服务质量，企业要在绩效管理的过程中引入全面质量评价体系；④坚持以效率为核心，它同样是绩效考评工作关注的重点，只是这样的评价指标要进行分类设计，能够量化的一定要量化，不容易量化的也要尽量保持其客观性和可操作性。

事实上，宝博集团之所以会提出这样的企业宗旨，其主要目的是帮助员工和各级管理者深入地理解在企业经营过程和管理过程当中每个人和每件事情应该努力的工作重点和具体方向。有了这样明确的宗旨设计和方向引导，企业的绩效管理工作也就随之有了具体的和可操作的设计路径，各个部门各种工作的目标确定和指标选择也就有了充分的依据。

4. 企业精神与绩效管理

企业精神通常是精神文化当中最能发挥精神激励作用的部分，中国企业在其企业精神描述的过程当中，习惯上会选择若干个词语去分别提倡若干个精神，多数企业的选择是四个，偶有企业会选择八个，很少见但是也有企业会选择一个，选择一个的企业往往把它等同于企业的核心价值观。

宝博集团的企业精神选择了四个方面，它们分别是"敬业""诚信""创新""共赢"。为了便于员工理解和使用，企业精神的这四个方面内容也被进行了充分的解读。

其中，对于敬业的解读是：

敬业是一种态度，态度决定行动。

敬业是一种态度，是对自己、对他人、对家庭、对企业、对社会的一种感恩和一种责任，它决定着你的行动和行动以后所产生的后果。以感恩的心坚守这种责任就会有所回报，来自企业源源不断的回报，来自同事和朋友真诚的回报，来自家人无私的回报。有了这样一份回报，你才能踏实地工作和快乐地生活，你就会因为敬业而感觉到稳定和持续的幸福。

对于诚信的解读是：

诚信是一种品质，品质决定成功。

以诚信待人，可以赢得他人的尊重，而广受他人的尊重会让你每天都心情舒畅，这是人生应该追求的理想状态。此外，只有你对人诚信了，才会受人诚信以报，有了这种相互之间的信任，所有的合作就能愉快地进行。所以诚信不仅是一种品质，还是一种资源，是一种财富，是每个人不断成功的重要保证。

对于创新的解读是：

创新是一种动力，动力决定速度。

墨守成规地工作会让人感觉枯燥乏味，而有创意地工作会让人精神振奋，它同时也是敬业的一种最高表现。个人追求创新可以不断地、快速地进步，企业不断创新就会创造更多的价值和更快地创造价值，而这些以创新为动力所创造的价值必将为企业全员所分享，个人也会因为不断地创新而更快地追求成功。

对于共赢的解读是：

共赢是一种境界，境界决定未来。

做事情的逻辑不是你好了别人才能好，而是别人好了你会更好，而大家都好了，天下就没有做不成的生意和事业。企业有生意，员工有保证；个人有事业，家庭有保证；客户有发展，未来有保证；未来有希望，所有人的幸福生活就都有了保证。所以，追求共赢不仅是一种境界，还是个人与企业今天不断成功和明天也成功的源泉。

分析宝博企业文化所强调的这四种精神，发现其很显然与绩效管理工作的开展有着密切的对应关系。

其中，"敬业"所代表的企业精神，既可以指导全体人员的具体工作，同时也要借助全体人员的共同遵守方能得以实现。人人都敬业，则绩效必然高；人人绩效高，则必然都敬业。这二者之间是相辅相成的关系。

宝博精神的"诚信"如何帮助企业加强绩效管理工作呢？可以做一下这样的想象：员工努力工作是一种诚信，所生产的产品质量高是一种诚信，所提供的服务令内外满意是一种诚信，对顾客不欺是一种诚信，上下级之间坦诚相待，信息共享是一种诚信，如果坚持这些诚信的行为和诚信的表现，个人就会有很好的绩效业绩，企业组织也会收获更多的绩效成果。在具体的绩效实施过程中，如果所有的员工都能坚守着"诚信"的精神，那么众多的工作都会在有序，甚至是自发的状态下完成，这对于企业的管理所能发挥的是"事半功倍"的作用。

宝博企业文化的"创新"精神应该如何落地呢？这需要进行系统化的设计和安排，如何设计和如何安排正是企业当下的重点工作之一。不过有一点是肯定的，企业文化既然奉"创新"为企业精神，那么企业就一定要建立可以促进"创新"的工作机制和奖励机制，否则只有创新的口号而没有创新的奖励机制，则创新的工作机制就没有办法真正建立起来；即便建立了创新的工作机制，如果没有跟进激励机制，这样的工作机制也难以发挥实际的作用。奖励机制是什么，绩效考核与绩效评价工作内容之一。

宝博企业文化的"共赢"精神，在这个企业的对外交往过程中已经有了明确的思路和现实的表现，这主要是得益于企业家为人处世的思想与风格，在做人方面的表现是待人大方，肯于给予；在做事方面的表现是，能够与供应商、客户及潜在的合作伙伴坦诚相待，共享发展的成果。但是，这种精神在"对内"方面表现的还不够具体，事实上，对内的共赢更多地可以表现为"团队合作"，而如何才能建立团队，建立什么样的工作机制才能确保团队高效合作同样离不开绩效管理的支持。如果讲合作与不讲合作在绩效表现上是一样的，在绩效收益上没有差别，那么现实的团队建设与团队管理就无法取得预期的效果。

5. 核心价值观与绩效管理

宝博集团的核心价值观是"努力创造价值，全面分享成功"。

作为企业总体上的价值引领，这句话要表达的意思是，通过组织和个人的努力不断创造价值，然后所创造的价值由组织和个人全面分享。把这个思想与绩效管理原则相对应可以发现，它正是绩效管理工作能够顺利推进的内在逻辑。"人人都去创造高绩效，从而实现组织绩效高，组织绩效高则收益大，组织收益大则人人可以获益"，这就是高水平的绩效管理应该坚持的最为重要的指导思想。

如果深入理解这个核心价值观的描述，可以把"努力创造价值"当作是一种方法，或者是一种工作要求；可以把"全面分享成功"当作是一个目标，或者是一种手段。下面以分析这种理解为例，来全面说明一个企业的核心价值观到底与企业的绩效管理工作存在着什么样的逻辑关系。

如果把"努力创造价值"当作是一种方法，那么这种方法就是最为朴素的方法，最为实用的方法，最为踏实可靠的方法。为什么会这样说呢？那是因为体现这些特点的是人们最为熟悉的"努力"和"创造"两个关键词。"努力做事情，还有什么事情做不成；创造性地做事情，还有什么事情做不好"，这就是它的逻辑。这个逻辑没人不清楚，但是人人都清楚的逻辑并不一定就会被遵守，所以还要把它看作是一个重要的工作要求，"要求者，人人必须遵守者也""要求者，必须借助绩效管理与绩效考核才能体现也"。这就是核心价值观与绩效管理工作应有的联系，也是必须要存在的联系，如果失去了这个联系，那么核心价值观就会变成无用的口号，绩效管理工作就会像无头苍蝇一样找不到自己的发展方向。

"全面分享成功"从表面上看是一个目标，是努力创造出来的价值被分享的结果，但实际上，"全面分享成功"并不是人人都能分享成功，更不是大家一起来平分成功，这是必须要明确的思想。可以分享成功的人，一定是努力创造了价值的人，谁创造的价值大，谁分享的成功就多，谁没有创造价值，谁就没有资格来分享，这才是真正的逻辑。到底如何判断谁努力了，谁创造了，谁的贡献大，谁的贡献小呢？这又是绩效管理的工作应该发挥的作用，绩效计划、绩效目标、绩效指标、绩效实施、绩效评估、绩效改进、绩效考核、绩效评价、绩效反馈、绩效反思、绩效奖罚、绩效应用、绩效提升，所有这些绩效管理的工作细节都是为了促进"努力创造价值"和确保客观地、公正地"分享成功"而设计的。有了核心价值观的这种指导，绩效管理工作的各个环节就有了努力的方向，有了这些注重细节的绩效管理工作作为保证，企业的核心价值观就有了实现的可能。这还是核心价值观与绩效管理工作必然联系的内在逻辑，是两者之间关系可以操作的一种具体表现。

　　为什么说"全面分享成功"除了是一个目标以外，还是一种手段呢？这又要归功于绩效管理工作中绩效奖罚与绩效应用的效果。努力创造价值的人，因为绩效管理工作的保证可以创造出很大的个人价值，并由此帮助企业不断提升组织绩效的价值，从而实现了个人的人生价值和社会价值；而且绩效奖罚与绩效应用工作环节的推动，可以让他们全面地分享到由自己的价值帮助实现的企业成功以后的价值，从而又实现了个人的成功。拥有了这样价值和这样成功的人，他们一定不希望失去，还希望继续拥有，所以他们会继续努力，继续创造，并且可以继续分享，继续拥有。那些过去没有努力创造价值的人，或是新引进企业的员工，当他们看到了身边这样不断成功的同事时，自然也会生出"比一下""追一下""学一下""我也要这样"的念头，于是就生成了"想要努力"和"真得努力了"的动力，只要努力工作、积极工作，创造性地工作，成功就不会是一件难事。再往下想，这些人就可能进入企业文化和企业核心价值观所期待的轨道，努力创造价值，然后全面分享成功。这还是"核心价值观"与"绩效管理工作"内在逻辑的必然体现。

　　总之，只要提炼和设计得好，一个企业的"核心价值观"就一定能够与这个企业的绩效管理工作产生必然联系，并且形成强力的互动，从而极大地促进企业各个方面的工作顺利推进。

6. 企业总体理念与绩效管理

　　企业的"总体理念"与"基础性理念"（也就是"亚文化"）的区别在于，"总体理念"是指导企业全体人员如何工作的思想；"亚文化"是指导一部分人员如何进行工作的理念。

　　宝博集团的总体理念以分层描述的方式，对企业全体成员的工作提出了要求，这个理念可描述为"及时决策，快速执行，团队协作，奖罚分明"。其中，

"及时决策"是针对领导者和管理者提出的要求，"快速执行"是针对员工和次级管理者提出的要求，"团队协作"是针对全体员工提出的要求，而最终的落脚点是"奖罚分明"，按照绩效管理工作的原则要求，这是针对企业全体人员利益提出的对各级绩效管理工作者的要求。

具体说来就是，对领导者和高级管理者而言，他们的决策必须要及时，对于那些做决策及时的要奖，而对于不能及时进行决策的要罚；对于员工和各级管理人员而言，执行必须要快速有力，不能拖泥带水，对于那些能够快速执行者要奖，对于那些不能快速执行者要罚。每个人在工作过程中都分属不同的团队，在具体的工作过程中都必须服从团队的大局和安排，不能搞特殊化，不能唱反调，对于那些能够配合团队工作、有协同意识和行为者要奖，对于做不到这一点的那些人要罚。

经此分析可知，这个理念正是为了强化企业绩效管理的具体工作而设计的，它与绩效管理工作从一开始就建立起了天然的联系。而有了这样的理念作为指导，并且以相应的绩效奖罚和绩效考核指标作为保证，企业绩效管理的整体工作就能够得到顺利的推进，而这一理念也能够得到顺利的实施。

3.4.4　亚文化对绩效管理工作的影响

正如前面分析的那样，在企业文化四个层次当中，对绩效管理工作影响最为直接的就是企业的"亚文化"。当然，"亚文化"是针对"精神文化"而言的，对于特定的部门或者特定的群体来说，它其实就是这个部门或者这个群体的精神文化，是这个部门或群体具体开展工作时必然要坚持的理念和思想。此外，"亚文化"又是可以再分的，也就是说还可以将它分成更次一级的文化内容，具体如何去分，这要看企业的规模和企业的性质。在这里只谈一般意义上的"亚文化"，更细分的"亚文化"没有办法凭空去想象。

为了更加清楚和更加直观地介绍"亚文化"对绩效管理工作的影响，在这里依然采用案例分析法，所借用的还是宝博集团的案例。

宝博集团为了更好地发挥企业文化对绩效管理工作以及其他类型企业管理工作的积极促进作用，明确提出了十五个"基础性的理念"，这十五个"基础性的理念"构成了公司的"亚文化体系"。

宝博集团亚文化体系

（一）人才理念

我们对于人才的判断有三条标准：

（1）始终忠诚于宝博，热爱宝博。

（2）能够团结同事，喜欢积极、主动、有创意地工作。

（3）企业交给他一件事情，他做成了；企业再交给他一件事情，他又做成了。

（二）员工理念

对于员工，我们有三个层次的认识：

我们把员工视作家人，为他们创造良好的工作环境，并且要求他们诚实正直、敬业守信、开诚布公、相互支持，并追求最高水准的表现。

我们把员工当作企业最大的财富，希望他们以企业为荣，有高度的工作热忱，并因为良好的表现而不断得到升迁。

我们希望员工受到尊重，获得公平的待遇，他们的意见将得到充分的反映，并且能够不断获得成就感。

（三）客户理念

公司不仅为客户提供高品质的产品，而且要做他们贴心的合作伙伴；满足客户的需求不是目的，超越客户的期望才是我们真正的目标。

（四）市场理念

我们的市场理念就是"共赢"，在为客户不断创造更大价值的同时，更加快速地发展自己。

（五）经营理念

基于品质做品牌，借助创新谋发展。

（六）管理理念

管理就是服务和沟通，就是指导和帮助别人更快、更好地工作。

（七）执行理念

完成任务，不找借口。

（八）品牌理念

专注品质，创新特色，导向市场，引领高端。

（九）行为理念

不说消极的话；不做消极的事；不谈消极的人。

（十）创新理念

如果我们不重视创新，企业就失去了发展的动力；

如果我们创新速度不够快，企业就会失去竞争力。

（十一）信任理念

希望得到别人的信任，就要做让别人信任自己的事情。

（十二）价格理念

真实，准确，控制成本，注重效益。

（十三）采购理念

为企业采购，应该如同为自家买东西那样认真。

（十四）审计理念

全心、全意、全面地维护企业利益。

（十五）生产理念

十分认真地重视"安全第一"，

十分认真地保证"质量可靠"，

十分认真地追求"工艺领先"，

十分认真地确保"成本控制"。

看得出来，为了更好地展开绩效管理的工作，确保企业亚文化与绩效管理工作的对接，宝博集团在进行企业文化理念体系设计时，充分地考虑了各个部门的工作特点和现实需要。通过分析其亚文化体系可以发现，宝博集团所提出的这十五个理念当中的绝大多数内容都是针对各个具体单位设计的，是各个单位和职能部门进行具体工作时应该坚持的指导思想。

正是基于这样一个原因，这些具体的理念同时也应该成为各个单位开展绩效管理工作时所把握的行动原则。

对应企业的组织结构和业务发展，再结合公司的十五个亚文化内容，可以有针对性地分析一下这些亚文化与企业绩效发展有什么样的关系，以及它们为什么可以发挥提高组织绩效的作用。

1. 人才理念

"得人才者得天下"，这可以算作对人才的重要性的一个最为直白的表述之一。联系这里的话题，换个说法就是，"有人才者有绩效，有了人才就有企业发展之大绩效"。

可是什么样的人才算是人才，人才什么样的表现才能有利于企业的绩效发展，这在不同的公司会有不同的判断标准。宝博集团的判断标准有三个，即"始终忠诚于宝博，热爱宝博""能够团结同事，喜欢积极、主动、有创意地工作""企业交给他一件事情，他做成了；企业再交给他一件事情，他又做成了"。

这种人才理念的表述没有华丽的语言，行文非常直接，意思很好理解，在现实的企业管理过程中也容易操作。下面可以逐条来看。

首先是人才要忠诚。试想，如果一个人不忠于他所在的组织，那么无论他有多么大的能力，于这个组织而言又有什么关系呢？因为他的不忠，所以他的能力就不会全部运用于这个组织，有能力不运用与没有能力不会有太大的差别。此外，对于一个不忠的人，当外界有利益诱惑他时，他极有可能借助自己的能力去做一些不利于所在组织的事情，从而使组织蒙受巨大的损失。

所以说，不忠者不能算作人才。

人才者，有才能之人也，有才能之人应该可以帮助企业发展，帮助部门进步，帮助自己成长。但是，有才能和使用才能是两回事，有的人恃才傲物，眼高手低，大事做不了，小事不愿做，这样的人才有与没有也没多大的区别。那么人才到底如何才能发挥其作用呢？宝博集团人才理念第二条对此做了回答，他应该团结同事，他应该积极地工作，主动地工作，有创意地工作，做到了这一条，那就是真人才。

所以说，能够运用才能认真工作的人才，才能算作真人才。

经过以上分析可知，这个人才理念设计得很好，如果它能够被落实到位的话，就一定会极大地促进企业组织的绩效管理工作，也能够创造出很高水平的个人绩效表现和组织绩效成果。

所以，在企业日常的工作过程中，无论是企业的高层领导团队，分公司或者职能部门的领导群体，还是人力资源管理部门的成员，都要牢记这一理念，并将之全面应用于企业具体的人才管理工作当中，并可以将之作为考核领导干部的一条重要指标列入集团的绩效考核体系。

这个企业是否真的如此做了，不得而知，但是笔者认为，如果他们真的这样做了，就一定会发展得很好，因为他们得到了人才并且用好了人才，而用好了人才，企业还有什么事情做不成呢？

2. 员工理念

"员工理念"虽然是一个亚文化，是针对人力资源部门的工作提出的指导思想，但它同时又是企业精神文化的一个重要内容，这种重要性体现在企业家的态度上。事实上，企业家看待员工的态度就代表了企业组织对待员工的态度，而企业家和企业组织对待员工的态度就是企业文化中的员工理念。如果写在纸上的理念和企业家的思想不一致，那么这个员工理念就不会真正发挥其促进企业发展、帮助组织提高绩效的作用。

看一下宝博集团的员工理念，也是三条。第一条是"我们把员工视作家人，为他们创造良好的工作环境，并且要求他们诚实正直、敬业守信、开诚布公、相互支持，并追求最高水准的表现"。这一条的界定很像美国企业界定企业文化的描述方法，它同时包含着三层意思，第一层意思是企业把员工当作家人，这是一个很好的理念，也非常符合中国人的思维习惯，在中国传统文化当中"家文化"是极为重要的一个内容。如果企业能够把员工当作家人，那么员工就会把企业当作家，为自己家里做事情，当然要不遗余力。第二层意思是，既然把员工当作了自己的家人，那企业就要帮助他们发展，就要为他们创造良好的工作环境。否则，只是思想上把员工当作家人，而没有任何实际行动，这也是虚伪的论述，没有任何现实的意义。第三层意思是对员工提出的要求，企业把员工当作家人，应该做的事情都做了，接下来就要看员工的表现了，公司所期待的员工表现有五个方面，在这五个方面的要求当中首先是道德层面上的"诚实正直"，那就是要求他们先做人后做事，即先做个诚实正直的人，然后再去努力地工作。最后是绩效表现上的要求，那就是要求他们去追求最高水平的业绩成果。中间三个可以看作方法，或者是路径，或者是更为具体的要求，那就是要求他们"敬业守信"、"开诚布公"和"相互支持"。

第二条是"我们把员工当作企业最大的财富，希望他们以企业为荣，有高度的工作热忱，并因为良好的表现而不断得到升迁"。这一条的界定包含着四层意思，第一层意思是企业对待员工的态度，前面说的是把员工当作家人，那可以理解为社会层面上的解读；而这里把员工当作财富，可以理解为经济学层面上的解读，既然员工是企业的财富，那么企业对此就一定要珍惜。第二层意思是对员工的期待，那就是希望他们能够以企业为荣，这里也暗含着企业对自我的要求，如果希望员工以企业为荣，那么企业就必须发展得很好，发展得很成功，否则，员工以企业的什么为荣呢？第三层意思又是对员工的要求，这里的要求只是一条，那就是希望他们能够有高度的工作热忱。不过这一条却是最为关键的一条，任何人如果有热忱去做事情，那他就一定会积极地去做，用心地去做，十分努力地去做，这样往往都能做好，而事情做好了，个人的绩效水平不就提高了吗？第四层意思是对第三层意思的呼应，如果员工有了工作热忱，必然会有好的绩效表现，而有了优秀的绩效，那么就会获得相应的奖励，而在这些奖励当中，最为重要的奖励就是让其不断获得升迁，能够获得升迁就会有更多的发展机会，这是任何一个员工都希望得到的"绩效反馈"和"绩效应用"结果。

　　第三条是"我们希望员工受到尊重，获得公平的待遇，他们的意见将得到充分的反映，并且能够不断获得成就感"。这一条的界定体现了四个重要的思想，那就是"尊重""公平""参与""成就"。而其中最为核心的一个是员工的"参与"，关于参与性这个企业文化的特质内容，有多位西方学者在研究企业文化内容时都曾经提到过，它是优秀企业文化的一个重要表现。

　　每个企业员工都能积极参与企业管理，都能不断收获个人的成就，结果势必会大幅度地提高企业的组织绩效，这不就是"企业投之以桃，员工报之以李"的道理吗？

　　有了这样的员工理念，再呼应前面的人才理念，这个企业的人力资源管理工作就有了"根本大法"，这个企业的绩效发展就有了最大的资源力量，这个企业的战略性管理工作就具备了成功的前提。

　　关于企业文化中的员工理念对绩效管理工作的全面促进作用，可以看一下埃克森美孚石油公司的例子，这家公司已经连续两年（2014 年和 2015 年）在全球最大公司排名当中位列第五，是一家非常优秀的企业。在埃克森美孚石油公司的企业文化体系当中有专门的一条"员工理念"深入地描述了员工与绩效管理之间的关系。"全球化的和多样化的工作环境可以为埃克森美孚石油公司带来巨大的竞争优势。公司为员工提供个性化的和专业化的职业发展环境，鼓励他们进步，努力去争取实现自己的职业目标和发展目标。在每年的绩效评估和绩效发展过程当中，所有的员工都会与他们的主管之间有一个结构性的、常态化的绩效讨论，讨论的内容包括他们的技能发展、培训目标、成长机会和绩效收益。这个过程为未来员工获得绩效教练和绩效提升打下了很好的基础。公司的培训项目，因此而建立的师徒关系，以及网络化的发展机会可以使员工在公司的整个工作时间里都受益。公司与员工约定战略的另外一个方面是为他们提供稳定的绩效训练项目，以帮助他们不断提高技能。为了确保在行业里技术领先的优势，我们百分之七十五的投资都投向了职业培训和技能培训。"

　　分析一下这个员工理念可以看出，首先，它非常务实，借助这种方式公司直接且明确地表达了针对员工要做的事情以及如何做的方法，从内容上看非常具体，从功效上看非常具有现实意义。其次，它清楚地界定了员工发展的理念与绩效管理的实际工作之间的对应关系，员工理念给予实际工作以思想上的指导，实际工作的安排则给予员工可持续发展的道路，理念与实务密切地进行了对接。最后，可以看到该公司对员工职业培训和技能培训的投入比例高达公司总体投资的百分之七十五，非常重视员工的态度和员工培训的力度。有了这样一条，埃克美孚石油公司优秀的原因，从中便可悟出一二。

3. 客户理念和市场理念

　　很多人认为，客户理念和市场理念一般都是为"客户服务部门"和企业的"市场营销部门"设计的工作指导思想，但事实上，如果那样去设计客户理念和市场理念的话，最终将无法真正满足客户的需求和市场的要求。因为，没有企业全员的努力，"为客户服务""以市场为导向"之类的话都会成为空话。

　　宝博集团所设计的客户理念是，"公司不仅为客户提供高品质的产品，而且要做他们贴心的合作伙伴；满足客户的需求不是目的，超越客户的期望才是我们真正的目标"。宝博集团所设计的市场理念是"我们的市场理念就是共赢，在为客户不断创造更大价值的同时，更加快速地发展自己"。这两句话的核心思想就是"以市场和客户为导向"，这同时也是企业宗旨的要求之一；而在具体表达的过程中，又给出了这样做的要求和路径。很多企业也有类似这样的客户理念和市场理念，但是没作解读，这就不便于执行了。

　　基于此，笔者认为与前面精神文化的内容相同，为了更好地帮助群体成员理解各个亚文化的出处和意图，也有必要——对它们进行解读，解读得越清楚，就越有利于实际指导作用的发挥。

　　回头再看一下"以客户和市场为导向"这个理念，它的道理很朴素，如果服务好了客户就能够赢得市场，如果赢得了市场就能够获得收益，而收益得到的越多，企业的绩效结果就会越好。可就是这样一个朴素的道理，有很多的企业却始终参悟不透；也有众多的企业把这句话当作了自己的发展理念，但是执行起来却又只顾眼前的利益。但是不管怎么说，这样的理念已经越来越深入人心，在卖方市场竞争激烈的前提下，在互联网购物的强势挺进过程中，它已经为众多的企业所接受。

　　宝博集团虽然将这两个理念列为企业的亚文化内容，但是也明确指出，这两个理念的适用对象是公司的全体人员，只不过在实际的工作过程中，要求企业的高层领导以及市场部和战略发展部要更加关注这一思想内容。

4. 经营理念

宝博集团的经营理念是十四个字，即"基于品质做品牌，借助创新谋发展"。分析这十四个字可以得出四个关键词，即"品质"、"品牌"、"创新"和"发展"。分析这四个关键词，可以发现其中存在着密切的逻辑关系，第一重逻辑关系体现在表面上，即"品质"和"品牌"相对应，前者是后者的基础，后者是前者的目标；"创新"和"发展"相对应，前者是后者的手段，后者是前者的结果。第二重逻辑关系体现在深层，即产品和服务的品质是企业发展的基础，有了这个基础作为保证才可以考虑去创造品牌，而如果真要创造品牌单靠品质作为基础是不够的，它还要借助企业全面的创新去推动，也就是说，只有同时借助品质和创新作为支持，企业的品牌才可以做得更大更好，而有了品质、品牌和创新作为保证，就能实现企业谋发展，或者是谋大发展的目标。

这一理念表面上看适用于企业高层领导，是他们决策时的指导思想，但事实上，与客户理念和市场理念一样，这个理念也同样适用于公司全体人员。只有企业全员努力才能保证产品和服务的品质；有了全体人员的积极参与，才能打造企业有竞争力的品牌；只有企业全员的主动参与，才能确保各类创新工作的开展。

5. 管理理念

宝博集团的管理理念是"管理就是服务和沟通，就是指导和帮助别人更快、更好地工作"。这一理念与前面所说的绩效沟通和绩效辅导的核心思想非常一致，这三者之间可以实现无缝对接。由此可见，一个企业的管理理念如果提炼得好，那么它就可以发挥直接指导具体工作的作用而且也应该发挥这种作用，其中当然也包括可以发挥直接指导具体的绩效管理工作的作用。

这个理念的设定对象主要是集团办公室、人力资源部等各个职能部门，这是他们工作的指导思想，也是更高一级领导评价他们工作时的价值取向。

服务得好就是工作得好，沟通得好也是工作得好，"服务得好，沟通得也好，就能帮助别人更快、更好地工作"，这是非常朴素的逻辑，也是特别管用的逻辑，这样的管理逻辑可以帮助企业大幅度地提高效益。

很多企业这样想了，但是却没有做到，做不到的原因之一就是没有把它和绩效管理的工作很好地进行对接。如果不与绩效管理工作有效对接，那么这样的思想就只能变成一句喊着响亮、听着漂亮的口号而已。服不服务一样，沟不沟通一样，服务得好与坏一样，沟通得顺畅与不顺畅一样，那还为什么要去服务？为什么要去主动沟通呢？这难道不是自讨苦吃，自寻烦恼吗？

6. 执行理念

如果说管理理念主要是为企业的管理部门设定的，那么执行理念主要就是为普通员工和基层管理人员设定的。当然，宝博集团的执行理念是"完成任务，不找借口"，这个理念不仅仅适用于普通员工和基层管理人员，而且也适用于企业的全体成员，甚至可以适用于企业的最高领导团队。

此外，执行理念可以密切关联绩效管理工作中绩效实施的环节，正如这个企业的执行理念一样，只要每个人都能够努力去完成任务，而不是去寻找借口，那么每一个人的绩效计划就能够得到认真的执行，每一个员工的绩效指标就能够得以逐条实现，而每一个人的绩效目标也就能够得以顺利完成，个人的绩效实施工作因此就会生成个人预期的绩效表现。

个人坚守这样的执行理念，个人的业绩就会提高；组织整体如果坚守了这样的执行理念，那么由它指导所形成的强大执行力也会帮助组织绩效不断地得以实现。提炼或者设计得好的执行理念一定可以发挥这样的作用，不能发挥这样作用的执行理念就必须要去重新设计或重新提炼。

7. 品牌理念

品牌理念是企业亚文化当中一个比较大的种类，它所涉及的内容十分广泛，或可关系到其他的企业文化分支，而且对企业全体人员的工作都有要求。笔者访谈的美国杰出企业家之一，Campos 公司的首席执行官认为，"在新的竞争者进入一个市场和外部创新驱动之间需要一个过程，这个周期过去可以让你制订三到五年的品牌规划，而现在已经缩短到了两年，这还得看你是否幸运地进入了一个节奏还不算很快的产业""今天的企业品牌拥有之前从未有过的重要地位，它被用来应对快速变化的市场""在 Campos 公司，我们看待品牌规划的责任是非常严肃的。一个企业组织因为品牌规划来寻求我们的帮助是因为他们知道品牌的重要性远远大于今天所谓的创意执行。"

事实上，品牌理念一般不会用一个思想去表达，而是需要多个思想进行组合表达，这种组合表达或者采用并列的方式进行，或者采用递进的逻辑关系进行。而宝博集团的品牌理念表述就是采用了递进的逻辑关系，这种表述方式的最大好处就在于可以强化品牌理念对企业员工具体行动的直接指导作用。

宝博集团的品牌理念是，"专注品质，创新特色，导向市场，引领高端"。这种递进的逻辑关系第一步是专注品质，第二步是创新特色，这一点与前面的经营理念一脉相承，事实上经营理念与品牌理念之间应该具有一种紧密的连接关系。

导向市场就是市场导向，这又与前面的市场理念和客户理念甚至是企业宗旨和企业精神相联结。事实上，企业的亚文化就应该从不同的方面去具体地体现企业的精神文化，如果一个企业所设计的亚文化内容与企业的精神文化没有一点关联，那么这个企业的精神文化就会成为空中楼阁，就不会再发挥任何指导企业发展的作用。

引领高端就是追求卓越，就是要以最公平的价格为客户和社会提供最高质量的产品和服务，这又与企业使命建立了联系。

这样的品牌理念，这样递进的逻辑关系，不仅明确地界定了品牌管理的目标，而且设计了具体的行动路线，它对于现实的品牌管理工作有着非常明确的指导作用。

8. 行为理念

行为理念虽然不能等同于执行理念，但是它可以密切配合执行理念，可以从更大的范围上去影响员工的绩效实施。这正如宝博集团的执行理念是"完成任务，不找借口"，而其行为理念是"不说消极的话；不做消极的事；不谈消极的人"，这两者之间就存在着一种正向促进的紧密关系。

事实上，"完成任务，不找借口"是一种积极的工作态度和正向的工作要求，为了实现这个目标，达到这个要求，就要避免一切消极的态度和消极的行为。于是公司提出了员工的行为理念，就是"不说消极的话；不做消极的事；不谈消极的人"。而消极的现象一旦被避免以后，剩下来的当然就是积极的态度、积极的行动、积极的事情和积极的结果了。

积极的结果是什么呢？当然是个人因此而提高了绩效水平，组织因此而实现了绩效目标。

9. 信任理念

信任理念被单独列为一种亚文化并不是所有企业都能做到的事情，有此一举便可见这个企业对诚信文化的重视。而在我们访谈的美国杰出公司当中，JJ GUMBERG 公司更是把它视作企业的两个核心价值之一。"随着每天成千上万的人到访 JJ GUMBERG 公司各个网点，公司对于品质的重视已经广泛地引起了人们的注意，公司保证客人可以获得舒适和愉快体验的努力已经赢得了顾客的信任。此外，公司正以这种方式与所服务的每一个社区建立全面的信任关系"。

事实上，信任理念对企业绩效管理工作发挥的不是直接的作用，而是间接的作用，这与多数亚文化的表现不同，大多数的企业亚文化对绩效管理工作都是可以发挥直接的影响作用。

为什么说信任理念对绩效管理发挥的是间接影响的作用呢？其中的原因就在于这个理念并不会帮助和指导任何部门的任何具体工作。

不能指导任何部门的任何具体工作是不是说这个信任理念就不重要了呢？当然不是，它不仅重要，而且非常重要，它可以指导企业全体员工中任何人在任何事情上应该长期坚守的行为和态度。"希望得到别人的信任，就要做让别人信任自己的事情"，只有在如此理念的指导下，才可以形成企业相互信任的合作氛围，员工之间只有建立了相互信任的关系，才能更加有效地进行相互之间的合作，有了这种密切的合作，能够提升的就不仅仅是每个人的绩效水平，还包括组织绩效。

10. 创新理念、价格理念、采购理念、审计理念、生产理念

创新理念、价格理念、采购理念、审计理念和生产理念这五个亚文化的分支是企业针对具体部门而设计的工作理念。按照公司最初的设计，这五个理念对应的部门及其具体内容可以分述如下。

创新理念适用于技术部门和研发部门，"如果我们不重视创新，企业就失去了发展的动力；如果我们创新速度不够快，企业就会失去竞争力"。

价格理念专属于价格办，价格办的工作理念就是"真实，准确，控制成本，注重效益"。

采购理念专属于采购部，采购部的工作理念就是"为企业采购，应该如同为自家买东西那样认真"。

审计理念专属于审计办，审计办的工作理念就是"全心、全意、全面地维护企业利益"。

生产理念专属于生产单位，所有生产单位都应该坚持的指导思想是"十分认真地重视'安全第一'，十分认真地保证'质量可靠'，十分认真地追求'工艺领先'，十分认真地确保'成本控制'"。

通过分析宝博集团的十五个工作理念可知，虽然企业亚文化与绩效管理之间应该存在着天然的内在联系，但是这种天然的联系也不是想当然就存在的，而是应该经过系统化地和有针对性地设计与安排才能帮助它们建立起这种联系。而且只有将它们有机地联系起来，才能同步发挥对于两个方面工作的积极促进作用，从而可以帮助企业阶段性的战略管理工作取得成功。

如果一个企业没有这样丰富的、适用的企业亚文化，那么绩效管理工作就只能随意地设计，古板地推行，其效果自然不会尽如人意。

同时，如果一个企业没有系统化的、高效的绩效管理工作，那么，即便设计了丰富的企业文化体系，也无法将它们内化为企业全员的动力，也很难发挥它们促进企业各项管理工作的作用。

3.4.5　在生成文化对绩效管理工作的影响

在生成文化对绩效管理工作的影响是一件比较复杂的事情，为此要基于它的

三个类型，从三个角度对它进行分析。正如前文所论，企业的在生成文化是指那些正在生成，还没有被企业组织最终确定的企业文化内容，它又包括三类，即未界定的亚文化、未确定的精神文化和新引进的企业文化。

1. 未界定的亚文化对绩效管理工作的影响

首先必须要承认，未界定的亚文化有时对小群体成员的绩效影响作用比已经界定的亚文化还要大。这是因为未界定的亚文化往往都是自小群体当中自发生成的，或者是正在生成的，它们的内容非常接地气，它们的影响非常贴近实际，小群体成员对它们非常认可并且也乐于积极奉行。因此，它们的指导作用非常直接，在小群体当中的地位也非常稳固。按理说，已经界定的亚文化如果也是以这样的方式生成的，且又是经企业组织认定并加以完善的，那么它也可以发挥同样的作用。但是，有的亚文化并不是自小群体当中生成的，而是为了体现已经设计的精神文化经由企业领导规定下来的，这样的亚文化能否被群体成员发自内心地接受还需要时间的验证，它们能否真正与实际工作对接也需要实践的考证。因而，在短时间内它们对组织成员的影响，对个人或是部门的绩效促进作用并不一定会很大，甚至有可能发挥不了任何作用。

基于这一点，还可以得出另外两个结论。

第一，最好的亚文化应该来自于在生成文化。

第二，为了确保在生成文化可以变成企业所需要的亚文化，企业组织应该及早介入在生成文化的生成过程。

2. 未确定的精神文化对绩效管理工作的影响

未确定的精神文化主要是指那些在企业发展过程中正在生成的企业理念和企业精神。与第三类亚文化不同的是，它们是自发形成的，或是在渐进式地补充、完善和修改已经存在的精神文化过程中生成的。

事实上，这些一时未确定的精神文化大多数都会最终被企业确定下来，原因就在于，它们是随着时代的发展、环境的改变及企业业务的拓展，而在对企业现有思想和理念产生了冲击并提出了新的需求的前提下生成的，这叫应运而生，因时而生，因需而生，所以它们或早或迟都会被确定下来。

正是因为有了这样一个特质，所以未确定的精神文化也可以如已经确定的精神文化那样，全面且积极地发挥促进个人绩效与组织绩效同时提高的作用。

3. 新引进的企业文化对绩效管理工作的影响

在一个企业当中，有权力引进外来企业文化的只有企业家一个人，即便其他人发现了更加优秀的企业文化，或者找到了更适合自己企业的企业文化，但是最终决定引进与否的人只有企业家，也只能是企业家，这是新引进企业文化的一个特点。有了这样一个特点，就可以推断，这类在生成文化对企业绩效管理工作以及其他企业管理工作影响力量的大小完全取决于企业家的决心和态度。如果企业家下定决心引进，并且不遗余力地推行，那么它所发挥的作用就大，否则就小。

　　按照常理而言，新引进的企业文化与未确定的企业文化一样，它们的生成主要是源自于这样一个背景，那就是"随着经营环境的改变，随着企业战略的调整，随着市场上各种新生事物的出现，企业组织需要一些新的观念、理念、思想和行为方式"。但是这两者之间不同的是未确定的企业文化生成于企业内部，是企业既有精神文化的渐进式调整和完善，对此，企业成员有一个逐渐认知和逐渐接受的过程，而且它们又不会全面否定既往的企业文化，所以它们最终一定会被确认，而且也一定会积极地发挥促进企业绩效管理工作的作用。而新引进的企业文化就不同了，它们首先在这个企业当中没有落地的基础，其次有可能与既有的企业文化发生冲突，所以就需要一个很长时间的磨合过程。如果最终的结果是磨合成功了，那么它就可以顺利地发挥促进企业绩效管理工作的作用了；相反，如果磨合不成功或是迟迟不能成功，那么它也有可能就此退出这个企业，或者被这个企业既有的企业文化冲击得七零八落，从而难以发挥或是很难高效率地发挥其影响绩效管理工作的作用。

第4章　7P绩效管理对企业文化的促进

本书在对以美国为代表的西方学者的研究成果进行分析的过程中发现，各国的学者几乎一边倒地在研究企业文化对绩效管理的影响，但研究绩效管理影响企业文化的学者和文献甚是少见。不仅如此，在本书深入分析的美、英、加、澳四个国家34个杰出公司当中，它们也是一边倒地在关注企业文化对于绩效管理的影响，而绩效管理是如何影响企业文化的，以及如何做才能让绩效管理更好地去影响企业文化，这样的内容从他们公开的信息当中能够找到的有用资料也是少之又少。不过幸运的是，在笔者访谈的美国杰出企业家当中，对于这个问题做过思考并且在自己公司当中认真运作的大有人在，他们从另外一个侧面也证明了研究这个问题的价值所在。

事实上，绩效管理一方面接受企业文化的思想引导和理念支持，另一方面确实可以帮助企业文化实现从空中落到地上的任务，以达成与企业具体管理工作进行对接的目标。此外，绩效管理还可以支持企业文化不断更新和不断完善自己的具体内容，以共同促进企业整体管理工作的有效推进。在此可以把绩效管理对于企业文化的这两个方面的作用称作绩效管理对于企业文化的双重影响。

根据研究可知，绩效管理对于企业文化的双重影响又是多层次的，这种多层次影响的存在是由绩效管理过程的多维性和企业文化体系的多层次性所决定的。具体来说就是，绩效管理的"7P"运行阶段可以分别影响到"4S"企业文化体系的各个层次，包括物质表象文化层、精神文化层、亚文化层和在生成文化层。其中，绩效管理工作对于物质表象文化的影响是间接的，而对应的物质表象文化对于绩效管理工作的影响是直接的，关于这一点可见前面第3章的相关分析。绩效管理工作对于精神文化的影响是直接的，它在接受精神文化指导的同时，可以同步帮助精神文化实现落地的目标；绩效管理工作对于亚文化的影响最能体现企业文化与绩效管理工作的双向直接作用，也就是说绩效管理工作可以直接影响亚文化的生成，亚文化可以直接促进绩效管理工作的表现，它们两者之间有着天然的内在联系；绩效管理工作对于在生成文化的影响是随着其类型之不同而有所区别的，对于在生成的亚文化是直接影响，对于在生成的精神文化是间接影响，对于新引进的企业文化则暂时不会有太明显的影响。

经过以上分析可知，因为精神文化和亚文化可以受到绩效管理工作的直接影响，所以在这里本书将重点研究绩效管理工作对于企业精神文化和亚文化的影响机理及其路径，而对于其他两个方面企业文化的影响可以融会在这个分析过程之中。

此外，绩效管理与企业文化管理都属于微观管理的范畴，关注的是个体，重视的是细节，难于管控的是人的心理活动。为此，针对这两类管理的结合需要掌握一个重要的原则，那就是心动原则，也可以说是"让员工动心原则"。心动才能动心，动心才能用心，用心才能采取积极有效的行动，而有效的行动才能产生积极的结果。根据这个逻辑可知，判断一个企业的企业文化管理的工作是否成熟，绩效管理的工作是否高效，企业文化管理与绩效管理结合得是否完美的标准只有一个，那就是看这个企业的全体员工们是否可以做到"用心做事情"或者是否能够"主动把事情做好"。

4.1　绩效管理的各个工作环节可以催生众多的企业文化内容

4.1.1　美国杰出企业家谈绩效管理对于企业文化的影响

尽管在本书的研究过程当中几乎很难找到有价值的关于绩效管理是如何影响企业文化的学术文献，学者几乎一边倒地在研究企业文化对绩效管理的影响，而很少关注绩效管理对企业文化的促进；但是，在笔者访谈企业家时还是听到了一些关于这个方面的真知灼见，其中路桥资本公司的首席执行官马克对于这个问题的理解就让笔者非常受益。

基于马克谈到的观点再加上笔者对于这个问题的理解可以梳理出如下几点内容以供读者参考。

（1）什么是企业文化？企业文化就是工作过程当中产生的思想和理念，没有工作，没有追求绩效的工作，不知道如何按照绩效管理的要求开展工作，也就不可能形成真正的企业文化体系，也产生不了系统的企业文化内容。

（2）企业文化必须是管用的思想和理念，一个思想，一个理念，怎么知道它们有用还是没用呢，那就只能拿到实际的工作过程当中观察。经过观察，对个人绩效有用的思想就是好的思想，对组织绩效有用的理念就是好的理念，汇集这些有用的思想和理念去指导公司全体成员的工作就会形成一个企业的企业文化体系，它们就是这个公司的企业文化内容。

（3）如何帮助新进成员理解公司的企业文化呢？用嘴教是没用的，说太多也不一定有用，让他去做就好了，在做的过程当中告诉他规则，告诉他如何去想，并且让他明白如何做才能既使个人获利，又可以让团队以及企业组织受益。

"他在工作过程当中学到的一点比你空口白牙地教他十点还管用" "It is better that during the course of cooperation to know the culture of cooperation；It is better that during the course of study to know the culture of study of an organization"，这句话的意思就是"最好的掌握合作文化的方法就是在合作的过程当中去掌握；最好的理解一个组织重视学习文化的方法就是在学习的过程当中去感受"。强调合作的文化但是从不注重合作的过程，重视学习的文化却从不组织员工学习，这样的企业能够打造出领导者想要的企业文化内容吗？

（4）企业文化与绩效管理应该保持一种平衡的关系，这就不能像跷跷板一样，一边下去了，另一边就上去了；而应该像火车路基的两条铁轨一样，平行发力，共同合作，这样才可以支撑起"企业"这辆火车平稳且快速地奔驰。

除了路桥资本公司的首席执行官马克以外，在笔者访谈的企业家当中 Campos 公司的女性首席执行官伊冯对这个问题也提出了她自己独到的看法。

把伊冯谈到的观点整理一下共有五个方面，具体如下。

（1）做，然后知道应该如何去做；做，然后知道应该如何去想。"好的思想都是在做的过程当中产生的，也是在做的过程当中巩固的"。所以如果没有优秀的绩效工作、绩效管理、绩效表现就不可能产生优秀的企业文化。"一开始所想的可是后来并没有做；或者一开始是这样想的但是后来却是那样做的，这样先入的思想并不能成为一个公司真正的企业文化内容" "可以想，但是要在做中验证，验证是有效的思想，下次再用它指导行动，长此以往它们就变成了企业文化"。

（2）"尽管我们知道我们想去哪里，可是我们在这里没有做好的话，我们想要去的愿景就实现不了，我们的企业使命也就不能完成。"

（3）"员工有了好的绩效表现，然后你要给他奖励，他受到了奖励以后再去好好表现，这是一个行动的循环，是一个绩效管理的循环。"这个循环历经多次以后就会生成一种积极的企业文化，它要培养的是奖勤罚懒的企业发展风气。

（4）"我们经常说要培育分享的文化，可是分享什么呢，与谁分享呢？如果我们什么也没有创造，什么也没有生产，那就没有什么可以分享的东西，组织没有绩效成果，个人没有绩效表现，我们要分享的东西就是空中楼阁，就是画饼充饥，就是痴人说梦。再者，即便有了可以分享的东西，也要界定清楚分享的对象，那些绩效表现好的人你可以与他分享，那些什么都不做，什么绩效表现也没有的人你也要与他们分享吗？如果你这样做了的话，那不就等于是在鼓励一种懒惰的行为，激励一种游手好闲和好逸恶劳的企业风气吗？"

（5）有很多公司喜欢讲"快速执行"的企业文化，可是这种企业文化是怎么形成的，它可以形成的基础就是能够在行动上对于任何事情和任何事物都可以立即反应吗？能够立即反应的员工与不能立即反应的员工要获得区别对待，这种区别表现在他们的收入上，表现在他们的晋升上，表现在他们的长期收益上。如果对待反应与不反应的员工是一样的，给予反应及时与不及时的员工的待遇没有任何差别，那么这个企业"快速执行"的企业文化根本就不可能形成。

以上两位美国本土的杰出企业家所谈的就是绩效管理对于企业文化的整体影响，他们几十年的管理经验总结出来的这些认识不仅说明了绩效管理工作对企业文化的重要性，还帮助人们分析了它们为什么这样重要，怎样做才能体现出它的重要性。

4.1.2　绩效管理的各个工作环节可以催生众多的企业文化内容

基于以上两位杰出企业家的观点，再加上前面的分析可知，绩效管理的各个工作环节都可以催生众多的企业文化内容，尤其是在绩效管理工作开展的第一个循环里，催生的企业文化内容最多，对于企业文化的具体影响也最大。

而进入绩效管理工作的第二个循环以后，各个方面的工作也会催生不同的企业文化内容，只不过这种催生是"修补式"的，是"校正式"的，其主要目标在于两个方面：第一个方面是补充在第一个工作循环过程中还没有建立，但是在后续的工作过程中发现是必不可少的理念；第二个是继续完善在第一个工作循环过程中已经生成的思想。如果说在绩效管理工作的第一个循环里，绩效管理对于企业文化的影响是两者之间关系的主体表现的话，那么从第二个循环开始，这样的关系就会发生倒转，企业文化对于绩效管理工作的影响会成为两者关系当中的主角，而且随着绩效管理工作的循环不断增加，这种倒转以后所形成的影响格局就会逐渐稳定。

在这种逐渐稳定的格局之下，被系统化整理的各种理念和思想就会变成一个企业主要的企业文化内容，或者变成这个企业主要的精神文化和亚文化内容。有了成熟稳定的精神文化和亚文化以后，企业为了宣传和固化它们就会进一步强化物质表象文化、制度表象文化和行为表象文化的建设工作。当这些工作基本完成以后，一个企业的企业文化管理体系也就算建成了，而且经过这样一个过程建立起来的企业文化非常稳定，非常高效，而且轻易不会改变。

经过以上分析可以得出如下三个结论。

（1）有绩效管理体系的企业的企业文化内容会比没有绩效管理设计的企业要丰富得多。

（2）绩效管理体系的建设与企业文化管理的工作是相辅相成的，一个企业在处理两者关系的时候，应该把握绩效优先或是绩效先行的原则，以方便企业文化促进绩效管理工作的推进而不是阻碍绩效管理工作的开展。

关于这一点可以用中美两国银行服务为例略加说明。

在美国生活过的人都知道，在美国开设一个账户是很方便的，而且从一开始便会得到优质服务。当一个人走进一个银行准备开卡时，可以和经理坐下来交流，经理会讲解很多细节，并会非常认真地帮助他填写好各种手续，然后让他回家去等信件。根据经理的解释可知，信件当中会有开账户时所需要的银行卡，而等待的时间最少是三个工作日。等回家以后，很快可能就会接到这个经理写给的亲笔信，是用手写而不是打印的那种，一方面表达对于信赖他们银行的感激，另一方面会告诉今后将会非常努力和及时地提供服务，事实上他们不只是说说而已，他们会真的按照他们说的去做。这一系列的举动和举措让人马上产生顾客就是上帝的感觉，而且对于他们银行的企业文化心生欢喜，赞赏有加。可是急需使用的银行卡呢？开户的当时是拿不到的，三个工作日以后也未必收得到，五天或者七天都有可能。为什么会这样呢？那是因为美国银行的前台工作与后台工作分得很清楚，前台的工作就是接待，提供现场服务；而后台呢？就是处理前台接下来的业务，然后与顾客发生间接联系，这就使像开户办理银行卡这样的事情会拖上好几天才能完成。可同样的事情如果是在中国的银行办理呢？我们去抽个号，坐下来排个队，然后前台的工作人员让填个表，复印身份证，就可以当场拿着银行卡出门了。在这个过程当中也许会感觉到银行职员的微笑，也许能体会到银行为方便客户而对工作环境进行过精心的布局，但是这些事情如果感觉美好的话，那也是因为顺利地办到了银行卡，为此或许会对这个银行有个好印象，而且下次还会到他们这里办事情。

通过以上举例分析要验证的就是绩效优先的原则，如果一个企业做不到绩效优先而去特别强调企业文化管理的话，那么无论是对于企业自身而言，还是针对客户来说，都不会出现一个理想的状态。试想，如果一个顾客同时面对美国银行和中国银行的话，他会选择哪一家呢？服务态度差点，但所差不多，内部环境一样良好，而绩效水平却差了很多，他当然会选择中国的银行了。

（3）如果从源头上看是绩效管理先行影响了企业文化，但是随着绩效管理工作的不断推进，企业文化对于绩效管理的影响将会成为二者关系当中最主要的表现。

也正是因为这个原因的存在，才使美国的银行在为顾客办理银行卡时并没有觉到哪里不对，相反他们可能还认为自己做得很好，尽管顾客为了这个银行卡可能要等上好几天。此外，也正是这个原因的存在，使很多人和很多企业搞不清楚到底是企业文化管理影响绩效管理多一些，还是绩效管理影响企业文化管理大一点。

除了以上三个结论以外，在此还要强调另外两个非常重要的思想。

（1）绩效管理工作与其他各种类型的工作一样，都是"万事开头难""开局不容易"，但是如果一个企业的高层领导能够重视这项工作，这个企业的领导与管理机构能够认真地规划这项工作，企业的各层级管理人员能够努力地跟进这项工作，企业上下全体人员能够齐心协力地迈出第一步工作的话，则后续的工作就会化难为易，而且会越来越轻松。正所谓"万事开头难，开好了头以后就不再难""开局不容易，开好了局以后就会很容易"。对此，企业家必须要有清楚的认识，企业上下人员必须要有坚定的信心。事实上，很多中国企业不愿意在自己公司当中推行绩效管理工作的主要原因就是害怕困难，害怕为此而增添麻烦，这其实是一个极其短视的思想。"一朝的麻烦换永远的便利"，这笔账还是很容易就能算清楚的。

（2）企业文化的生成过程应该源自于具体的企业管理工作环节，尤其是应该源自于绩效管理的工作内容。如果因为强力推行和高效推行绩效管理工作的需要，而生成、提炼和设计了相应的企业文化内容，尤其是企业亚文化的内容，这样的企业文化就是最管用的企业文化。有这种思想作为指导，绩效管理工作和企业文化管理工作哪一个重要，哪一个优先，到底是谁先影响了谁的争论也就没有再存在的必要了。

4.2　绩效领导与管理体系及总体方案的设计和企业文化的相关内容

在前面第 2 章曾经分析过，"很多的中国企业要么没有绩效管理，要么有绩效管理但却不成体系，企业家们或者听说了绩效管理工作的可用，或是感觉到了绩效管理工作的必须，但是却不知道应该如何才能发挥绩效管理的重要作用。于是，在没有充分准备的情况下，在没有建立起完善的领导与管理体系的基础上，就安排人力资源部门去设计绩效管理方案，编制绩效考核的评价指标，执行年度一考的评价任务。结果可想而知，单纯由人力资源部门推动的绩效管理工作就变成了人力资源工作的一个分支内容，成为企业组织绩效考核的手段，结果是其他部门没有参与进来，企业员工也不甚了解考核指标的目的，出现问题时没有人员和机构能够从中协调，从而使绩效管理工作沦为公司的三流管理工具，没有办法发挥其促进企业工作全面开展，确保企业战略目标不断实现的任务。"

基于前面的分析笔者认为，一个企业成熟的绩效管理工作的第一步应该是成立绩效管理领导委员会，并由这个委员会设计绩效管理工作的总体运行方案，负责协调各个部门、各个环节之间的运行秩序，这是保证企业绩效管理工作能够成功的重要前提。而一旦企业启动了绩效管理工作并设立了这样的一个机构，且这个机构还能够按照规定的程序进行工作的话，那么借助绩效管理工作的这一个维度就可以催生出很多的企业文化内容，尤其是可以催生出众多的企业精神文化理念，其中的重点可以概括为两个方面。

（1）能够成立这样一个机构可以表明或是可以进一步强化企业家或企业的两个思想，第一个是企业家重视集体领导，关注组织协同；第二个是企业工作有"全局意识"和"整体观念"。这两个思想对于任何一个企业而言都是非常重要的，但却未必是每一个企业都能够培育形成的。如果借助绩效管理工作严谨的体系设计而帮助企业生成或是初步培养了这样的思想意识，那不仅是对企业文化内容的极大丰富，而且对于企业全面的管理工作都将产生极其深远的影响。

在中国文化当中有两个比较重要的观念会影响各类组织的发展，这当然也包括企业组织在内。一是要保持最高领导的权威性和组织的统一性就要实行"一言堂"式的精英领导；二是"术业有专攻，职责有分工"，所以各个部门之间或是各个领导之间可以"道不同不相为谋""各扫自家门前雪，莫管他人瓦上霜"。

在这里不想评价前一种思想的对与错，只是想说：如果这样做得过了，也就是所有的事情完全由最高领导一个人说了算，其他人没有一点发言权，那么这个领导每天一定会过得很辛苦，而这个企业的发展或可一时很快，但长期却未必能够保持快速发展的势头。毕竟"一个篱笆三个桩""一个好汉三个帮""众人拾柴火焰高"，群策群力效果会更好。

在这里也不想评价后一种思想的对与错，只是想说：如果这样做得过了，那么各个部门之间的沟通渠道也就断了，人与人之间的工作交流也就少了，不必要的误会有可能增加，小小的矛盾有可能扩大，而事情却可能没有人去管，责任有可能没人去担，局部的利益有可能保住了，但整体的利益却最终丢失了。这对于任何一个企业组织而言，都不是一个理想的发展状态。

回头再看由绩效管理工作第一维度所催生的相关企业文化的内容，即"企业家重视集体领导，关注组织协同；企业工作有全局意识和整体观念"，有了这两种思想的存在，那就可以解决以上两种思想的矛盾，就可以确保中国文化当中的这两种思想在企业管理过程中只发挥正向的促进作用，而不会产生负面的影响。

这或者可以看作绩效管理工作第一维度所催生的企业文化中精神文化的内

容，即集体领导、团队协同、大局优先、组织统一。当然，这个内容或者已经存在，所以才有了这一维度工作的出现；也或者这一步的工作只是帮助企业形成企业文化内容的众多工作之一。但无论过程如何，结论都是一样的，即任何一个有追求大发展志向的企业都应该配备这样的发展理念，它是决定企业各种工作能否全力开展和协同推进的关键起点。

（2）企业绩效管理工作如果能够形成一个系统的总体运行方案，无论是这个方案本身，还是形成这个方案的过程都会助成企业一个管理思想的出现，这个思想可以称为谋划意识，在这种谋划意识指导下形成的战略规划方案，再加上后面要讲到的各个部门与各个员工的绩效工作计划，它们协同起来可以在总体上反映一个企业"按计划做事情"的运行风格。

谋划意识是匹配企业战略管理工作的重要指导思想，它对于企业发展的重要性可以借助《孙子兵法》第一篇"计篇"的相关内容加以说明。

孙子曰：兵者，国之大事，死生之地，存亡之道，不可不察也。

故经之以五事，校之以计而索其情：一曰道，二曰天，三曰地，四曰将，五曰法。道者，令民与上同意也，故可以与之死，可以与之生，而不畏危。天者，阴阳、寒暑、时制也。地者，高下、远近、险易、广狭、死生也。将者，智、信、仁、勇、严也。法者，曲制、官道、主用也。凡此五者，将莫不闻，知之者胜，不知者不胜。故校之以计，而索其情，曰：主孰有道？将孰有能？天地孰得？法令孰行？兵众孰强？士卒孰练？赏罚孰明？吾以此知胜负矣。

……

夫未战而庙算胜者，得算多也；未战而庙算不胜者，得算少也。多算胜，少算不胜，而况于无算乎！吾以此观之，胜负见矣。

孙子这里"庙算"思想的重点就是"谋划"意识，根据孙子"多算胜，少算不胜"的观点可以得出这样一个结论，即企业谋划者，是企业的大事，它影响着企业发展的兴衰，决定着企业战略的成败，故不可不察也。谋划者，是大事也，可是如此大事需要谋划些什么内容呢？孙子在这里说的是"主孰有道？将孰有能？天地孰得？法令孰行？兵众孰强？士卒孰练？赏罚孰明？"这些事情思考清楚了，一个完整的战略规划方案也就可以出炉了。当然，这里重点要学习的不是孙子指标设定的方法，而是要向他学习这种对于战略思考的"系统性"和"全局性"，它们才是决定企业发展得失成败的重要因素，不可不察也，是故"企业家莫不闻，企业管理者莫不知，知之者企业胜，不闻者企业必败矣"。

除了以上有可能形成的两个方面的企业文化内容以外，其实还有很多企业文化内容可以在这一个维度产生。对此可以借鉴前文所研究的 O'Reilly 等（1991）的企业文化内容列表。

如果把企业文化内容的细分与绩效管理的这一个维度的工作相结合，可以推导出可引用的相关企业文化内容有八个方面。

（1）强调合作。尤其是要强调高层成员之间的通力合作和在组织框架体系之内的彼此配合。为了实现这一点，最高领导的主动放权是一个方面，在企业内部能够成立各种决策委员会与管理委员会也是一个办法，由此而形成企业的合作氛围是关键。

（2）注重品质。尤其是要注重高层领导的决策品质与管理者的执行品质，这是决定产品品质、服务品质、运营品质等相关内容的前提。为了实现这一点，最高领导的重视是一个方面，在企业内部建立各种评价标准是一个重要的方法，如果只有高层领导的口头重视而没有实际的评判标准的话，重视品质的思想很有可能会成为一句空谈。

（3）善于分析。尤其是要善于分析事关企业发展全局的大事。事关企业发展全局的大事需要企业高层领导团队集体进行分析，事关各个团队和各个部门发展的战略安排也应该由各个单位的领导组织全体成员进行充分的讨论。"不谋万世者不足以谋一时，不谋全局者不足以谋一域"是一种境界，事无巨细多思考，能否群策群力想办法也是判断一个企业是否具有合力的重要指标。

（4）迅速决策。尽管很多企业强调集体决策的必要性，但这不等于说因此就可以无休止地讨论，企业家在这里还是要发挥龙头的作用，应该拍板决断时绝对不能有半点的含糊。

（5）规则导向。尤其是组织行为规则的导向，一定要为企业所有成员共同坚持，这样既可以保证指挥上的统一，也可以保证行动上的一致。

（6）团队合作。这一条呼应着第一条，如果第一条强调的是高层领导之间的团队合作的话，那么这一条要补充的是在企业管理的过程中，各个方面的相关人员都应该组成高效合作的团队。

（7）注重高水平的、建设性的冲突。对于破坏性的冲突企业要采取"零容忍"的态度，对于高水平的、建设性的冲突企业则要保持"宽容"的态度，这样才更加有利于发挥集体决策、组织协同、各尽所长、相互补充的作用。

（8）共享信息自由。有了信息的共享，才能确保企业成员可以基于信息的充分性而不断提高对事务的认识能力，并在认识能力提高的基础上加快具体工作的推进，关于这一条将在后面结合西方学者的研究结论做出进一步的分析。

如果把以上八个方面的信息做一下延展的话，它们还是评判一个企业家是否优秀的标准，如果一个企业家能够强调合作，注重品质，善于分析，决策及时，重视规则，重视团队，正视冲突，共享信息的话，他就一定是个优秀的企业家，或者一定会成为一个优秀的企业家。

4.3　绩效协商与绩效计划和企业文化

绩效协商与绩效计划作为绩效管理工作的第二个维度，它们又包括了四个方面的具体工作细节，即绩效协商、绩效目标的确定、绩效计划的制订和绩效指标的设计。

4.3.1　绩效协商可能生成的企业文化

绩效协商与绩效计划的第一个工作细节是绩效协商，它对于企业文化的影响是最为直接的。事实上只要一个公司在其绩效管理的过程当中能够做到有绩效协商这个工作环节的安排，那么就可以判断出这个企业或者已经拥有了"平等对待员工"的思想，或者已经具备了培育"与员工平等沟通""注重公平参与""强调多方合作"等企业理念的可能。而"平等对待员工"正是世界五百强企业最集中看重的四个主要的企业文化内容之一，另外三个分别是团队协同、忠于顾客和诚实守信。

在这里之所以说"只要能够开展绩效协商的工作，就能够培育出平等对待员工"思想的理论逻辑是：只要能做就说明已经想起，只要能做到就说明已经能够想到，有时态度可以代表一切，有了正确的态度和方向以后，则行动就可以变成一个充满信心和活力的过程，而结果就是这样过程之下的必然产物。

事实上很多企业在做绩效管理工作的时候，是没有同员工进行绩效协商这样一个工作机制的，他们喜欢的做法包括：①找一帮所谓的专家和专业人士关上门做计划，做指标，定目标；②安排人力资源部门去定目标，定指标，并分派任务。这两种做法无论哪一种被采用，都会从源头上切断员工"全面参与管理""全面参与协商和创造"的机会，也就不可能因此而培育出很好的"员工全面参与企业"的发展理念。这对于那些一直希望员工能够真心实意地参与企业管理，能够实实在在地为企业发展献计献策、出汗出力的企业而言，实在既是损失，更是过失。

关于这个方面，可以看一下国际维度发展公司的看法。"如何才能优化绩效管理呢？借助云基础的软件吗？借助评定量表吗？还是借助在线检查的方式？借助检查企业可能会相信在绩效管理方面已经有基础，但是却不一定能够意识到那不是它的全部价值"。对此国际维度发展公司认为，71%的组织想要改进或改造他们的绩效方法，然而，太多的管理者隐藏在软件和专注于完成审查的过程当中，而不是把注意力放在教练谈话与绩效协商上。"如果这听起来像是你的组织，你需要一个更好的方式：一个强调领导者如何推动和发展绩效而不是管理它们的方法"。

除了"员工全面参与管理"的思想以外，绩效协商还可以帮助企业培养另外一个很有意思的观念，之所以说这个观念是很有意思的，是因为在查阅的英文文献当中，国外学者在使用绩效协商这个词时选择的对象并非是企业的"员工"，而是企业的"顾客"，而本书在使用这个词时所针对的对象不是企业的"顾客"，而是企业的"员工"。这样看来似乎是颠倒了，但颠倒了去想也许并没有错。也就是说，在企业绩效协商的过程中可以培养"将员工视做顾客"的思想，当然这个顾客并不是真正的顾客，而是将他视作顾客看待。有了这样一个思想以后，对于企业管理人员就会提出更加明确的和更高水平的要求，要求他们能够认真地对待"顾客"，平等地对待"顾客"，真心地为"顾客"着想，并全力以赴地为"顾客"解决各种问题，不然的话他们就会失去"顾客"，失去收益。中国是一个信服威权的社会，领导者和管理者一直都是组织中高高在上的人物，即使有的领导者和管理者并没有想高高在上，也不愿意高高在上地开展工作，可是他的下属却不会这样想，他们自然而然地就会把领导和管理者放在一个很高的位置，或者佩服，或者害怕，或者羡慕，或者忌妒，等等，这也是中国社会几千年"家文化"和"官文化"影响的结果，是我们的文化与西方文化之间最大的不同。而现在如果有了一个新的思想意识，可以帮助员工们不再害怕领导而是喜欢领导，并能够真正地与领导者和管理者结成利益同盟，那么对于绩效管理工作以至企业全面的管理工作都将是一个极大的促进。

除了以上所说以外，结合绩效协商的工作特点，在具体的工作过程中还可以催生的企业文化有主动沟通、情投意合、全面公正、群策群力、务实坦诚等。

4.3.2　绩效计划的过程可能生成的企业文化

如前文所论，一个注重绩效管理工作又能真正体会绩效管理内容与作用的企业，就一定不会把绩效管理只是当作绩效考核的手段，或者是以绩效考核代替全部的绩效管理工作内容，这是成功开展企业绩效管理工作的前提。为此，企业必须设计全面和完整的绩效管理工作体系，而在这个体系当中，尤其重要的是应该包含工作计划方案。前面所说的第一个维度的总体方案设计就是一个大的工作计划，而这一个维度所要说的绩效计划就是具体的执行方案。而如果一个企业既能够做出完整的总体工作方案，又能设计出细致的绩效计划，那就说明它是一个重视规划，重视细节的企业。单凭这一点，便可以看出这个企业的企业文化当中应该含有注重执行和看重细节的特点。如果把这种做法做一番梳理和提炼，则可以明确提出企业文化的一个内容，或可以称之为企业精神文化的一个内容，那就是"有计划地做事，前瞻性地思考，系统性地安排"，有了这样的企业文化和工作氛围，绩效计划的工作就能很顺利地实施。此外，如果一个企业真的培育出了这样的企业文化，即有计划地做事、前瞻性地思考和系统性地安排，那么不只是绩效计划这项工作他们会如此去做，对于其他方面的工作，他们也会这样思考和这样运行。

这是绩效计划与企业文化相互融合与联动运行的第一个方面的举例。事实上，因为不同的企业具有不同的特点，以及不同的企业在进行绩效计划设计时会有不同的考虑，所以，因此而深化并可能生成的企业文化会有多种内容可以选择，这些内容或者是务实严谨，或者是细致周密，或者是有理有据，或者是中规中矩，或者是高瞻远瞩，或者是脚踏实地，等等。只要这些企业文化能够发挥促进绩效计划工作的作用，它们就可以在工作过程中生成，在现实中发挥作用，它们因此就是好的企业文化，就是有用的企业文化。

4.3.3 绩效目标和绩效指标的设计可能生成的企业文化

绩效目标清楚最有可能催生的企业文化就是目标导向管理，把这种导向的发展理念加上绩效指标设计的要求，再按照前面 O'Reilly 等（1991）所梳理的企业文化列表进行分析，又可以延展为两个更加具体和更加细分的企业文化内容，它们分别是以成就为导向和以行动为导向。其中，以成就为导向偏重的是绩效目标管理，以行动为导向偏重的是绩效指标设计，这两个方面都是企业文化管理过程中可选可用的重要内容。

此外，从 O'Reilly 等（1991）的企业文化内容细分列表当中可以选择的关于这个工作环节的企业文化内容还有以下几点。

（1）客户导向，与它相结合的经营理念就是市场驱动，客户导向是目标，市场驱动为这个目标的发展提供动力。

（2）结果导向，与它相配合的管理理念就是规则导向，结合这两者的要求可以形成的发展理念就是"结果很重要，但是规则也重要"，好的规则可以保证生成好的结果，破坏规则或是违反规则就不能保证结果的可预期和理想化。

（3）对结果有较高的预期，与它相结合的管理理念是个人目标透明，个人目标透明，则个人预期可以高低立判。世人都有上进之心，都有知耻之志，都爱讲面子哲学，立判高低的目标定然会刺激后进，并激励先进，这两个方面的人员都受到了促动以后，则各个方面的工作开展就会充满了斗志和动力。

（4）倾听客户，与这一个理念相匹配的是量化指标，倾听客户的目的不是倾听客户的问题，而是要为客户解决他们的问题并满足他们的需求，可是如何才能持续地满足客户们的需求呢？这就要形成问题列表，就要制定工作进行过程中明确的指标，并由这些指标综合完成"服务顾客，永远让顾客满意"的任务。

（5）其他方面的指标，如注重单元目标，注重稳定，承担个人责任，善于采取行动，知道什么比你知道要多，与他人合作，等等。

关于目标导向和行动导向的企业文化理念，在 Cheung 等（2012）设计的八层次的企业文化结构当中是排在第一位的，他们所设计的这八个层次的企业文化结构包括：①目标的明确性；②合作与协同；③冲突的解决；④雇员的参与；⑤创新导向；⑥以绩效为重；⑦回报导向；⑧团队定位。

为了帮助这八个层次的企业文化实现落地的目标，他们也设计了一套完整的评价指标体系，这个评价指标体系的设计可以成为绩效管理指标设计的参考。当然，在此更多要参考的还是他们关于企业文化落地的指标设计理念和指标选择方法，这是为数不多的关于企业文化落地的方法研究。

其中，针对目标的明确性他们设计了三个细分的标准，分别是：员工们清楚地知道他们如何做才能在较长的时期内取得成功；组织目标合理并能清楚地达到共识的水平；员工的努力与实现组织目标的一致性水平。

针对合作与协同也有三个细分的标准，它们分别是：解决部门之间问题的有效性；部门之间信息共享是被鼓励的，它的程度如何；合作与跨部门的支持是被鼓励的，它的程度如何。

关于冲突的解决还是三个细分标准，包括：在何种程度上，员工可以接受批评或负面反馈而不会抵制；在何种程度上，员工被鼓励去承担所在团体出现的错误；在这个组织当中的信任氛围如何。

在员工参与方面的三个细分标准分别是：在何种程度上，鼓励员工参与影响他们工作的决策；在何种程度上，让员工参与组织的决策过程；在何种程度上，让员工参与咨询决定组织计划做什么的决议。

在创新导向方面有四个细分标准，包括：在何种程度上，组织帮助员工获得实施他们的创新工作所需要的资源；在何种程度上，组织鼓励员工寻找完成工作的更好方法；在何种程度上鼓励员工有创造性和创新性；该组织在应对商业环境的变化时，采取合理风险的意愿如何。

在注重绩效方面有三个细分标准，它们分别是：在何种程度上，对员工进行训练，以提高他们的技能，从而使他们能够达到更高的绩效水平；是否为员工建立了一整套的绩效标准；组织在多大程度上，强调所提供的产品要质量好。

在回报导向方面有四个标准，包括：公平奖励的程度；绩效考核作为基础奖励的水平；在什么水平上，是因为员工的成功去奖励他，而不是因为他们的失败而惩罚他们；在何种程度上，可以使员工得到充分的认可和全面的奖励。

在团队导向方面有三个细分标准，包括：组织在多大程度上强调团队的贡献而不是个人的贡献；在何种程度上，组织强调构建向心力，致力于团队中的每一个人；在何种程度上，团队成员作为一个团队去工作，而且能够交换彼此的观点和想法。

Cheung 等的研究价值不仅体现在他们提出了非常实用的企业文化内容，而且体现在设计了明确的针对不同企业文化内容的判断指标，这些判断指标同时也是实现企业文化落地的工作指标。借助这些指标的引导，一个企业既可以建立起非常有效的企业文化体系，又可以确保这个体系所涉及的内容能够被准确地实施以发挥其促进企业绩效管理和战略性发展的作用。

4.3.4　绩效协商、绩效目标、绩效计划和绩效指标共同作用可以生成的企业文化

事实上在绩效协商、绩效目标、绩效计划和绩效指标的共同影响下，可以帮助企业培养员工的规则意识、服从意识、参与意识与团队意识，这些都是非常有利于企业可持续发展的优秀的企业理念和管用的企业文化。

对此可以举一个儿时的游戏来说明这个道理。

小的时候生活在农村，天天与泥土和石头为伍的小伙伴喜欢玩一个叫作"夺宝"的游戏。游戏的规则是这样的：十几个人平均分成两个队伍，队伍的名字可以由推选出来的队长起，也可以由小伙伴们商量着定。队长的选择标准有两条，要么他的力气最大，要么他最聪明，尤其是聪明的孩子往往最有可能被选为队长。队伍分好以后，各自用木棍画一个正方形，这就是自己队伍的驻地，也叫城堡。双方队伍的城堡必须是邻接着的，中间隔一条线。每个城堡会留一个口，这就是城门。双方城堡的开门方向是相反的，但都是贴着分界线，因此两个城堡叠加在一起的形状就像一个方方正正的"S"形。规则要求各方队员在自己的城堡当中时，或者进入对方城堡以后，可以双脚着地，而一旦出了自己的城门或者对方的城门，就只能单脚跳着走，无论是谁，只要另外一只脚落地就代表着这个队员的阵亡。在每一方城堡对着城门的地方会划出一个小小的三角形，在这个三角形当中放着一个小木棍，这就是各自队伍的镇堡之宝。如果哪一方队伍攻进了对方的城堡而且某个队员抢到了这个小木棍，并保证单脚跳着带它返回，放在自家城堡的三角形里，这一方就获胜了。双方队伍开战之前，各方的队长会召集所有成员研究当场的战术，然后双方约定开始时间，喊一声"开始"，便进入战斗。三条线，两个小木棍，再加上这样的规则，一个备受喜爱的游戏就这样在童年当中扮演了重要的角色，为孩子们带来了无尽的快乐。

　　分析一下这个游戏，它其中包含着诸多管理学方面的道理，其中最重要的一个就是规则管理以后所形成的服从意识，正是因为有了这样的服从意识才保证了成员的积极参与思想与团队合作的理念，从而确保了这个游戏的可玩性和趣味性。对此又可以分成几个层次进行说明：①那几条线是用木棍画出的，那个宝也是由更小的木棍组成的，人在城堡里时可以双脚着地，出了城堡就要单脚下跳，无论是攻击对方，还是保护自己，对此谁也不能违反。会不会有人偷偷违反规则呢？肯定不会，因为对阵的双方都可以清楚地看到任何一个敌人的表现，有人违反规则，当场就得处罚。②规则清楚了以后，决定双方谁能获胜的因素在于四个方面，第一个是看谁坚持得住规则，也就是要看哪一方的队员能够始终保持不应该落地的脚就是不落地；第二个是看谁的体力好，体力好就代表着冲击力量大，而且能够打持久战；第三个是看谁有智谋，谁有智谋谁就能懂得运用战术，或者分散敌人而歼之，或者集团包围以消灭；第四个是看谁勇敢，只有勇敢的一方才能组织更多的更有冲击力的进攻。③这个游戏获胜的判断标准不在于杀敌多少，而是看谁能够夺得对方的宝物，关于这一点规则讲得非常清楚，所以各方的目标也非常明确。为了实现这个目标，队长们在最初挑选队员的时候，不能只盯着那些身高力大的小伙伴，还要至少挑选一两个身手灵活，能追善跑的队员，他们将会成为夺宝的主力。

　　比照前面所分析的绩效协商、绩效目标、绩效计划和绩效指标这四个方面来看，在这个游戏当中都能找到对应的注解。

　　（1）小木棍就是绩效目标，而且这个目标在每一名队员的心里都非常清楚，这种清楚是那种心照不宣的清楚，是压根不用领导强调的清楚，规则已经把它说得再明白不过了。试想，如果在企业绩效管理的过程当中也能够为每一个成员设计出这样清楚的绩效目标的话，那么这名成员以及这个企业的成员会有什么样的绩效表现呢？

　　（2）四个制胜的因素就是绩效指标，哪一方在这四个指标上占了上风，哪一方就可以稳操胜券。在这四个因素当中，体力的比拼代表绩效实施的基础，智力的比拼代表绩效计划的成熟，勇敢的程度代表着绩效提升，而坚持规则是所有工作能够顺利开展和有序开展的保障。试想，如果一个企业在其绩效管理的过程中能够为每一名成员都设计出这样清楚的绩效指标的话，那么这些成员开展工作是不是就一定会有非常明确的而且是特别坚定的方向呢？

　　（3）每个队伍选择领导的标准是看他聪明不聪明，善不善于谋划。在每一次出击之前要由领导组织其他成员具体地研究当场的进攻策略，这就相当于绩效协商。而在绩效协商的过程中有两点特别重要，其一是团队的领导是不是有足够的智慧，能不能想出好的主意和办法，能不能调动所有人员的积极性；其二是团队成员的集体参与，要让每一个人都感觉到自己是团队的主人，每一个人都要为团队的获胜贡献力量，每一个成员都可以畅所欲言地表达自己的观点。试想，如果一个企业在其绩效管理的过程当中能够建立起这种可以确保所有成员积极参与的绩效协商机制的话，那么这些成员的主动性、积极性和创造性是不是就会因此而被激发出来呢？

（4）交战的双方，只要有一个团队获胜，则这个团队当中的所有成员就都会成为胜者，都要大声地欢呼，都会感觉到非常骄傲和自豪。在这里，个人的成功和团队的成功是牢不可分的，换句应景的话就是，个人的绩效成绩与团队的绩效成果是紧密相连的。那个小木棍既是团队的绩效目标，也是个人的绩效目标。抢到小木棍的一方在实现了团队绩效目标以后，还会帮助所有成员同步实现自己的个人绩效目标。试想，一个企业在其绩效管理的过程当中如果真正地设计出了员工个人和团队组织有着密不可分的利益关系和发展目标的话，那么这些员工是不是就一定会把团队组织的利益看得和自己的利益一样重要呢？

在此提出了问题，但是不要求答案，因为答案已在其中。

通过以上几个方面的分析，可以看出这个游戏与绩效协商、绩效目标、绩效计划和绩效指标的管理的匹配性非常高，它还可以告诉人们一个道理，即管理其实并不是多么复杂的事情，只要掌握了人性，了解了人心，并且找到和掌握了其中运用的规律，它就会变得非常容易。而且越是让人感觉容易的管理越能出效率，越是让人感觉复杂得不可捉摸或是难以捉摸的管理越是没效率，所以管理要脚踏实地而不能故作高深，企业文化的表述一定要明白易懂而不要去追求复杂高深。对此，企业家应该保持最为清楚的认识，千万不要舍弃了这些质朴的道理而去追求复杂化的管理理论。

4.4　绩效支持与绩效实施和企业文化

绩效支持与绩效实施是绩效管理非常重要的一个阶段，或者也可以说它是绩效管理过程当中最为重要的一个阶段，这个阶段又包括六个方面的工作内容，即绩效支持、绩效实施、绩效沟通、绩效培训、绩效训练和绩效教练。在这六个方面的工作过程中可以催生的企业文化内容是非常丰富的，而且也是非常实用的，它们多数对接的是一个企业的亚文化，部分也反映这个企业的精神文化。

4.4.1　绩效支持可以生成的企业文化

《企业一体化管理系统》一书中得出过这样一个研究结论：在企业管理过程

中有六大资源是必备的，它们分别是人力资源、物力资源、财力资源、信息资源、关系资源和管理资源。企业以此六大资源为发展基础，缺之则不能实现发展目标。在绩效管理的过程中，尤其是在绩效实施的过程中这六大资源同样也是必不可少的，它们的充足程度决定了组织绩效的实现程度。"巧妇难为无米之炊""磨刀不误砍柴工"，说的就是这个道理。

　　而在这六大资源当中，除了人力资源以外，其他五个方面的资源都需要"绩效支持"来实现。"支不支持""如何支持""支持的程度怎么样"，在这些环节的工作过程当中可以反映出企业文化的很多门道。

　　首先，从支持的态度上看会有两种表现，其中"一般性支持"是一种态度，而全心全力地支持是另外一种态度，这两种不同的态度都是出自管理者，代表着企业，不同态度对员工的影响也不同，员工基于此而感受到的企业发展氛围也大相径庭。其中，一般性支持给予员工的感受就是"工作嘛，应该做什么就做什么，不属于自己做的事情就不要去想，也不要去掺和""领导都是这样，我们为什么要多心"。而全心全力地支持会让员工们心里感觉到温暖，在行动上感觉有动力，在具体的工作过程中充满信心，并且愿意有创意地工作。略想一下，这是一种什么样的企业文化？这是一种什么样的发展氛围？很多企业家苦苦地在寻找的管理真经，其实就寓于这些日常管理的小事上。

　　其次，除了支持态度上的不同以外，不同的企业还会存在支持范围的不同，对此可以从三个方面进行观察，它们分别是常规性支持、前沿式支持和融合式支持。从支持的内容上来看，支持物力资源和财力资源是常规性的支持；支持信息资源和关系资源是前沿式的支持；支持管理资源则意味着管理者可以与下属打成一片，是兄弟般带有情义并能共享利益的融合式支持。这三种支持方式只有在成熟的绩效管理体系当中才能同时存在，它们的共存与否最能反映一个企业的企业文化管理的水平。

　　事实上，大多数的企业只能做到常规性的支持，这种支持也可以帮助员工完成工作任务，而且这种支持因为其存在的常规性，也非常便于管理，甚至不用专门管理。但是，因为这种常规性支持的存在，容易使管理者和企业员工养成"墨守成规、按部就班"工作的习惯，这又有可能回到前面所说的"各扫自家门前雪，莫管他人瓦上霜"的状态。

　　也有企业能够做到前沿式的支持，这种支持的具体表现就是企业管理者能够与企业员工共同分享信息，共同利用和谋求建立各种发展关系。

　　从信息共享的角度看，一个企业的员工知道得多对企业好，还是知道得少对企业好呢？知道得少或可埋头干活，不问世事；或可坐井观天，自以为是；或可得过且过，不关心企业前程；或有心出力，出大力，出新意，但却不知从何处下手，也不知道企业当中其他人以及企业之外其他的同类型人已经发展到了一个什么样的水平，从而难有作为。经过这样的分析可以看出，企业员工还是知道得越多越好，所以前面所说的 O'Reilly 等（1991）把"信息共享自由"认作企业文化的重要内容之一。

从关系支持的角度看，重视关系本身就是一种理念，它代表着一个企业与社会、市场、客户甚至时代的关联水平，在规范的企业文化体系当中，"企业宗旨"就是要系统地回答这个问题。当然，此外所说的关系绝对不是指单纯意义上的人际关系，也不是庸俗层面理解的拉帮结派，乱搞关系，而是指企业成员与供应商、采购者、顾客、部门同事之间的广泛关系，以及企业高层领导与其他企业家、政府对应管理部门工作人员、行业协会人员、大学与科研机构相关专业的学者等之间的关系，是工作上的联系与合作。从一般意义上说，管理者会比企业成员掌握更多的关系资源，而且管理级别越高所掌握的资源就可能越大。如果高一级的领导能够与下一级的管理者共享关系资源，如果各级管理者能够与其下属共享客户关系，这件事本身就能够反映出企业"分享"的文化。因为它是一件实行起来比较困难的事情，所以由此而产生的文化也是一种比较高级的企业文化形式。此外，如果各个方面能够因为这种共享关系而创造了更为突出的业绩，那又会反映出这个企业高效协同和团队发展的理念，这又是企业精神文化的一种高级表现。

融合式支持其实就是前面所设计的绩效管理框架的一个思想基础，无论是绩效协商、绩效计划还是绩效沟通、绩效辅导，又或者是绩效反馈和绩效提升，其最终要实现的目标就是达成这种管理者与下属之间基于情义和利益双重基础而结成的牢固的、高效的、密切的协同与合作关系。基于"利益"而结成同盟是绩效管理的任务，基于"情义"而结成同盟是企业文化的任务。在这两者之中注重利益应该在前，它是基础当中的基础，"君子耻于谈利"的思想在这里是不适用的，不谈利的企业、不谈利的部门、不谈利的团队、不谈利的合作最终都是要失败的。针对于此，可览太公在几千年前的相关描述。

太公曰："天下非一人之天下，乃天下之天下也，同天下之利者，则得天下；擅天下之利者，则失天下。天有时，地有财，能与人共之者，仁也。仁之所在，天下归之。免人之死，解人之难，救人之患，济人之急者，德也。德之所在，天下归之。与人同忧同乐同好同恶者，义也。义之所在，天下赴之。凡人恶死而乐生，好德而归利，能生利者，道也。道之所在，天下归之。"

根据太公的理解，君子不仅要谈利，而且要谈大利，"欲利己先利天下""同天下之利则可得天下之大利""不与众人分利则不能实现利己之追求"。

当然，"只谈利的合作也不能持久"，所以还要有利益之上的追求，这个追求不是凭空而来，也不是无本之木，它是在绩效管理工作的推动下，在融合式绩效支持的影响下，经历时间，经历事件，最终沉淀下来的双方或多方合作的习惯、思想和理念。因为这些习惯、思想和理念的经久作用，可以使合作的各方建立起良好的互动关系，甚至在这个过程中会培养出情义。所以说，"支持管理资源则意味着管理者可以与下属打成一片，是兄弟般带有情义并能共享利益的融合式支持"，这是一种很好的企业发展氛围。

4.4.2　绩效实施可以生成的企业文化

绩效实施是绩效管理工作的重点，是重中之重，"再好的计划，如果不努力地付诸实施都将会成为空中楼阁，化为泡影"，这是绩效实施的第一个思考节点。而能坚守如此思想的企业，则一定是注重执行的企业，高效地执行和精准地执行将会成为它们的工作风格和企业文化的有机组成部分。一个企业如果希望绩效实施能够顺利推进，绩效管理工作能够取得成功，也必须建立和强调看重执行的企业运行理念。为此前面曾经分析过青岛宝博集团企业的案例，在他们公司当中所列出的执行理念是"服务大局搞执行；注重细节抓执行；领导引领带执行；重视效率促执行；不留空隙保执行"。一个公司只要培育了这样的强力执行文化，企业绩效实施的工作就一定能够顺利开展；同时，如果企业的绩效实施工作一直能够得到强力执行的话，也一定会帮助这个企业培育出这样的执行理念。

想明白了"应该认真实施"和"如何认真实施"是两个层面的话题，而后者无疑比前者的运行难度会大得多。通常而言，要顺利地推行这项工作的动力来自于三个方面：第一个方面是当事人对于后面绩效考核所得收益的预期，这是主要的动力；第二个方面是由绩效目标、绩效计划和绩效指标组合形成的约束力，这同时也是绩效实施的行动路线；第三个方面是企业文化在这项工作过程中所要发挥的精神引领作用。当这种精神引领和约束的作用很大时，会让当事人忘记了后面的绩效预期，而努力做好当下。当然，努力做好当下，又跟进了后面的物质奖励，其所产生的激励效果，以及对于下一次的绩效管理周期都将产生更为强大的推动力。这种管理的逻辑不仅对于普通员工有效，而且对于那些有着高水平的追求，努力寻找成就感的人来说也同样管用，它要发挥的是绩效预期所实现不了的功能，可以起到绩效考核无法达成的作用。

因为在绩效实施的过程中，涉及的人员很广，需要考虑的事项很多，所以在这个阶段需要设计的企业文化的内容，尤其是企业精神文化中各类理念内容就会非常复杂，不同的企业应该针对所在行业的不同，所在区域的差异，并结合自身企业的不同发展阶段和独特发展特点进行个性化的设计，同时还要把这种设计根植于绩效实施工作的实践当中，要确保两者的密切结合。当然，在绩效实施阶段针对不同的企业设计企业理念时，也可以有一些共性的思考，如强调团队协作、强调创新、强调敬业、强调共赢、强调顾客导向、强调相互关心等，这些都是很好的也是很常见的企业文化内容。

除此之外，还要单独强调一个工作理念，那就是雷厉风行。笔者认为，针对绩效实施的工作特点，在企业内部培养雷厉风行的工作理念尤其重要，这不仅适用于绩效实施，也同样适用于绩效决策和绩效评价等其他工作环节。在中国文化当中，有一种"三思而后行"的说法，而且很多人认为这是中国古代大贤们留给后人的"稳妥做事"的指导原则。可事实上，很多古代大贤们并不认可这种说法，在《论语》当中，孔子就非常明确地反对这种说法和做法。他说"再，斯可矣"，意思是考虑两次就行了，为什么还要考虑三次呢？想好了就去做吧，老在那里想啊想的多浪费时间。

在《六韬》当中，文王与太公也曾经探讨过类似的话题。

文王曰："先圣之道，其所止，其所起，可得闻乎？"

太公曰："见善而怠，时至而疑，知非而处，此三者，道之所止也"。

太公在此提出的三个不可为之中，排在第二位的就是：时机已经到了却还在那里思前想后，犹豫不决。这是绝对不可以的，而正确的做法应该是：

善战者，居之不挠，见胜则起，不胜则止。故曰：无恐惧，无犹豫。用兵之害，犹豫最大；三军之灾，莫过狐疑。善者见利不失，遇时不疑，失利后时，反受其殃。故智者从之而不释，巧者一决而不犹豫，是以疾雷不及掩耳，迅电不及瞑目，赴之若惊，用之若狂，当之者破，近之者亡，孰能御之？

太公在此认为"用兵之害，犹豫最大；三军之灾，莫过狐疑"，因此要做到"见利不失，遇时不疑"，就要坚持雷厉风行的行事风格，这种风格的特点是"疾雷不及掩耳，迅电不及瞑目""当之者破，近之者亡，孰能御之"。

如此描述真是入木三分，发人深省。

4.4.3　绩效沟通可以生成的企业文化

没有绩效沟通的绩效管理工作一定不会进展得很顺利，而重视沟通本身既是推进绩效管理工作的重要方法，同时还是企业文化的重要内容之一。

一个企业在绩效管理过程中如果有绩效沟通这一工作环节，那本身就说明这个企业可能已经培育出了全面沟通的企业文化，或者正在培育注重沟通的管理理念。也有很多企业，在其企业文化当中提及了沟通的思想，但是在绩效管理过程中却没有绩效沟通的工作环节，那就说明这个企业的沟通文化没有实现落地的目标，这个企业的沟通理念并没有发挥指导具体工作的实际作用。

绩效沟通作为绩效管理工作过程中的一项重要工作，它应该贯穿于这个过程的始终，为了体现这种过程管理的连续性，可以将绩效沟通划分为事前的沟通、事中的沟通和事后的沟通三个主要阶段。此外，为了确保绩效沟通工作的全面性，还应该对它进行立体的设计，使它包括上下级之间的纵向沟通、同级之间的横向沟通、高层领导与普通员工的广泛沟通等不同的层次。针对绩效沟通的这种层次性和过程性，可以演化出很多的企业文化内容。例如，事前的沟通可以表现出公平和公正；事中的沟通可以表现出配合和协同；事后的沟通可以表现出严谨和尊重；等等。而公平、公正、配合、协同、严谨和尊重这些内容都可以成为企业文化的有机构成。

除了正式的沟通以外，企业管理者还应该全面使用非正式沟通的方法，往往非正式沟通所能达到的效果要远远好于正式沟通所能够发挥的作用，并且在非正式沟通过程中催生的企业文化往往也是最为管用的企业亚文化。当然，这里所说的非正式沟通不同于员工之间各自进行的交往过程，而是一种有组织的非正式沟通活动，这种非正式的沟通虽然是在非正式的场所，采用非正式的形式进行的，但是针对的对象却是一个团队或是一个部门所有的正式成员，原则上必须都要参加，一个都不能少。在此略举一例加以说明，某公司是一家房地产营销策划公司，在公司管理条例当中有一条明确的规定，可以视作员工福利的一个构成，即所有的部门或是项目团队每三个月会有一次集体的非办公室活动，活动的形式由各个团队自由选择，或户外一日，或餐饮一次，或集体去旅游，或者组团去唱KTV，再或者综合以上所有活动于一天或是两天，等等。总之，活动内容不限，活动场地不限，只要大家开心，集体同意，想怎么做就怎么做，想干什么就干什么。在这个过程当中，领导不再摆领导的谱，员工也不用小声说话，所有的人都可以敞开了玩。经费从哪里出呢？这主要有两个来源：一是公司的专项经费，每个月会打入各个部门的户头，三个月累加以后可以成为各个部门进行此项活动的主要款项；二是部门领导贴补，因为每一次的活动各不相同，所需经费也不完全一样，如果一次活动所需经费超出了预算，那么谁的职位高谁就要再掏一点钱，算是领导请客。这样的活动公司搞了很多年，基本上从公司成立起就一直在做，效果非常好。

结合笔者对这个活动效果的调研再加上针对这件事情的思考，可以总结出如下几个要点。

（1）长期坚持这个活动的效果之一是大大拉近了每个部门各个成员之间的关系。在办公室里不能说的话，在这些非正式的活动中可以说；在办公室里每天必戴的伪装，在这里可以暂时摘下。人与人之间虽然不可能完全撤下心理上的防线，但是至少可以让这个防线不再拉得那么紧，那么长。在这种放松的状态下，每个成员之间的距离无形中就被拉近了一次，而每一次的活动如果都能拉近一次关系的话，则所有成员之间的关系就会越走越近，甚至私下里成为朋友，这对于今后的工作开展将会产生极大的助益。这一点可以看作是非正式沟通活动对于企业绩效管理的第一大贡献，这样不仅加强了员工之间的相互信任，而且会强化企业里彼此信任、相互支持的发展理念，从而也会使这种贡献的力量能够延续不断。

（2）这些活动虽然是非正式的活动，但是活动本身却是公司刻意做出的安排，并提供了经费保障，这会让员工在心里感觉温暖，从而在心理上又会拉近与公司的距离，这在无形之中必然会增强公司的凝聚力，提高企业整体绩效管理的能力。即便有的员工可能会离开公司，但是离开公司以后他也一定会怀念公司当年这样为员工做出的安排，以及这种安排背后所体现的"以员工为本""视员工如同家人"的管理理念。

（3）中国人的内敛特点是举世无双的，它是一种美德，也是一种缺点，并且很有可能会因为这个特点而埋没众多人的才华。因为过于内敛，很多有着各种能力的人才，在正式的工作场所被正式的环境所拘，根本得不到展示的机会，或是根本不好意思去展示，而没有展示给别人所知的能力就等于根本没有这个能力。可是一旦进入非正式的场合情况就会有所不同，在心理放松的情况下人们就不会再过度压制自己，于是那些被埋没了的人才，以及被埋没了很久的才能就有可能一下子获得释放。只要是个人之长，一经展示，为世人所知，为领导所识，那就有可能获得用武之地，这对于个人而言增加的不只是信心还有收益，对于公司而言增加的不只是效益还有人才。"随时随地发现人才"的企业理念，正是因为有了这样多种形式和轻松形式的活动安排，才可以真正实现落地生根并开花结果的目标。

（4）因为这是一种以玩为主的活动，而在一起玩的人又都是朝夕相处的同事，所以即便玩是主题，也不可能一点都不谈工作。而在这种其乐融融的环境下，如果部门领导在大家极其放松的时候提出一个要求，或是安排一个任务，或是讨论一个事情都会变得比平常更加容易。再或者，如果哪个员工在什么事情上与领导产生了误解或矛盾，一旦进入这样的情境，领导主动找他亲近一下，沟通一下，也会很容易就冰释前嫌，烟消云散。同事之间也是如此，百分之九十八的矛盾是误会，是误会就要沟通，而在办公室里的沟通不由自主地就会让人公事公办，心理设防，而在这样的情境下，同饮一杯酒，共唱一首歌，还有什么矛盾解不开呢？

经过以上分析得出的结论是：非正式沟通的形式极其有利于绩效管理工作的推进，而且在这个过程当中还会生成很多有益于企业组织的发展文化。当然，强调非正式沟通的形式并不代表要否定正式沟通的作用，相反的，如果一个企业在其绩效管理过程当中设计了很好的沟通机制并采用了有效的沟通方法的话，则正式的沟通还是会发挥而且也一定能够发挥主要的沟通作用。所以最终的结论是：正式的沟通是主体，非正式的沟通是一种有益的补充。

4.4.4　绩效培训、绩效训练、绩效教练可以生成的企业文化

从一般意义上来理解，绩效培训、绩效训练和绩效教练也属于绩效支持的一个部分，只不过绩效支持的重点是六大资源当中的后五类，而这三项工作支持员工的则是六大资源当中的第一类即人力资源。此外，这三项工作虽然都是支持人力资源的，但是又各有不同的侧重，其中绩效培训侧重于提高员工的综合知识和专业理论水平；绩效训练侧重于员工技能的培养；绩效教练侧重的是主管可以给予员工的场外辅导，而概括来说这三项工作的主要功能还是培养和培训人才。

从绩效实施的角度看，什么样的人才才是真正的人才呢？培养和培训出什么样能力的企业员工以后，绩效培训、绩效训练和绩效教练的工作任务才算完成呢？而在这三个工作完成以后又会形成什么样的企业文化呢？在此不妨以迪士尼动画电影《三只小猪》（*Three Little Pigs*）为例加以直观说明。

电影《三只小猪》当中事实上有七个主要人物或者七只主要的动物，它们分别是三只小猪、一只大灰狼和三只小狼。其中，三只小狼的个性几乎完全一致，没有什么差别，故而可以将它们三个视为一个类别，代表一种员工类型；三只小猪当中的猪小二和猪小三也几乎是同一个类别的"人物"，因而也可以将它们看作一个整体，反映另外一种员工类型。大灰狼和猪小大是两种非常具有代表意义的"人物"，要分别对它们进行研究。如此算来就可以从四个角度全面地分析这七个动物所能代表的四个类型的企业员工，以及由它们身上所反映出来的企业文化的特质。当然，使用这样的比喻只是想借助大家非常熟悉的卡通人物来说明企业管理的道理，并没有不敬企业员工的任何思想，事实上也无所谓不敬，动物也很可爱，尤其是这个电影里所刻画的动物形象是真的非常可爱。

首先来看一下大灰狼，它的特点是做事认真，目标明确，执行力强，且能够不断地翻新工作方法。第一，从做事认真的角度看，大灰狼是一个坚定的成就导向主义者，它可以做到不达目的绝不罢休。第二，从目标明确的角度看，大灰狼的目标就是要逮住并吃掉三只小猪，为此他可以做到矢志不移，百折不屈。第三，从执行力强的角度看，大灰狼的特点就是"想到就要做到"，为此它可以坚持不懈，不遗余力。第四，从工作方法的角度看，大灰狼可以扮外婆，尽管大嘴出卖了它；可以扮美女，尽管身材还不够吸引人；可以扮美人鱼，竟然成功了，为此它可真是花样翻新，创意不断而且效果也还不错。

如果综合以上四个方面的特点来看，大灰狼类型的企业员工应该就是企业绩效

培训、绩效训练和绩效教练的得意之作，也是企业人才管理应该追求的目标之一。在一个企业当中，如果这样的员工多了，那么还会形成做事认真、目标坚定、注重执行、追求创新的工作氛围，而这都是很好的企业文化内容。

此外，大灰狼之所以没有取得最后的胜利，那是因为它是一个反面人物，电影的角色注定了它不能成功的命运，这同时也告诉大家"多行不义必自毙"的道理，是以企业在注重对员工进行能力培养和培训的基础上，还不能忘记针对员工道德品质的塑造，结合这两个方面的要求概括成为一个标准，那就是众所周知的"德才兼备"。这既是一个原则，同时也是一个理念，由这个理念催生的将是人才管理过程中的浩然正气。

其次看一下猪小大，这可是一个典型的高绩效员工，这样说的理由在于四个方面：①猪小大做事极其认真而且能够坚持不懈，这表现在它每天的工作上，和泥、砌砖、盖房子、打家具，从不停歇，毫无报怨。②猪小大每天的生活可谓是不辞劳苦，但同时又能保持快乐的心情，它能够在工作中寻找快乐，能够在繁忙之中自得其乐，为此它可以唱歌，可以跳舞，可以弹钢琴。③猪小大能够非常有创意地工作，能够不断地进行发明，而且所有的创意和发明都有明确的针对性，针对大灰狼，修理大灰狼，惩罚大灰狼，为此发明的机器有狼训机、测谎打狼机、捕狼机、诱狼机等。当然，很多人在看《三只小猪》这个动画电影时，只是看到了其中的一集，即三只小猪盖不同的房子保护自己的那一集。事实上迪士尼公司拍摄的这个动画电影不只这一集，而是有很多集，且几乎在每一集当中都有猪小大精彩的发明表演。看了这些表演以后，给人们留下的关于猪小大的印象可不是只知道埋头干活，而不知道学习和研究的样子，它是一个能够将苦干和会干，用力和用脑进行紧密结合的优秀小猪。④猪小大遇事沉着冷静，从不害怕风言冷语，它在危险面前可以表现得机智勇敢，在对待自己的兄弟方面可以表现得有情有义，此外，对于正义它敢于坚持，对于良善的人（动物）它又能够进行关心和全力保护。在这里一口气说出了猪小大的四个优点，这绝对不是没有凭据的恭维，而是电影当中有根有据的描写。当然，拥有这么多优秀的品质也或者会让那些自认为比它高明的人类非常汗颜。其中，说它遇事沉着冷静，是因为每一次大灰狼出现时，它从不惊慌失措，而总是能够从容应对；说它不怕风言冷语，是因为每当两个兄弟嘲笑它的迂腐，不知道享受生活，而是每天与泥瓦砖头打交道时，它从不为之所动，总是继续埋头做自己应该做的事情；说它在危险面前机智勇敢，是因为它的准备总是那么充分，它每天的工作可不只是盖房子、和泥土那么简单，而是用大量的时间在研究对付大灰狼的新方法、新工具和新发明，这就保证了它的勇敢是充满智慧的勇敢，是有准备的勇敢，而不是莽夫的勇敢和不知死活的勇敢；说它对自己的兄弟有情有义，是因为它从不计较猪小二与猪小三对它的嘲讽，总是能够在它们两个出现危险的时候挺身而出，施以援手，全力搭救，即便面对的危险很大，也在所不惜；说它对于正义敢于坚持，是因为它的斗争对象始终是代表不正义的狼氏家族，尽管它们狡猾，尽管它们凶狠，但是对于它们的斗争绝对是义不容辞，从不手软；说它对于良善能够关心和保护，是因为它的机智和勇敢所保护的对象不仅仅是自家的兄弟，还包括小女孩、老婆婆这样的善良柔弱之人。

猪小大者，实在是一个不可多得的小猪也。

如果一个企业多一些像猪小大这类的员工，那么这个企业就有了发展的基础；而如果一个企业的员工都能够具有猪小大这样的优点和品质，那么这个企业的事业就会如日中天，翱翔万里。这是一个多么令人向往的人才管理境界！这是一个多么令企业家兴奋不已的企业发展境界！可是如何才能达到这样一种发展水平呢？从猪小大身上至少可以看出三个要点：第一，练在当日，功在平时。为了达到这个目标，企业绩效管理的工作要发挥重要的作用，绩效培训和绩效训练的功夫不能少，为此要进行的绩效教练和绩效辅导不能缺，要把员工能力的提高寓于日常的工作之中。第二，为了更好地进行工作，个人就要不断地学习，企业组织就要不断地创新，这可是猪小大一直能够战胜强大敌人的关键。第三，要在这一系列工作的基础上，培育出更具针对性的"猪小大式"的企业亚文化，其中的内容应该包括做事认真的文化、坚持不懈的文化、享受工作的文化、鼓励创新的文化和注重情义的文化等。

事实上也可以用一句话来概括猪小大式员工的特点，那就是"把自己应该做的事情做好，然后再花一点时间想一想如何才能把工作做得更好"，有了这样一个思想作为指导，员工就一定能够成为好员工，企业就一定能够成为好企业，"企业管理者无他也，有此一条够矣"。

再看一下三只小狼和另外两只小猪的表现，它们也可以代表两类不同的员工，也可以反射出绩效管理过程中存在的另外两个文化，只不过这样的企业文化是不应该提倡的。

先看一下三只小狼的工作表现：①它们几乎不工作，或者很少去工作；②小猪被逮到以后，它们总是想方设法先吃肉；③它们不听从大灰狼的指挥，一心只想吃肉，完全不顾逮小猪的方式方法；④盲目地嘲笑对手猪小大的智商，根本不把这样的对手当作真正的敌人。

由三只小狼的表现可以想到如下几个方面：①平时大灰狼对于三只小狼的培训、训练和教练不够，除了教会它们凶狠以外，并没有教给它们真正有用的方法，也没有培养出它们独自作战以及团队作战的能力；②平时大灰狼对于三只小狼的约束和管教不够，它们只知道享乐，而不知道去努力工作，以至于它们懒怠成性，不思用功；③平时大灰狼对于三只小狼的纪律要求不严，规范教育不够，以至于它们不服从命令和安排，经常擅自行动；④没有见过世面的三只小狼，因为没有太多的工作经历和世事的经验，所以才不知道猪小大的厉害，更不明白"天外有天，人外有人"的道理。

经过以上分析可知，似乎三只小狼的缺点和不足主要都是大灰狼造成的，这对于一直兢兢业业地从事逮小猪工作的大灰狼而言公平吗？答案是非常公平。试想一个初生的小狼崽，正如一个企业新人，一个初入江湖者，大狼不教，老人不带，"老江湖"不予指导，那么这个小狼崽怎么能够成长？一个新人怎么能够成才？回归企业层面分析，如果一个企业不重视绩效培训、绩效训练、绩效教练，而只知道安排绩效任务，设计绩效指标，那些没有能力或者能力不强的员工在没有得到有效的指导和辅导的情况下怎么才能完成？重视人才是一种态度，重视培养是一种方法，它们代表的就是一种学习和培养的企业文化。当然新人不思进取，不愿意奋斗也可能是一种原因，但是这种原因可以随着绩效管理工作的强力推进而化为乌有，"激励先进，鞭策后进"，本就是绩效管理工作的职能。

像大灰狼这样的人如果只是做一个普通员工或者基层管理人员他一定是优秀的，但是如果让他做一个高级管理者或是企业家他所具备的能力就是不够的，只知道自己冲锋陷阵、亲力亲为却不知道如何培训助手、训练人才、带好团队的企业领导绝对不会获得大的成功。

再看一下猪小二和猪小三的表现：①它们工作马马虎虎，很不认真，一个只想着盖草房子，一个只想着盖木头房子，这样做的原因就是图省事，而这样做的结果就只有每天被大灰狼追着跑；②它们乐在当下，不思明天，不谋进取；③它们胆小怕事，见了大灰狼就知道钻猪小大的床，而不知思考应对之法；④它们不讲情义，大难临头各自飞跑，而从不考虑其他兄弟的安危。

由这两只小猪的表现可以想到如下几个方面：①有的员工心思懒散，不愿意努力工作，他们往往就是"怎么样做最省事就怎么工作"，甚至是得过且过。对于这样的人，方法只有一个，那就是要加强针对他们的绩效管理和绩效训练，要强化针对他们的绩效评价和绩效考核，这样做的指导思想是"思想上先不主动的，必须在行动上让他先主动"。这样思考的逻辑是"绩效管理工作在前，企业文化管理在后"，这样培养的企业发展氛围是"先小人，然后再君子"。②有很多的青年人乐在当下，不思进取，工作没有动力。对于这样的人应该怎么办？有两个办法可用：一是要敢于给他们安排重要的任务，要放手使用他们并给予他们足够的压力，如果这个青年人有血性，他就能够很快成长，这样做的目的是让他行动；二是企业的最高领导要亲自关注这些青年人的成长，要花一些时间与他们沟通，并帮助他们设计个人的职业发展规划，这样做的目的是让他们心动。如此行动的思想基础是包容的企业文化，对于这样的青年人不要放弃；如此心动的思想基础是分类管理的企业文化，对于不同的员工要采用不同的管理办法。③对于胆小怕事者如何进行管理？具体的方法是可以让他们融入一个团队，在团队当中他们的胆小怕事有可能变成小心行事，有可能帮助团队在发展过程中关注细节，从而把缺点变成优点来使用。④对于不讲情义者如何管理？事实上对于不讲情义者最好管理，前面曾经分析过，不讲情义的人一般会讲利益，他讲利益就给他正常追求利益的渠道，为了获得自己的利益，他们就会很努力地工作，就能够在为自己争得利益的同时为企业组织创造更大的价值。

　　总之，借助三只小狼和两只小猪的分析想强调一个重要事项，即绩效培训、绩效训练、绩效教练这些绩效辅导的工作是一个企业组织绩效管理工作成功的关键，它们的工作重点就是各层级管理者要努力帮助各自的下属完成任务，提高能力，而不只是下达任务，任其自生自灭。为此，管理者要对员工进行集体的培训，要针对个别员工进行强化辅导，要帮助所有的人员制订能力提升的计划，要为他们创造各种成长的条件，等等。当然，重视绩效辅导的企业本身就会形成一种文化，概括起来说是人本主义的文化，具体表现为关心每一个人的成长，绝不放弃任何一个员工。而在具体的执行过程中，还可以演化出众多的企业文化内容，如重视学习、强调细节、提倡积极进取的精神、提倡互帮互助等。

4.5　绩效评估与绩效改进和企业文化

4.5.1　绩效评估可能生成的企业文化

　　绩效评估代表的是绩效管理的中间阶段，能够在绩效管理的中间过程对绩效目标的实现程度以及绩效管理工作开展的进度和方法选择的正误进行评估，这本身就说明了企业重视过程管理和追求卓越的发展理念。此外，借助这一工作环节还能反映出企业管理者审慎的管理态度和严谨的管理作风，这对于那些喜欢秋后算账的企业而言应该具有重要的借鉴意义。事实上，很多企业推行绩效管理失败的原因主要就在于缺少了对于过程管理的重视，这样的企业其工作逻辑往往是以绩效考核代替绩效管理，借最终的绩效结果来评价员工的绩效得失和能力高低，结果使绩效管理工作始终是一笔糊涂账，逐渐沦为企业三流的管理工具，最终闹个不欢而散，还有可能形成"绩效管理没用"的结论。

　　绩效评估评估什么内容可能要根据不同的企业进行确定，而大多数企业在进行评估的时候会重点考虑这样四个方面，即目标（target）、方法（approach）、相互之间的比较（comparison）和事情发展的原因（causes）。其中对于目标的评估代表着目标导向的理念，在绩效推进的过程中加上绩效评估这样一个环节就可以确保绩效目标能够顺利实现，而不会出现最后进行绩效评价时，绩效目标没有完成的情况，这就是为什么说绩效评估可以体现企业过程管理理念。对于方法的评估代表着与时俱进的管理思想，它有两个要点可以进行关注，一个是既有的方法是否可行，这是一种审慎的管理态度；另一个是当出现了更好的方法时不要错过，这是力争更好的发展理念，为了这个理念还要提倡的另外一个思想就是不断地创新，正如猪小大每天在做好盖房子的工作以后便努力研究如何更新对付大灰狼的工具一样。对于相互之间的比较这样的评估也可以分作两个层面进行理解，第一个层面是对于企业内部同类型员工相同工作的评估，借此可以发现在绩效实施过程中表现优异的人员，并可以将他的经验和方法进行推广以全面提升企业员工的绩效能力，这是一种学习的方法；第二个层面是对于企业外部同类型企业在相同时期的绩效表现以及绩效能力的评估，这种评估有助于企业了解行业发展的趋势、竞争对手的动态、行业中新技术与新发明的出现，以及这一切与自己企业的现状和能力存在着什么样的差距，从而可以帮助企业找到自身的不足与进一步努力的方向，这是另外一种学习的方法。对事情发展原因的评估，其主要目的就是查找企业发展过程中和企业员工绩效实施时存在的问题，并分析其中的原因，以为进一步的改善和完善提供依据，其中体现着企业不断进取、追求进步和力争更好的发展理念。

　　不同的企业除了绩效评估的内容不同以外，在具体进行绩效评估时所采用的方法也可能会不一样，事实上，根据我们的研究所知，能够提供选择的方法会有很多。不过，无论企业采取了什么样的方法进行绩效评估，只要它们能够坚持绩效评估的本质性要求，因此而催生的企业文化内容就有可能非常相近，我们在这里可以略举一例加以说明。在绩效评估的众多方法当中有一种方法叫做市场绩效评估（marketing performance assessment，MPA）法，这是控制企业组织绩效发展路线和进程的一种常用方法，借助这种方法所获得的信息可以保持或提高企业发展活动目标导向的能力。根据 Frösén 等（2013）的研究观点可知，如果能够使用正确的方式进行市场绩效评估的话，就可以帮助企业大幅度地提高其组织绩效；如果不能够正确地使用或是不能够充分地使用市场绩效评估的话，则有可能使企业出现令人不满意的管理表现和消极的绩效结果。而在实际的操作过程中，MPA 法非常关注三个方面的指标，它们分别是工作的效益、工作的效率和工作的适应性。而根据我们的理解，关注效益是目标导向的一个具体表现，关注效率是追求完善和不断进取的具体表现，关注适应性则是与时俱进的具体表现，这些理念和表现与我们前面所分析的最有可能存在于绩效评估过程当中的企业文化内容是完全一致的。

4.5.2　绩效改进可能生成的企业文化

绩效改进是对绩效评估工作的延展，它是绩效评估以后可以确保绩效管理工作能够顺利推进的保证，在开展这项工作时，"知不足而改"是各级管理者应该把握的第一理念，"知耻而后勇"则是出现问题的员工应该把握的进取精神。有了这样的理念和精神做支撑，就不怕企业发展过程中出现差错，而且这些差错还有可能是锻炼人才队伍，提高管理水平的契机。

此外，为了更好地开展绩效改进的工作，企业还应该培育允许犯错的企业文化理念。允许犯错，员工才能知错；不允许犯错，员工有了错就会想方设法去掩盖，努力不让管理者知道，如此连错误是什么，不足在哪里都不知道，还谈什么绩效改进。

我们在美国访谈的中小企业 Eat'n Park 公司就在企业内部非常认真地提倡允许犯错的企业理念，以此鼓励员工积极地进行创新和探索。根据公司总裁杰夫的介绍，为了促进公司创新工作的全面发展，他们制定了一个政策，这个政策的核心思想包括三个方面的内容：第一个方面是允许员工犯错误，如果一个公司对于员工犯错误的态度是零容忍的话，那么这个企业的创新工作就会出现零动力，创新的工作因此根本就不可能全面展开。第二个方面就是在第一个方面的支持下企业所有员工都可以考虑创新的事情，都可以参与创新的工作，企业因此会不断地推出更加灵活的菜单，更加注重提升技术方面的水平，更加强调各种菜品的更新速度，等等。第三个方面就是稳步前进，也就是在创新提供的大动力推动下确保公司各个方面的工作都可以快速地向前发展同时又不忘安全和以顾客为中心的理念。所以概括起来说，Eat'n Park 公司五个核心价值观之一的"我们用心于不断地创新"的内容就可以表述为六个字，即犯错、创新和前进。

可是，很多企业是不允许员工犯错误的，犯了错误的员工将会受到很严厉的惩罚，这种处罚非常明确地体现在绩效考核与绩效奖罚的工作指标上。企业员工为了减少自己的损失，一方面会在工作过程中小心谨慎以至于畏首畏尾，缩手缩脚，"宁肯不做，也别做了去犯错"会成为他们主要的工作理念；另一方面，一旦在工作过程中出现了差错，无论如何也不会去说，也不会去承认，甚至大家串通起来互相保密，互相打掩护，"不要出卖朋友，更不能出卖自己"会成为他们在对待这种事情上最为重要的指导思想。如果一个企业形成了这样的工作机制，培育了这样的企业文化的话，其结果可想而知，损失最大的一定会是企业组织本身。在这个方面最为典型的例子就是轰动一时的安然危机，这个公司破产的根本原因就在于构建了不正常的企业文化，而这个不正常的企业文化恰恰就是公司号称最为严厉的绩效管理体系催生的。公司的一位高管说，经年累月的努力，会使绩效考核的指标逐渐攀升，终于会达到一个不可实现的水平，可是不实现它会怎样呢？百万年薪、晋升机会、美好未来都将毁于一旦，这让你怎么舍得呢？于是就要想尽办法去完成，实在完成不了时，就去做假，就与其他人合作一起去欺骗公司，欺骗客户，欺骗股东。可是骗得了一时，终究骗不了一世，当这些企业高管的卑劣行为被揭发出来以后，不仅个人蒙受了巨大的损失，而且公司也沦落到破产的地步。回头再看一下这些高管，难道他们原本就是坏人吗？回头再看一下这个企业，不允许犯错的企业文化最终导致的结果是什么呢？人人都在犯错，人人都在遮掩自己的过失。

允许员工犯错体现的第一层管理思想就是宽容，在这种宽容的企业文化指导下，员工就可以放手去工作而不会心存顾虑，绩效改进的工作也会因此派上用场。此外，允许员工犯错还有一层意思就是鼓励员工犯错，鼓励员工犯错不是让员工故意去犯错，故意去捣乱，而是鼓励员工敢于尝试新的工作方法，使用新的生产工具，发明新的生产工艺，敢于大胆地去尝试各种新生事物，这对于员工绩效能力的提高可以发挥超乎想象的作用。如果员工能够体会以上两层允许犯错的含义，而企业也因此形成了允许犯错的企业文化，那么不仅对于员工个人的绩效提升会有极大的帮助，而且对于企业整体的绩效实施也会提供强大的动力。

关于允许犯错和不允许犯错可能产生的结果及其有可能生成的危害是一个比较严肃的话题，任何一个企业，任何一个领导都不可以等闲视之。为此，我们还可以从中国历史上找出两个伟大的人物来作证。这两个人物一个是曹操，三国时期的一代枭雄；一个是项羽，他自封西楚霸王，这可都是中国历史上赫赫有名的大英雄。但是如此有名的两个大英雄却有着完全不同的结局和命运。一个是汉相，最后做了魏王，并为子孙后代打下了夺取汉室江山的基础，个人绩效可谓盛极一时；一个是自称霸王，结果却被汉王刘邦逼到了乌江，自杀了事，个人绩效从统领天下直跌为零。如果要全面分析两位英雄的成败，可以找出数十条理由，但是其中最为重要的一条就是两个领导的不同性格而培育形成了两个领导集团的不同的风格，也就是我们所说的形成了完全不同的组织文化。其中，在曹操领导的团队当中，允许犯错是其组织文化当中一个非常重要的内容，用曹操的话讲，无论过去做过什么，是否想过要谋害自己，甚至已经做过伤害自己的事情，这些都不要紧，只要这一刻而且今后愿意为自己效劳，那就起用，就重用，而且会给予足够大的施展空间，并搭建可以尽展才华的发展平台。能够验证曹操此言不虚的一件大事就是在曹操与袁绍的战争当中，因为最初力量的敌众我寡，敌我力量悬殊，所以在曹操的阵营里有很多的高官私通袁绍集团并且留下了大量的信件，当战争结束曹操团队获胜之时，这些信件就落在了曹操的手上。我们看曹操是怎么处置这些人的，他们所犯之错可都是大错，都是可以杀头的大罪，当曹操的手下给他提出一杀了事的建议之时，他对此却一笑了之，并把这些信件一把火烧了，结果就是那些高官们保住了性命且从此死心塌地跟着曹操干，而且干得都还很卖力气，都还很有成绩。与之相反的，在项羽团队里，不允许犯错也是其团队组织的重要文化之一。在项羽与刘邦的对峙过程当中，他的手下也有一些人有过动摇，感觉项羽其人虽然勇猛，但是却刻薄寡恩，没有谋略，最终恐怕战胜不了老谋深算，善于用人的汉王刘邦，于是也干起了私通的事情并留下了大量的信件。在楚汉相争的前期，项羽的力量是强大的，所以打胜仗的机会也多一些。于是，这些信件就落在了项羽的手中。我们看一下项羽是怎么处置这些信件和这些人的。查，一个一个地查，而且要查尽每一个人背后还关联着谁。于是，一个项家军因此而损失了过半的战功赫赫的将军，战斗力被大幅度地削弱。这种损失还不是重点，重点是项羽的这一举措大大地影响了士气，严重破坏了其最初阶段所形成的强大的组织文化，将军人人自危，士卒灰心丧气，组织完全失去了凝聚力和向心力。其最终的结果就是，项羽集团以此为转折点，由盛而衰，最后就被逼到了乌江，并发出了"力拔山兮气盖世，时不利兮骓不逝。骓不逝兮可奈何，虞兮虞兮奈若何"的感叹。

人非圣贤，孰能无过，事实上即便是圣人也有犯错的时候。知错能改，善莫大焉，可以给予员工犯错和改过机会的企业能够培养出宽容的企业文化，以这种企业文化作为基础能够生成的是员工可以忠诚于企业的态度以及企业自身不断追求创新的发展氛围，而有了员工的忠诚态度和不断创新的发展氛围，这个企业就有了可以发展的不竭动力。

4.6　绩效考核与绩效评价和企业文化

绩效考核与绩效评价是企业绩效管理工作的第二个重点，它的作用仅次于绩效支持和绩效实施。其中，绩效考核侧重于过程的评价，而绩效评价则侧重于结果的考核，绩效考核是绩效评价的工作基础，绩效评价是绩效考核的最终目标，它们两者之间是一种紧密的衔接关系，而又在工作过程中各自保持着相对的独立作用。此外，如果细分这个阶段的工作内容，它又可以包括员工个人的绩效考核、团队组织的绩效考核以及企业组织的绩效评价三个方面的内容。从字面意义上来理解这三个工作细节可知，绩效考核的对象主要是企业的员工和各层级的战略管理单位，而绩效评价的对象则主要是企业组织本身，此外，对于员工和各个部门的考核结论又是最终进行绩效评价的主要依据。因为绩效考核与绩效评价关系密切而又并不完全相同，所以由它们催生的企业文化管理工作程序以及由这些工作程序所生成的企业文化内容也略有差别。

4.6.1　绩效考核可以催生的企业文化

事实上，绩效考核可以催生大量的企业文化内容，而且这些企业文化都是管用的思想和可以持续发挥作用的理念。我们这里不妨以认真做事这一思想为例加以说明，看看由绩效考核所催生的企业文化和由企业文化管理者所提出的企业文化，在内容相同的基础上，在发挥作用的效果上有什么不一样。

认真做事是一种很好的工作理念，与它相同的表述还有敬业、爱岗、踏实、恳干等，任何一个企业在设计其企业文化体系的时候都会把这个理念纳入其中，或放入精神文化的范畴，或放入关键亚文化的行列。一般情况下，当这个理念被纳入企业文化的体系以后，企业各级管理者以及企业文化管理部门会不断地向员工宣传这一理念，尽管这一理念人人都能想明白，而且人人都能记得住，但不是人人都能做得到。于是，管理者会在下属员工面前讲，"你们应该认真工作"，于是员工就在心中念叨一次"我们要认真工作"，并且相互之间也会传递这个思想，"我们要认真工作"，并真的认真工作起来。过不了几天，管理者会又再讲一次，"你们要认真工作"，员工在心里也会再念叨一次"我们要认真工作"，而且又认真工作几天。再过几天，管理者会又讲，而员工也会在心里又念叨。这样反复一段时间以后会出现两种结果，第一种结果是管理者天天讲，月月讲，员工天天听，月月听，最后就麻木了，听与不听是一个样，原本认真做事的还在认真做事，原本不认真做事的还是不认真做事，管理者的唠叨成了"耳旁风"。第二种结果是，因为管理者天天讲，月月讲，以为讲得差不多了，就不再讲了。可是员工因为听习惯了这种督促，突然听不到时，或者以为这件事已经不重要了，或者过段时间就把这件事情给忘记了，结果还是原本认真做事的还在认真做事，原本不认真做事的还是不认真做事，管理者的唠叨成了过眼烟云。根据我们的判断，这两种结果无论出现哪一种，都代表着这个企业所强调的认真工作的企业文化理念的失败，由此可见：纯粹为了企业文化而设计企业文化，单纯为了提倡某种思想而强调某种思想的做法，最终并不能生成真正的企业文化，也必然不能帮助企业文化实现落地的目标。

我们再看一下由绩效考核催生出来的认真工作的思想是如何发挥作用的，它的形成有三个层次的逻辑：第一个层次的逻辑在于事先的绩效协商，正如我们前面分析的那样，在绩效协商阶段管理者就已经和下属员工进行了充分的讨论，而且明确了员工的工作目标、行动指标和操作计划，这些内容都是将要进行的绩效考核工作的主要依据。也就是说，员工应该做什么，不应该做什么，是有具体的指标和目标进行约定的，这个约定是员工参与制定的，是熟悉的，而且也是必须要执行的。第二个层次的逻辑在于事后的绩效评价，根据事先的约定，员工按要求做事情，做得充分了就能够完成任务，做得少了就完成不了任务，如果做得好了会有额外的奖励，如果做错了还会有相应的处罚。员工为了个人收益的稳定，或者为了个人收益的不断增加，就一定会认真做事情，而且还有可能不断创新工作方法，一如前面我们所分析的猪小大那样。第三个层次的逻辑在于绩效考核的过程管理，在分析这个逻辑之前，我们有必要先明确一个事情，即虽然我们把绩效考核与绩效评价的工作放在了绩效管理体系的第四个阶段，但这并不意味着非要等到绩效管理工作推进到这一个阶段的时候，绩效考核与绩效评价的工作才能正式开展，事实上我们在设计绩效考核的工作体系时，是将它分为周考核、月考核、季度考核和年度考核四个类别的。季度考核与年度考核会跟进绩效评价，而周考核与月考核则会强调考核管理工作的及时性。回头我们再看一下这个逻辑，它是在前面两个逻辑发展的基础上演化而来的，具体说来就是：因为所有员工都要在绩效目标、绩效指标和绩效计划的约定下工作，又因为员工的工作是为了个人能够有一个好的收益，再加上过程管理的跟进，所以他们的认真工作看上去就是自发的，事实上就是由自己的思想指导的，而且每天都能认真地工作，每个月都能认真地工作，结果认真工作在成为他们的一个必然选择的基础上，慢慢地就变成了他们的一个工作习惯。有了这样一个习惯经年不变地在发挥作用，他们在做其他事情时也可能会有认真的表现。如果一个企业所有的员工都是在这样一个逻辑轨道上发展的话，那么这个企业也就顺理成章地形成了认真工作的企业文化，而且这个企业文化不用强调就会被重视，不用宣传就会被坚持，不用刻意做什么就会自发地向新进员工传承，这样的企业文化难道不是企业最需要的吗？

通过这个举例分析，我们得出的结论就是：任何一个企业都不要为了企业文化而设计企业文化，在具体的企业文化体系建设时一定要注重企业文化的内生性及其与现实工作需要的紧密结合。只有那些由现实的企业管理工作，包括绩效管理和绩效考核工作在内催生出来的企业文化，才能够反过来为各类管理工作所需要；也只有这样的企业文化才是真正的企业文化，才是管用的企业文化，才是可以持久发挥作用的企业文化。

说到绩效考核，在中国的发展历史上可以追溯到几千年前，在先秦时代绩效考核工作做得最好的就是秦国，秦国之所以能够打败六国而变成秦朝的原因就是强力地实施了非常成体系的绩效考核与绩效管理工作。众所周知，秦国的绩效考核所体现出来的是一种"耕战文化"，而这种国家文化的背后所反映的就是绩效考核重点关注的两大指标，一个是"战"系列，一个是"耕"系列，为此而设定的绩效奖励标准分为几十个等次，在每个等次之下又有不同的分级，其内容已经细致到杀敌一人奖田多少亩（1 亩≈666.666 平方米），杀敌数人封什么爵，产粮百斤（1 斤=500 克）、千斤、万斤各有什么赏赐这等程度。因为有了这样奖励"耕战"的绩效考核与绩效管理工作的推动，所以秦国最终形成了强大的"耕战文化"，而且绵延推广几百年，自秦孝公始动，经秦惠王而发展，到昭襄王时而光大，到了秦始皇时，已经帮助国家强大到可以一统天下的水平。

回头我们再看建立这种"奖励耕战"体制并最终形成"耕战文化"的两大推手，他们一个是秦孝公，一个是商鞅。商鞅何许人也？法家三大系列"法"系列的代表，他平生所看重的法家思想就是注重行动，从不空谈。而秦孝公，也是一个目标导向主义者，他所信奉的也是行动主义哲学，不尚虚论。这样的两个人，所做的名噪历史的大事就是商鞅变法，而商鞅变法从一开始并不提倡什么思想，也没有宣传什么理念，只是注重推行具体的改革措施。对此，商鞅说与秦孝公有言，"臣闻之：'疑行无成，疑事无功'。君亟定变法之虑，殆无顾天下之议之也。且夫有高人之行者，固见负于世；有独知之虑者，必见骜于民。语曰：'愚者暗于成事，知者见于未萌。民不可与虑始，而可与乐成。'郭偃之法曰：'论至德者，不和于俗，成大功者，不谋于众。'法者所以爱民也，礼者所以便事也。是以圣人苟可以强国，不法其故；苟可以利民，不循其礼。"而其行动主义的最经典表现就是城门立柱，示人以搬，然后给予奖励的故事。那个故事当中的年轻人不仅当时获得了重赏，还把这种行为背后所隐含的奖励耕战的思想深埋于心，以至后来多次杀敌，多次耕战，获得封赏无数，从一个穷小子变成了一个十分显赫的人物。这种示范效应实在是太强大了，看到身边的朋友、左右邻居都因为"战功"与"粮功"而封妻荫子，光耀门庭，但凡有点血性的人是坐不住的，坐不住就要行动，只要行动就有收获，于是强大的"耕战文化"就形成了，而这样形成的文化，其影响力是巨大的，是持久的，是潜移默化且不会轻易改变的。

此外，秦孝公与商鞅所建立的这一整套的绩效管理体系除了非常重视绩效考核与绩效奖罚以外，也十分看重绩效支持和绩效辅导。例如，秦国的剑就比其他几个国家的要长，秦国的新式武器要比其他几个国家的多，秦国的集团军战法要比其他几个国家更成熟，秦国军队的训练和军事演习要比其他几个国家更密集，秦国分布在其他国家的探子和间谍更为训练有素，更有工作能力，等等。

4.6.2　团队绩效考核可以催生的企业文化

绩效考核的对象除了企业员工个人以外，还有企业组织当中的各个团队和各个部门，为什么对各个团队和各个部门也要进行绩效考核呢？这其实本身就是对于团队管理的重视，"考核什么就是重视什么，重视什么就要考核什么"，这是绩效考核工作应该坚持的一个重要指导原则。再者，根据团队管理的理论可知，不是所有优秀的成员组合到一起就可以建成一个优秀的团队，众多单兵作战能力很强的人如果没有按照团队管理的要求进行匹配的话，由他们所构建的团队其战斗力或许还不如由众多能力不是很强，但彼此能够相互配合的人组成的团队。对此，我们不妨以大家非常熟悉的动画片《葫芦兄弟》为例加以说明，这个故事的主要情节是这样的，在七个神奇的大葫芦里，诞生了七个葫芦兄弟，这七个兄弟各怀神通，本领出众。

在电影当中，这七个兄弟是分别出场的，也就是各自为战的，老大先上，老大栽了，老二上；老二栽了，老三上；老三栽了，老四上；如此类推，直栽到老七为止。当然，这并不是故事的结局，故事的结局是最后大家一起上，形成了七子连心，团结一致，并打败了妖精。

从这个故事当中我们可以看出如下五个道理，并形成七个理念，它们本身既可以看作团队管理应该具备的思想，也可以看作团队绩效考核应该努力培育的企业文化内容：①再强大的个人，如果没有团队组织做后盾，也成就不了大事，秦皇有李斯、蒙恬，高祖有萧何、韩信，汉武有卫青、霍去病，唐宗有魏征、房玄龄，这些伟大的人物都是如此，其他人还有谁敢说例外呢？所以在这里要明确的第一个理念就是"组成团队才有力量，借助团队才能更好地发挥力量"。②再有能力的员工，如果不愿意与同事合作也创造不了高水平的绩效，正像这里的七个葫芦兄弟一样，他们哪一个不是神通广大？而哪一个又能单独战胜妖精？不能战胜妖精就得被妖精所战胜，而如果没有兄弟同事的帮助，被妖精战胜了以后就永远不会有翻身之日了，而有了兄弟同事的帮助则不同，还可以反败为胜，所以在这里要明确的第二个理念就是"团结就是力量，相互的帮助才会产生更大的力量"。③一个优秀的团队一定会有一个明确的目标，正如这里葫芦兄弟的目标就是救爷爷，除妖精，目标清楚了以后，绩效考核的标准也就有了，实现了目标以后，绩效考核的任务也就完成了，所以在这里应该明确的第三个理念就是"团队管理的动力者，源自于目标导向也"。④相互配合对于团队固然重要，但是团队成员个体的优秀也是决定团队组织是否优秀的必要条件，试想如果七个葫芦兄弟不是身怀本领的话，即便他们组建成了团队，也不可能战胜两个妖精，而最终只能被妖精摆一顿"葫芦宴"，一吃了之，所以在这里要明确的第四个理念和第五个理念就是"为了促成团队的强大，每个成员都必须不断地学习和不断地成长""依靠团队不是依赖团队，团队的发展每一个人都有责任"。⑤在一个团队当中，应该形成"包容的文化"，应该允许存在个体能力比较突出的人员，他们往往都是绩效高手，也是解决团队问题的主力。正如这个故事当中的六娃，六娃是七兄弟当中最灵敏和最聪明的，也是最能干的，是他救出了大娃、三娃、四娃和五娃。那种"枪打出头鸟""木秀于林，风必摧之"的思想在团队管理当中是最具危害性的，也是最要不得的。而解决的办法还在于团队管理本身，如果这个团队有"一荣俱荣，一损俱损"的管理理念，有"一荣俱荣，一损俱损"的利益联动设计，则这个问题便很容易被解决。根据这一条我们还可以提炼出两个理念，一个是

"团队要发展必须要包容，包容有能力者，包容有异技者，包容有各种想法的人"，另外一个就是"团队管理必须做到一荣俱荣，一损俱损，唯此才会形成强大的协同能力"。

以上我们所说的七个理念，它们都有可能在团队绩效考核的过程中生成或展现，而且也会在团队的绩效实施过程当中为每个成员所深刻地体会。借助经验先行总结，然后再去学习和推广，并在工作过程中验证其正误，这是多数企业进行企业文化管理的发展之路。不过，要走这条路的企业必须有明白人做指导，否则就会适得其反，不想走弯路结果却走了长长的弯路。

经过以上分析可知，为了促进个人绩效的发展，更是为了保证组织绩效的完成，任何一个企业都应该注重团队绩效的考核，通过强化团队考核工作而生成的企业文化对于个人绩效的提升也会产生极大的助力。

4.6.3　绩效评价可以催生的企业文化

前面我们说过，绩效评价的主要对象是企业组织本身，但这并不意味着只有企业组织需要绩效评价，事实上个人和团队都需要进行绩效评价，只不过个人和团队绩效评价有时和绩效考核是合并到一起进行的，绩效考核最终形成的结论就是个人和团队的绩效评价结果。

对于绩效评价的作用，Wyner（2014）有一个描述，他说，"为了严肃地看待商业机智，市场人员就必须发展关于绩效评价的能力，这可能不是一个最令人兴奋的话题，它要传达的思想不是创新和发明，而是由谁来做评价，如何做才能保持公平。但是根据市场发展的需要，就必须能够随时回答这样两个问题，即事业进展的程度如何，还有什么地方需要提高。为此，绩效评价必须紧跟企业战略发展的关键目标，无论企业战略发展到了什么程度，一时一刻都不能分离。它是战略发展、资源配置和战略实施的最为重要的起点之一"。

对比 Wyner 的观点可知，他在这里重点想要强调的是市场绩效评价，而我们所说的是企业绩效管理的全面评价，这在范围和层次上略有不同，但是对于绩效评价的作用关注却是一样的。为此，我们可以从中梳理出几个要点：①绩效评价不只是评价绩效，它的作用还在于帮助企业员工提高绩效能力，这才是绩效评价工作的真正目标，如果这个目标没有被清楚地认知，那么绩效评价与绩效考核也就没有任何的区别了。为此我们可以认为，由于绩效评价的这个作用可以形成企业发展的一些理念，那就是以评促建、以评促管、评建结合、评价也是生产力。②绩效评价首先是评价绩效，只不过这种对于绩效的评价不是死扣细节，只管成败；不是将评价的着眼点放于现在，而是置于未来，因此才有了这样两个关键性的问题，即如何做才能保持公平和客观，如何做才能确保企业未来会更好。为此我们可以这样认为，绩效评价的工作如果能够一直沿着这样的路线进行的话，那么员工就会非常喜欢绩效评价，各级管理者和领导者也会愿意使用评价绩效的方法，如此，绩效评价的工作就会变成员工能力不断提升和企业绩效不断提高的保障。"评价就是提高""评价就是保证""没有正确的评价就不会有稳定的成功"，这样的理念一经催生，反过来又会帮助企业绩效评价的工作顺利展开，水平不断地跃升。③市场绩效评价作为绩效评价的一个工作内容之一，它必须要紧跟企业战略的关键发展目标，那么作为全面性评价工作的绩效评价当然也要一刻不离地紧跟企业战略发展的目标，这是绩效管理工作体系整体的要求。为此，在进行绩效评价时，各级绩效管理者应该培养自己的战略意识、全局思想和整体理念，或者如果正在开展的绩效评价是对接于企业战略评价而进行的话，也一定会帮助各级管理者培养出这样的理念和思想，并形成企业"战略目标至上"的发展文化。在如此企业文化的指导下，又会反过来帮助企业的绩效评价工作能够与企业战略管理工作的顺利对接，从而真正完成绩效评价的任务。

4.7　绩效反馈与绩效申诉和企业文化

绩效反馈与绩效申诉是经常会被企业忽略的绩效管理的工作环节，在很多企业里，绩效反馈的工作被绩效通报所代替，绩效申诉的工作被束之高阁，管理者只看重结果，而不关心过程，结果一旦被认定就不能再商榷。这种工作状态的存在，导致很多的企业绩效管理工作最终不能取得理想的结果，并且企业当中还会生成一种急功近利的发展思想，以及比较冷漠的人际关系，这些都是极其不利于企业长远发展的企业文化表现。

4.7.1　绩效反馈可以催生的企业文化

为了在绩效管理过程中能够生成良好的企业文化和令管理者满意的工作状态，首先一定要强化绩效反馈非常重要的思想。对此，Greller（2004）认为，绩效反馈是被广泛应用于技术和社会科学领域的一个概念，如果从组织管理的角度看，它可以与管理沟通、决策制定、组织激励、组织变革、绩效评估、员工满意度和员工培训等各个方面建立起联系，因此它在组织发展过程中有着不可忽视的重要作用。

我们从企业管理的角度对 Greller 的观点做进一步的分析，并从他所言及的绩效反馈与众多管理因素的关系当中选择前面两个做一下分析，也就是通过分析绩效反馈与管理沟通以及绩效反馈与个人决策制定的关系为例，来说明于此过程当中可能生成哪些方面的企业文化内容。

绩效反馈首先是可以与管理沟通相联系的，它是管理沟通或是绩效沟通的三个阶段工作之一，这三个阶段的工作分别是事前的沟通与计划，事中的沟通与协调，以及这里所说的事后的沟通与反馈。既然是一种沟通形式，那么做了就会有利于沟通文化的培养，并且做好了又可以培育出平等交流、及时互动、坦诚相待、面向未来等企业文化内容。

绩效反馈又是可以与决策制定相关联的，从个人决策的角度看，绩效反馈的信息是个人进行决策时所要思考的一个最为重要的变量。对此可以参照 Morrison 和 Cummings 的观点进行理解，他们认为，绩效反馈维度的信息对于员工来说具有另外一层重要的意义，这是因为绩效反馈当中包含着个人维度特别定位的内容，它对于员工的个人决策具有天然强大的影响。因此，和其他方面的信息比较起来看，绩效反馈的信息可以创造巨大的敏感性。既然绩效反馈的信息是敏感的，那么要确保这种敏感性的正向作用就必须在工作过程中坚持严谨和严肃的工作态度，还要注重工作方式和方法的针对性，以及事先准备的严密性，这些既是对于绩效反馈工作的要求，也是形成如此企业文化的源头。Kluger 和 DeNisi（1996）在 1996 年就做过这个方面的研究，他们认为看似对于组织绩效有着积极影响的绩效反馈工作，事实上也有可能对于企业发展产生消极的影响，这种消极影响发生的比率为 38%。这个统计数据十分清楚地表明，如果在绩效反馈的过程中不能够坚持严谨和严肃的态度，不能采用有针对性的工作方式和方法，那么将可能带给企业绩效管理以及员工激励方面的巨大破坏。对此，任何一个有志于做好绩效管理工作的企业都不能掉以轻心。

从表面上看，绩效反馈是绩效考评结果的应用之一，它的主要工作是向被考评者通报信息和反馈结果；绩效讨论是绩效反馈的工作内容之一，它需要考评者与被考评者坐下来共同分析既成的工作经验，以及未成的工作原因；绩效反馈与绩效讨论的目的不仅仅是要肯定被考评者已经取得的成绩，还要为进一步的工作积累经验，并找出下一步工作需要提高的方向。而从深层次的角度看，绩效反馈的作用远不止于此，它更大的作用或者说是更主要的作用还是重塑员工的行为。也就是说，绩效反馈的基础性作用是发展员工的绩效行为和行为绩效。Dodd 和 Ganster（1996）认为，从个体水平上看，绩效反馈的重要意义还是在于可以提高员工的技术水平和行为水平。绩效反馈的信息可能带给个人的影响和折射的内容包括：可以成功展现令人渴望的行为，鼓励令人期望的行为并让它们保持下去，通过降低不确定性来获得成功，不断提高个人的竞争能力，努力寻找可以保护自尊心的支持，在社会环境中创造一个积极的压力水平，获得新的技术，不断适应一个全新的与之前完全不同的环境，等等。绩效反馈的这些重要意义如果真正能够得到体现的话，那么相应的绩效反馈的工作水平就必须能够跟上这种要求，这样的话，绩效反馈的工作设计以及联动这种设计的其他管理工作内容将会变得十分丰富，而相对应的企业文化的内容也会源源不断地产生。

4.7.2　绩效申诉可以催生的企业文化

在这里我们先不分析绩效申诉可能催生哪些文化，而是先要看看如果没有绩效申诉这样的工作设计会给企业的绩效管理工作带来哪些负面的影响，并会形成哪些不利于企业发展的氛围。从总体上看缺少绩效申诉工作环节带来的负面影响有两个：其一，员工认为不公正和不客观的绩效考核结果得不到一个合理的解释和说明，员工为此不服，心中有气，不再相信绩效管理的工作会给他们带来好处，于是在下一个工作循环过程当中就有可能懈怠消极，甚至是破坏绩效工作管理的程序。一个人这样做还无大碍，很多人这样做就会给企业带来巨大的伤害。其二，一个员工认为绩效考核的结果不公，他至少会找十个人去倾诉，如果企业组织不给他倾诉的机会，他就会找自己部门的同事去说，会对其他部门的同事去讲，甚至会与其他企业的熟人去交流，结果自然会败坏企业的形象，影响企业的声誉。一个人是这样，再多一个人是什么样呢？再多十个人是什么样呢？企业辛辛苦苦营造的企业文化或许就会因此而毁于一旦，实在是得不偿失。

我们再回过头来看，如果在绩效管理的收尾阶段设计了绩效申诉的工作环节，并且这一工作组织和工作程序能够切实地发挥让员工充分申诉的作用的话，那么对于绩效管理以及企业全面的管理工作可以产生的正面影响有两个，对应的可以催生或强化的企业文化也是两个：其一，借由绩效申诉这一机制的设立，可以有效地防止个别管理人员的假公济私、玩忽职守和公报私仇，也可以有效地发现在绩效管理体系设计和绩效管理流程推进的过程中存在的漏洞和瑕疵，可以最大限度地减少各级管理者因为工作上的失误而产生的纠纷和误解，为此可以从根本上帮助企业培养气正、公正、客观的管理文化。其二，借由绩效申诉这一机制的设立，可以为企业员工构建一个能够倾诉和申诉的正式通道，并且可以从体系上帮助员工解决实际存在的问题。有了这样一个机制和通道，就可以做到让员工心服口服，并能激励他们在下一个工作循环过程中更好地工作，从而帮助企业培养"气顺"的发展文化，培养"有问题就解决问题，而不要回避矛盾"的工作思想。

在绩效申诉的过程当中可以坚持这样一个原则，或者是培养这样一种风气，那就是"大声讲出来"，这是我们研究的美国十大杰出公司之一的波音公司的企业文化内容之一。在波音的企业文化体系当中，"大声讲出来"是一项不可忽视的政策。关于这一点我们可以看一下他们自己的描述："大声讲出来"是我们建构开放的和负责任的工作文化的基础。在波音，我们深信创建一个可以让员工自由地提出问题以及他们主要关切且不用担心会受到报复的环境对于强化开放性是十分有必要的，有了这种开放性就可以确保组织绩效的实现并不断地鼓励更伟大的创新。波音要制定有效的政策和稳定的工作程序以确保员工能够提出他们的关切并寻求指导和帮助，为此可以采用各种方法，包括咨询地方的行为建议者，可以使用免费的长途电话，可以使用网络平台，可以公开提出，也可以不通报姓名。如果有人对正当的申诉行为进行报复那是不能容忍的，他们必须受到处罚直至被开除。波音公司通过建立清晰的公司申诉和报告系统以及对于报复的打击政策以促进员工加强交流与沟通。各级管理者也被要求在他们的所属团队里去鼓励"大声讲出来"的行为，为此可以借助委员会所提供的条件和资源，培育对话的环境并不断地提高公开性。

4.8　绩效应用与绩效反思和企业文化

在绩效管理的七维框架当中，绩效应用和绩效反思是最后一个阶段的工作，也是新一轮绩效管理工作正常开展和高效运行的基础。在这一个阶段的工作当中，又包括了绩效奖罚、绩效应用、绩效反思和绩效提升四个方面的内容。

4.8.1　绩效奖罚可以催生的企业文化

绩效奖罚就是我们平常所说的"秋后算账"，因为涉及个人的利益成果，所以它是企业员工最为关心的绩效管理的工作环节，而正是企业员工的高度关注，使得这个环节的工作显得非常重要。《孙子兵法》就把它视作战略能否成功的第七大要素，"主孰有道？将孰有能？天地孰得？法令孰行？兵众孰强？士卒孰练？赏罚孰明？吾以此知胜负矣"。

既然绩效奖罚的工作如此重要，如此受到员工们的重视，那么在这项工作开展的过程中，首先就要保持高度的客观和全面的公正。客观奖励、公正处罚，才能确保员工心服口服、再接再厉。此外，绩效奖罚还要坚持这样几个原则，由这些原则还可以催生很多的企业文化内容，我们在这里不妨结合几千年前伟大的军事理论家姜太公的思想做一个深入的分析。其中第一个原则是"所憎者，有功必赏；所爱者，有罪必罚"，此语出自《太公兵法》，也就是我们平常所说的《六韬》，强调的是奖罚要一视同仁而不避亲疏的原则，其目的在于保持奖罚的"公平性"。第二个原则是"凡用赏者贵信，用罚者贵必。赏信罚必于耳目之所闻见，则所不闻见者莫不阴化矣。夫诚，畅于天地，通于神明，而况于人乎！"此语亦出自《太公兵法》，强调的是奖罚要把握"诚信"的原则，其目的在于保持奖罚的"有效性"。关于这一点，《三略》当中也有论述，"故将无还令，赏罚必信；如天如地，乃可御人"。此外，它还表达了奖罚的另外一个作用，即奖罚不仅于当事者有鼓励先进和鞭策落后的功效，于旁观者也有激励其进取，鞭策其进步的效果，这是在强调绩效奖罚的"关联性"，为此，太公说，"赏所以存劝，罚所以示惩。吾欲赏一以劝百，罚一以惩众"。第三个原则是"刑上极，赏下通"，也就是说绩效奖罚既要上通到最高领导，又要下达于最为普通的员工，在绩效奖罚的管理制度面前，任何一个人都不能有例外，任何一个人也不能搞特殊。关于这一点，太公在《太公兵法》当中有过十分明确的描述，即"将以诛大为威，以赏小为明，以罚审为禁止而令行。故杀一人而三军震者，杀之；赏一人而万人说者，赏之。杀贵大，赏贵小。杀及当路贵重之臣，是刑上极也；赏及牛竖、马洗、厩养之徒，是赏下通也。刑上极，赏下通，是将威之所行也。"在现代社会当中，我们当然不会再用"杀一人而三军震者，杀之"这样的极端手段，但是完全可以使用"赏一人而万人说者，赏之"的方法。当然，这个原则要说的重点还是"刑上极，赏下通"，它要反映的管理理念就是全员参与和全面平等。第四个原则就是奖罚并用，关于这一条，我们在另外一本书《六韬三略论管理》当中是这样分析的，"奖罚措施一定要同时并用，奖励之是为了给之以动力，惩罚之是为了给之以压力，并帮助组织成员明白什么是不可为，什么是必须为。但是，如果只罚不奖，以罚代管，高压统治，则会逼跑能人，培养愚人，造就大量只知听话办事而不会创造性地思考并有创意地工作的蠢人"。

4.8.2 绩效应用可以催生的企业文化

如果说绩效奖罚在绩效管理工作体系当中发挥的是稳定人心的作用，那么绩效应用在这个体系当中要发挥的则是振奋人心的作用。作为绩效奖罚工作的延续，绩效应用的过程可以承接绩效奖罚的所有原则，也能帮助绩效奖罚催生和强化某些管理理念。此外，与绩效管理工作相关的十五个辅助性文件，其中有四个与绩效应用相关，它们分别是人才培养计划、人员培训计划、人员晋升计划和人员的内部流动与调整计划。对应于这四个计划内容，绩效应用还可以演化出更多的企业文化内容。

（1）人才培养之人才，必须来自于绩效表现突出的人员，这种导向是真正重视人才的做法，有了这样一个做法，它所能催生的人才管理理念就是"优中选优"和"人才当从干中来"。我们曾经帮助一家企业设计其人才管理的亚文化理念，即"人人是人才，人人可成才，人才当从干中来"，其理论便是源自这里。

（2）人员培训计划要培训的人员应该包括全体企业员工，这是一个普适性的管理计划，但是在具体的培训计划制订和实施过程中还要结合每一个员工在上一个绩效管理循环当中的不同表现而有不同的侧重。如果普适性培训体现的是企业组织重视学习的发展理念的话，那么，针对不同个体采用特定的培训方案所体现的就是关注细节和有的放矢的工作思想。

（3）人员晋升计划是员工最喜欢的企业工作计划，因为这个计划密切关联着每一个员工的绩效表现，所以它体现出来的就是"能者上"和"庸者让"，以及"不努力工作者就没有机会得到晋升"的管理精神。这个思想是由具体的绩效管理工作展现出来的，是员工可见可感的，是实实在在的，所以反过来它对员工在下一个绩效管理循环当中的工作表现也会产生极大的促进作用。

（4）人员的内部流动与调整，其目的有两个，一个是让不同的员工在不同的岗位上都能够得到历练，这对于培养员工综合能力和发现人才具有极大的帮助；另一个是对不称职于某个岗位的人员，必须要将其调整到他能胜任的岗位上去，员工为此可以找到合适的位置，企业为此可以做到让每一个人都能做适合的工作。所以说，"用人就要用人所长"，"谁适合做什么就应该安排他做什么，而不能由领导随意安排"，这是一个非常重要的用人理念。而到底谁适合做什么，只有通过实实在在的绩效考核和绩效评价工作才能真正发现，"是骡子是马，应该遛遛方可判断"。在坚持使用这些理念的时候，我们还应该结合在第一条当中提到的另外一个思想，即"人人是人才，人人可成才"。我们要深信，对于每一名员工来说，只要企业管理到位，培训得法，使用得当，他就可以成为人才，而且也一定能够成为人才，"尺有所短，寸有所长"，千里马不缺，培养千里马的伯乐和发现千里马的机制更不能少。

4.8.3　绩效反思可以催生的企业文化

绩效反思的主体有两个，一个是包括绩效领导与管理委员会所有成员在内的各层级绩效管理者，他们要反思的对象是前一个阶段的绩效管理工作过程，反思的内容包括绩效协商是否到位，帮助员工制订的绩效计划是否科学，绩效支持是否充分，绩效教练与绩效辅导是否发挥了切实促进员工工作的作用，绩效实施是否存在偏差，三个阶段的绩效沟通机制是否完善，绩效评估是否科学，绩效考评是否严谨，绩效反馈是否更具针对性，绩效申诉的渠道是否畅通，等等。这样的一种工作过程本身就是一种反思文化的表现，而细数绩效反思的内容，又可以看出相关工作的细致入微和细节至上，它对于任何一个企业的可持续发展都将发挥非常关键的作用。另一个需要进行绩效反思的主体是企业的全体员工。每一个人都要有在安排的时间里，以及在固定的场合下，能够进行阶段性反思的机会，这是有组织的反思，也是必须要进行的绩效管理工作之一。我们可以把这种反思的形式称为集体性反思，但反思的内容并不是集体绩效的表现，而是要借助集体的形式，反思企业全体成员个人绩效的经历。除了这种有组织的集体性个人反思以外，每一个员工还可以针对自己的绩效表现以及绩效能力水平进行自我反思，或是找到主管领导共同进行有针对性的自我剖析，以便于在下一个绩效循环工作过程中，自己能够有更好的绩效成绩。

下面我们从儒家的思想当中挑出几句话，作为这种绩效反思工作的指导思想，或是由这一个工作程序推导出的近似的企业文化内容。最重要的一句话，当然应该是曾子的那句名言，即"吾日三省吾身：为人谋而不忠乎？与朋友交而不信乎？传不习乎？"我们在这里先不说曾子每天要反思的内容，而是要看他这种经常反思的精神。对于员工而言，不要求他能够一天反思多次，甚至都不要求他一天反思一次，而只是要求他能够配合绩效管理的工作节奏每周进行一次反思就可以了。事实上，如果一个企业能够坚持每周绩效考核的话，再加上我们前面所设计的成功管理日志，就一定能够帮助企业催生出很好的反思当下的企业文化。而按照我们成功管理日志的设计，员工也一定能够做到每日一省其身：今日进步了没有？学习到了什么？工作过程中还存在着什么不足？如果一个员工能够坚持每天进行这样的反思，那么这个员工就一定会成为一个优秀的员工；如果一个企业的员工每天都能够坚持这样的反思，那么这个企业就一定会成为一个伟大的企业。

我们要选择的第二句话是孔子说的"温故而知新，可以为师矣"。有的时候，我们一提"反思"这个词，很多人就会去想"找不足"这件事情，其实不尽然。反思者，以过去的内容为思考对象而已。思考过去的目的是什么呢？按照孔子的说法就是巩固已经学会的，打好基础准备学习新的内容。而对于企业员工来说，思考过去的目的是总结已经取得的经验，吸取工作过程中的不足。"找不足"只是绩效反思过程中的一个手段，它绝对不应该成为绩效反思的主要动因，否则的话，企业员工就会排斥这项工作，以为绩效管理者在给自己"穿小鞋"，挑毛病。如果对员工讲清楚这一点，尤其是让员工体会到借助绩效管理的工作环节和成功管理日志的设计，绩效反思的工作就会顺利，也才有成功的可能。"温故而知新"的人，甚至都能够成为别人的老师，听起来很厉害，做起来很管用，为什么还拒绝呢？

我们要选择的第三句话是孔子的"学而不思则罔，思而不学则殆"。我们把它略做修改以用于绩效反思，即"只知工作而不思考者就会迷于当下，天天思考而不知行动者就会迷失未来"。再补充一句，"既能踏实工作，又能创造性地思考"的员工一定是好员工，没有设计出激励员工这样做的绩效管理机制一定不是好的绩效管理体系。

除此之外，还可以引用的句子有"见贤思齐焉，见不贤而内自省也""学如不及，犹恐失之""三人行，必有我师焉"等，不再一一分析。

4.8.4　绩效提升可以催生的企业文化

绩效提升是个一体两面的事情，其中一面是要借助上一个绩效管理工作循环所做的反馈与反思，作为基础；而另一面是要依靠下一个绩效管理工作循环的计划和实施，这是进一步工作的方向。无论是哪一面，其工作的重点都是要帮助员工提升能力，并在员工能力提升的基础上提高个人和组织的绩效水平。

如何帮助员工提升能力水平呢？除了前面我们所讲的那些针对员工要进行的绩效管理工作的各个环节及其形成的企业文化可以发挥作用以外，还可以专门针对员工的共性特点做一个比较集中的思考，这个思考可以同时兼顾绩效能力的提升和员工文化的发展两个重点。

在英语当中有一个词叫作 buffet，翻译成汉语就是"自助餐"的意思，因为在这个单词当中的"t"是不发音的，所以我们给它一个汉语发音的名字，可以称之为"布非"。接下来我们要做的事情就是给员工能力的提升设计一个"布非式"的管理模式，或者也可以把它叫作"布非式"自助餐管理，它由六个重要的工作理念组成，这六个理念同时也是绩效管理工作者应该坚持的六个原则。

"布非式"管理要思考的第一个要点就是 beneficial，这个词的意思是"有利于"，它是针对员工能力提升和个人绩效提高的第一个重要理念，也是绩效管理各个工作环节有序开展的指导思想。中国有句古话叫作"无利不起早"，司马迁在《史记》之"货殖列传"当中有一句名言叫作"天下熙熙皆为利来，天下攘攘皆为利往"，而人性的一个特点也是"趋利避害"，有了这些观点作为理论基础，我们在具体的绩效管理工作过程中就必须要考虑员工的利益诉求，凡是有利于员工的事情就做，凡是不利于员工的事情就不做，"绩效管理和绩效考核能够成功的首要前提必须是可以增加并不断地增加员工的收益，但凡以控制人工成本、减少员工收入为目的的绩效管理最终都将失败"。在《六韬三略论管理》一书当中，我们曾经这样解读过这个思想，"君子若要成功，则必须予小人以利，且要图思予之以大利。可得小利者，人出小力；可得大利者，人出大力；无利可图时，则人不奋力。人不奋力，则组织无利，组织无利，则君子或可有一时之利，但终究难获长远之利。如此，君子就很难持续地实现乐得其志之目标"。我们对这个逻辑再做一番梳理，可以这样理解：有利于员工的事情，员工愿意做，不利于员工或是无利于员工的事情，员工不愿意做。员工不愿意做事情时，即便他有能力也不会去做；而员工愿意做事情时，即使一时能力不够，他也会努力去争取。所以说，帮助员工提升绩效能力的第一步不是帮助他们去学习技能，而应该是帮助他们去培养愿意学习的动力，有了充足的动力以后，他们就可以自发地生成不断学习和努力工作的动机。而根据人性的特点，我们能够给予员工的最好动机莫过于满足他们"趋利避害"的需求，为此就一定要坚持"有利于"他们的原则。

"布非式"管理要思考的第二个要点是 useful，这个词的意思是"有用于"，它是针对员工能力提升和个人绩效提高的第二个重要理念。如何理解这个思想呢？可以将其与第一个理念进行结合并从四个方面入手：①有利于员工能力提升的措施，但是对提升组织绩效没有用的方法不能采用；②有利于员工能力提高，同时也有利于提升组织绩效的方法一定要采用；③对提升组织绩效有用，但是对员工的个人绩效有害的方法不能采用；④一时有用的方法可以一时用，一时有用但长远看有害的方法不能采用。这一个管理原则或者管理理念应该思考的要素是六个方面，即有用、没用、短期、长期、个人和组织，在具体选择的时候需要把这六个要素综合起来通盘考虑，不能有所偏废。

"布非式"管理要思考的第三个要点是 feeling，这个词的意思是"富有感情的"，它是针对员工能力提升和个人绩效提高的第三个重要理念。对于这个理念可以从三个方面进行理解：第一，各级绩效管理者在工作过程中应该对员工满怀感情，真心帮助，并且愿意与所属员工共同成长。我们可以把这样的管理思想称作以人为本、以员工为本，或者是"将员工视作家人"。很多企业家在提"将员工视作家人"这样的管理理念，可是在现实的企业管理过程当中，如果做具体管理工作的人员不能这样想的话，则这个理念就不会形成也不会发挥任何作用。而如果做具体工作的各级管理者在公司成体系的利益管理和情义管理体系推动下可以这样想并且能够这样做的话，那么对于包括员工绩效提升在内的各项管理工作都会形成巨大的助力。第二，每个员工应该对企业充满感情，也就是对于企业所给予的工作机会、收益、福利、培养要怀有感恩之心和感激之情，并能够把这种对于企业的情义，对于领导的情义化作努力工作的动力，从而积极工作，主动工作，创造性地工作。企业重感情，然后员工重感情；企业做到了，然后员工也应该去做到。第三，每个员工之间在工作过程中也可以培养互相帮助、重情重义的良好关系，并将这种关系化成促进工作的推动力，结果一定是"他好，你好，大家发展得都很好"，绩效管理工作，绩效能力提升，企业战略发展，都会进展得非常顺利。

    "布非式"管理要思考的第四个要点是 facilitate，这个词的意思是"使容易"，它是针对员工能力提升和个人绩效提高的第四个重要理念。分析这个"使容易"思想的形成过程其实"并不容易"，它需要调动和开发的是绩效领导和管理委员会成员的智慧，对此又可以分成四个方面进行理解：①在高层领导那里，可以使用最复杂的方法或者调用众多人员的力量，去设计"尽可能"让员工容易理解和容易操作的工作流程、技术工艺、工作准则和工作方法。②员工绩效能力的提升不代表所有的员工都需要掌握复杂的工作流程、技术工艺、工作准则和工作方法，他们需要精通的是成熟的工作流程、技术工艺、工作准则和工作方法，并把它们最大化地应用于具体的工作过程之中。③员工虽然不需要专门去研究什么样的工作流程、技术工艺、工作准则和工作方法是成熟的，是高效的，是管用的，但是他们可以为此向委员会献计献策，而委员会也应该有这种常规的机制和渠道能够听到来自员工的声音和想法。员工全面参与其中，不仅可以提升个人的绩效能力，还可以帮助企业提高组织绩效的水平。④在"使容易"管理思想的指导下，经过几个循环的工作周期以后，一个企业就可以形成"能容易"的工作流程、技术工艺、工作准则和工作方法，在这个基础上，企业所有员工的绩效能力就会得到极大程度的提升。由此可见，"使容易"的管理理念与"能容易"的绩效提升是相辅相成、互相促进的。

    "布非式"管理要思考的第五个要点是 energetic，这个词的意思是"有活力"，它是针对员工能力提升和个人绩效提高的第五个重要理念，也是前面第三个和第四个管理理念充分发挥作用以后可以营造出来的企业发展氛围，有了这样一个充满活力的企业发展氛围，又可以巩固前面"富有感情的"和"使容易"的企业管理思想。对于"有活力"的作用和形成机制，可以分成两个角度去思考：第一个角度是从企业自身出发，它应该是推动企业有活力工作的主体，它要发挥创设企业有活力工作机制的主导作用，为此它要营造包容的企业文化，营造宽松的管理环境，创立各种有利于员工全面参与的发展平台；第二个角度是从员工的视角出发，他们应该充分利用企业为之营造的发展环境，广泛参与企业组织的学习机会，全面利用企业搭建的创新平台，深入挖掘个人的发展潜力，用心工作，用力工作，用智工作，有活力地工作。

    "布非式"管理要思考的第六个要点是 team，这个词的意思是"团队合作"，它是针对员工能力提升和个人绩效提高的第六个重要理念。为什么在探讨员工个人绩效能力提升的时候又提出团队绩效这个概念呢？那是因为个人的力量即使再大也是有限的，而团队组合所能够形成的力量却可以无限地扩展，并在这个扩展的过程当中又可以帮助团队成员不断地进步。在美国的北部，春天也会下雪，在中国我们称这种天气现象为"倒春寒"。当"倒春寒"的天气到来时，春天里那些早开的花儿和早长出的叶子都会受到影响，都会受到不同程度的损害。

而在这些花儿和叶子当中，受到伤害最小的是那些大树上盛开的花和大树上生长的叶子。我们常说"背靠大树好乘凉"，在春天下雪的日子我们看这些花儿和叶子是"背靠大树好保暖"。大树是什么？它就相当于一个团队组织，在强大的团队组织当中，每个团队成员除了可以相互支持着创造更好的绩效以外，还可以受到它的强力保护，以避免更多的来自外界的伤害。还有一种花在这种"倒春寒"的天气里受到的伤害也不大，那就是紧贴着地皮把根深深地扎入泥土的野花，因为它们的根须深，因为它们从春天一到就开始生长，所以凭借个人的力量，它们也能保护好自己。这些花可以代表强大的员工个体，即使没有团队组织的保护，只要他们勤奋，只要他们勇敢，只要他们坚持，他们也能创造出辉煌的绩效。但是，一枝花孤零零地开在草地上，终究吸引不了太多的目光，而一群这样的小花生长在一起则是不一样的景观，这正如我们欣赏油菜花一样，只有一枝花盛开时，并不能算得上好看，而如果一大片花盛开的话就会让人感觉到赏心悦目，就会让人陶醉不已。

参 考 文 献

陈淳铌. 2015. 试论基于企业文化的绩效管理问题研究[J]. 商，（48）：29-30.

陈鸿亭. 2008. 企业文化对企业核心竞争力的作用机制[J]. 企业经济，（7）：47-49.

段好勇. 2014. 基于企业文化的绩效管理研究[J]. 企业改革与管理，（11）：44-45.

贾建锋，闫佳祺，王男. 2016. 高管胜任特征与企业文化的匹配对企业绩效的影响[J]. 管理评论，（7）：188-199.

廖建桥. 2013. 中国式绩效管理：特点、问题及发展方向[J]. 管理学报，（6）：781-788.

林坚，章志平. 2005. 论企业文化对增强企业核心竞争力的作用[J]. 当代财经，（9）：77-80.

罗长海，林坚. 2003. 企业文化要义[M]. 北京：清华大学出版社.

穆胜. 2011. 我国国有企业绩效管理困境成因分析[J]. 科研管理，（6）：75-83.

潘媛媛，刘平. 2012. 企业文化对绩效管理运作影响的分析[J]. 商业文化，（10）：60-61.

孙林杰. 2004. 企业文化对技术创新的推动作用[J]. 科学学研究，（6）：652-657.

王艳，阚铄. 2014. 企业文化与并购绩效[J]. 管理世界，（11）：146-157.

王艳艳. 2011. 绩效管理的理论基础研究：回顾与展望[J]. 现代管理科学，（6）：95-97.

魏杰，赵俊超. 2001. 企业文化从头说起[J]. 中外管理，（8）：61-63.

张琼心. 2012. 运用企业文化作用提高人力资源管理效果[J]. 人力资源管理，（8）：49-52.

张一青. 2005. 民营企业文化的内涵界定与构成分析[J]. 软科学，（4）：88-92.

Aguinis H. 2009. Performance Management[M]. 2nd ed. Upper Saddle River：Pearson Prentice Hall.

Anthony R，Govindarajan V. 2007. Management Control Systems[M]. 12th ed. New York：Mc-Graw-Hill-Irwin.

Armstrong M. 2000. Performance Management：Key Strategies and Practical Guidelines[M]. London：Kogan Page Limited.

Armstrong M，Baron A. 1998. Performance Management：The New Realities[M]. London：Institute of Personnel and Development.

Audia P G，Locke E A. 2003. Benefiting from negative feedback[J]. Human Resource Management Review，13（4）：631-646.

Barney J B. 1986. Organizational culture: can it be a source of sustained competitive advantage[J]. Academy of Management Review, 11（3）: 656-665.

Blackwell S S. 2006. The influence of perception of organizational structure and culture on leadership role requirements: the moderating impact of locus of control and self-monitoring[J]. Journal of Leadership & Organizational Studies, 12（4）: 27-49.

Brown T C, Warren A M. 2011. Performance management in unionized settings[J]. Human Resource Management Review, 21（2）: 96-106.

Buchner T W. 2007. Performance management theory: a look from the performer's perspective with implications for HRD[J]. Human Resource Development International, 10（1）: 59-73.

Cardy R L. 2004. Performance management: concepts, skills, and exercises[J]. Oxford Handbook of Positive Psychology, 57（4）: 303-311.

Cheung S, Wong P, Lam A. 2012. An investigation of the relationship between organizational culture and the performance of construction organizations[J]. Journal of Business Economics & Management, 13（4）: 688-704.

Delery J E, Doty D H. 1996. Modes of theorizing in strategic human resource management: test of universalistic, contingency, and configurational performance predictions[J]. Academy of Management Journal, 39（4）: 802-835.

den Hartog D N, Boselie P, Paauwe J. 2004. Performance management: a model and research agenda[J]. Applied Psychology, 53（4）: 556-569.

Denison D R. 1990. Corporate Culture and Organizational Effectiveness[M]. New York: Wiley.

Deshpandé R, Webster F E. 1989. Organizational culture and marketing: defining the research agenda[J]. Journal of Marketing, 53（1）: 3-15.

Deshpandé R, Farley J U, Webster F E. 1993. Corporate culture, customer orientation, and innovativeness in Japanese firms: a quadrad analysis[J]. Journal of Marketing, 57（1）: 23-37.

Dodd N G, Ganster D C. 1996. The interactive effects of variety, autonomy, and feedback on attitudes and performance[J]. Journal of Organizational Behavior, 17（4）: 329-347.

Ehtesham U M, Muhammad T M, Muhammad S A. 2011. Relationship between organizational culture and performance management practices: a case of university in Pakistan[J]. Journal of Competitiveness, （4）: 78-86.

Fletcher C, Perry E L. 2001. Performance appraisal and feedback: a consideration of national culture and a review of contemporary research and future trends[J]. Handbook of Industrial, Work, and Organizational Psychology, 1: 127-144.

Frösén J, Tikkanen H, Jaakkola M, et al. 2013. Marketing performance assessment systems and the business context[J]. European Journal of Marketing, 47（5~6）: 715-737.

Furnham A, Gunter B. 1993. Corporate culture: definition, diagnosis and change[A]//Cooper C L, Robertson I T. International Review of Industrial and Organizational Psychology[C]. New York: Wiley: 7-16.

Gebauer H, Edvardsson B, Bjurko M. 2010. The impact of service orientation in corporate culture on business performance in manufacturing companies[J]. Journal of Service Management, 21（2）: 237-259.

Gregory B T, Harris S G, Armenakis A A, et al. 2009. Organizational culture and effectiveness: a study of values, attitudes, and organizational outcomes[J]. Journal of Business Research, 62（7）: 673-679.

Greller M M. 2004. Managing feedback systems to facilitate change in acquisitions: the introduction of a model and explanation of it's application[J]. Human Resource Management Review, 13（4）: 647-673.

Gruman J A, Saks A M. 2011. Performance management and employee engagement[J]. Human Resource Management Review, 21（2）: 123-136.

Hall R. 1993. A framework linking intangible resources and capabilities to sustainable competitive advantage[J]. Strategic Management Journal, 14（8）: 607-618.

Homburg C, Pflesser C. 2000. A multiple-layer model of market-oriented organizational culture: measurement issues and performance outcomes[J]. Journal of Marketing Research, 37（4）: 449-462.

Iiiuta D O. 2014. The link between organizational culture and performance management practices: a case of it companies from Romania[J]. Economic Science, 23（1）: 1156-1163.

Kandula S R. 2006. Performance Management Prentice[M]. New Delhi: Hall of India Private Limited.

Kanter R M. 1983. The Change Masters: Innovation and Entrepreneurship in the American Corporation[M]. New York: Simon & Schuster.

Kaymaz K. 2011. Performance feedback: individual based reflections and the effect on motivation[J]. Business and Economics Research Journal, 2（4）: 115-134.

Kluger A N, DeNisi A. 1996. The effects of feedback interventions on performance: a historical review, a meta-analysis, and a preliminary feedback intervention theory[J]. Psychological Bulletin, 119（2）: 254-284.

Latham G P, Almost J, Mann S, et al. 2005. New developments in performance management[J]. Organizational Dynamics, 34（1）: 77-87.

Lawler E E. 1994. Total quality management and employee involvement: are they compatible?[J]. Academy of Management Executive, 8（1）: 68-76.

Likert R. 1961. New Patterns of Management[M]. New York: McGraw-Hill.

Lundy O, Cowling A. 1996. Strategic Human Resource Management[M]. London: Routledge.

Macduffie J P. 1995. Human resources bundles and manufacturing performance: organizational logic and flexible production systems in the world auto industry[J]. Industrial & Labor Relations Review, 48 (2): 197-221.

Magee K C. 2002. The impact of organizational culture on the implementation of performance management[R].

Martins E C, Terblanche F. 2003. Building organizational culture that stimulates creativity and innovation[J]. European Journal of Innovation Management, 6 (1): 64-74.

Morison E W, Cummings L L. 1992. The impact of feedback diagnosticity and performance expecta- tions on feedback seeking behavior[J]. Human Performance, 5 (4): 251-264.

Mujeeb E, Ahmad M S. 2011. Impact of organizational culture on performance management practices in Pakistan[J]. International Management Review, 7 (2): 52-57.

Murphy K R, Cleveland J N. 1995. Understanding performance appraisals[J]. The Journal of Applied Psychology, 89: 158-164.

O'Reilly C A, Chatman J, Caldwell D F. 1991. People and organizational culture: a profile comparison approach to assessing person-organization fit[J]. Academy of Management Jour- nal, 34 (3): 487-516.

O'Reilly C A, Caldwell D F, Chatman J A, et al. 2014. The promise and problems of organizational culture: CEO personality, culture, and firm performance[J]. Group & Organization Management, 39 (6): 595-625.

Otley D. 1999. Performance management: a framework for management control systems research[J]. Management Accounting Research, 10 (4): 363-382.

Peteraf M A. 1993. The cornerstones of competitive advantage: a resource-based view[J]. Strategic Management Journal, 14 (3): 179-191.

Peters T J, Waterman R H. 1982. In Search of Excellence[M]. New York: Harper and Row.

Pfeffer J. 1998. The Human Equation: Building Profits by Putting People First[M]. Boston: Harvard Business Press.

Prajogo D I, Mcdermott C M. 2011. The relationship between multidimensional organizational culture and performance[J]. International Journal of Operations & Production Management, 31 (7): 712-735.

Pulakos E D. 2009. Performance Management: A New Approach for Driving Business Results[M]. Malden: Wiley-Blackwell.

Quinn R E, Spreitzer G M. 1991. The psychometrics of the competing values culture instrument and an analysis of the impact of organization culture on quality of life[J]. Research in Organizational, 12 (7): 587-593.

Reynolds R，Ablett A. 1998. Transforming the rhetoric of organizational learning to the reality of the learning organization[J]. The Learning Organization，5（1）：24-35.

Rosen M A，Bedwell W L，Wildman J L，et al. 2011. Managing adaptive performance in teams：guiding principles and behavioral markers for measurement[J]. Human Resource Management Review，21（2）：107-122.

Schaufeli W，Salanova M. 2007. Work engagement：an emerging psychological concept and its implications for organizations[A]//Gilliland S W，Steiner D D，Skarlicki D P. Managing Social and Ethical Issues in Organizations[C]. Greenwich：Information Age：135-177.

Schein E H. 1984. Coming to a new awareness of organizational culture[J]. Sloan Management Review，25（2）：3-16.

Schein E H. 1996. Culture：the missing concept in organization studies[J]. Administrative Science Quarterly，41（2）：229-240.

Schein E H. 1986. What you need to know about your organizational culture[J]. Training and Development Journal，8（1）：30-33.

Schein E H. 1992. Organizational Culture and Leadership[M]. San Francisco：Jossey-Bass.

Senge P M. 1990. The Fifth Discipline：The Art and Practice of the Learning Organization[M]. New York：Doubleday.

Smircich L. 1983. Concepts of culture and organizational analysis[J]. Administrative Science Quarterly，28（3）：339-358.

Spangenberg H H，Theron C C. 1997. Developing a performance management audit questionnaire[J]. South African Journal of Psychology，27（3）：143-150.

Spence J R，Keeping L. 2011. Conscious rating distortion in performance appraisal：a review，commentary，and proposed framework for research[J]. Human Resource Management Review，21（2）：85-95.

Stalk G，Evans P，Shulman L E. 1992. Competing on capabilities：the new rules of corporate strategy[J]. Harvard Business Review，70（2）：57-69.

Taylor J. 2014. Organizational culture and the paradox of performance management[J]. Public Performance & Management Review，38（1）：7-22.

Tichy N M. 1983. Managing Strategic Change：Technical，Political，and Cultural Dynamics[M]. New York：Wiley.

van Dooren W，Bouckaert G，Halligan J. 2010. Performance Management in the Public Sector[M]. London：Routledge.

Verweire K，van den Berghe L. 2004. Integrated performance management：new hype of new paradigm?[A]//Verweire K，van den Berghe L. Integrated Performance Management：A Guide to Strategy Implementation[C]. London：Sage Publications：1-14.

Wallach E J. 1993. Individuals and organizations: the cultural match[J]. Training and Development Journal, 37（2）: 28-36.

Wyner G. 2014. Performance evaluation communicating key business metrics is an evolving task[J]. Marketing Insight, 1: 2-14.

Yilmaz C, Ergun E. 2008. Organizational culture and firm effectiveness: an examination of relative effects of culture traits and the balanced culture hypothesis in an emerging economy[J]. Journal of World Business, 43: 290-306.